FABLES

LA FONTAINE

Fables

PRÉFACE ET COMMENTAIRES
DE PIERRE CLARAC

LE LIVRE DE POCHE

PRÉFACE

HISTOIRE DES « FABLES ». — LEUR ORIGINALITÉ

C'est aux environs de la quarantaine que semble
s'être éveillée chez La Fontaine sa vocation de fabuliste.
Il y a des apologues en vers libres dans le *Songe de
Vaux* et dans le *Voyage en Limousin*. Les manuscrits Conrart de l'Arsenal contiennent dix fables qui ont dû
être écrites vers 1663. Neuf d'entre elles prendront
place, plus ou moins modifiées, dans les livres I et III de
1668; celle qui est restée inédite, composée à une époque
où les amis de Fouquet espéraient encore, et précisément
pour traduire leurs espoirs, n'a pu être publiée après sa
condamnation : antérieure apparemment au départ du
poète pour le Limousin, elle date les neuf autres.

Au lendemain de la chute de Fouquet, La Fontaine
semble avoir connu des moments difficiles. Mais en 1662
le duc de Bouillon, seigneur de Château-Thierry, épouse
Marie-Anne Mancini, nièce de Mazarin, à peine âgée de
seize ans : spirituelle, capricieuse, sa protection ne sera
jamais défaut à La Fontaine. Peut-être est-ce par son
entremise qu'il entre, comme gentilhomme servant, en
juillet 1664, au Luxembourg, dans la maison de Marguerite de Lorraine, veuve de Gaston d'Orléans. Charge
légère et des plus modestes, mais qui lui vaut d'être
anobli; il est l'un des neuf officiers qui président tour à

tour au service de la table. Il ne réside pas au Luxembourg où la vie est austère et dévote; il loge quai des
Augustins chez le magistrat Jacques Jannart, oncle de sa
femme, ancien collaborateur de Fouquet. Au début de
chaque année et jusqu'à la fin du printemps, ses fonc-
tions de maître des Eaux le rappellent à Château-Thierry.

Avant quarante ans, sa production était restée des plus
minces, et voici qu'en moins de six années, il compose,
en même temps que de nombreuses pièces diverses dont
une partie seulement nous est parvenue, les lettres de
son voyage en Limousin, quatre élégies, deux livres de
Contes et les six premiers livres de ses *Fables*.

*
* *

Plusieurs recueils de fables avaient paru peu avant
que La Fontaine ne se mît à écrire les siennes, mais
c'étaient des fables en prose comme celles d'Ésope.
Elles consistaient en un récit sec et pauvre, auquel fai-
saient suite des considérations morales souvent intermi-
nables. Telles étaient les fables de Patru, de Boissat,
d'Audin. Sans doute La Fontaine écrira-t-il lui-même
dans sa préface de 1668 : « L'apologue est composé de
deux parties dont on peut appeler l'une le corps, l'autre
l'âme. Le corps est la fable; l'âme la moralité. » Définition tout à fait orthodoxe, mais qui ne s'applique
guère à ses propres fables, même à celles du premier
recueil; sous ses doigts c'est le récit qui s'anime, qui
prend les couleurs et le mouvement de la vie. Il a voulu
l' « égayer », dit-il modestement; et il ajoute : « Je n'appelle pas gaieté ce qui excite le rire, mais un certain
charme, un air agréable qu'on peut donner à toutes
sortes de sujets, même les plus sérieux. » C'est par la
magie de cette gaieté indéfinissable que le plat apologue ésopique va devenir un chef-d'œuvre de poésie.

*
* *

Chaque fois que La Fontaine parle de lui-même — et il en parle à tout propos — c'est pour signaler la diversité de sa nature et de ses goûts, son amour du changement, de la nouveauté, son « inquiétude », au sens propre du mot, c'est-à-dire l'impossibilité où il est de se fixer, de demeurer en repos. En quelque endroit qu'il s'arrête, même s'il y est heureux, il souhaite d'être ailleurs :

> Deux pigeons s'aimoient d'amour tendre.
> L'un d'eux s'ennuyant au logis...

Pas plus que le loup de sa fable, il ne veut être attaché. « Moi qui ne saurais souffrir nul attachement », écrit-il dans une lettre; et dans les *Contes :* « Diversité c'est ma devise. » A propos de *Galatée* il parle de « l'inconstance » et de « l'inquiétude » qui lui sont « si naturelles ». Veut-il qualifier son âme, le même adjectif toujours se présente à lui : « inquiète ».

Comme poète, il n'y a pas de genre qu'il n'ait abordé. Ce que Mme de Sévigné appelle « sa folie de vouloir chanter sur tous les tons » est la marque même de son génie :

> Ne point errer est chose au-dessus de mes forces.

Tour à tour il s'essaie dans le poème, l'ode, l'élégie, la paraphrase des psaumes, l'épître, le discours, l'épigramme, la satire, la ballade, le sonnet, les traductions, la tragédie, la comédie, le ballet, l'opéra, les nouvelles, les contes. Aucune de ces tentatives n'aura été inutile, même parmi celles dont le succès fut malheureux. S'il ne s'était exercé dans les genres les plus divers, eût-il pu faire d'un recueil d'apologues un abrégé de la poésie universelle?

On peut s'étonner qu' « ami de toutes choses », il ait choisi pour y déployer ses meilleurs efforts un genre aussi étroit, aussi ingrat que la fable ésopique. Mais

peut-être précisément a-t-il jugé qu'en cet humble
domaine il serait son maître, qu'il pourrait s'y abandonner à son amour de la diversité sans s'inquiéter de
M. Lysidas et de ses règles. La plupart des doctes estiment
que la fable est tout juste digne de la prose; aussi ont-ils
dédaigné de lui donner des lois. La Fontaine sera donc
libre d'y prendre tous les tons, d'y mêler tous les genres,
d'y peindre la nature dans la variété de ses corres-
pondances et de ses contrastes.

Dès son premier recueil, si prudent qu'il se montre
encore, il entend bien jouir de cette liberté. Quoiqu'inspiré d'Ésope, *L'Homme entre deux âges et ses deux
maîtresses* a le tour et la malice d'un conte. La pièce
intitulée *Contre ceux qui ont le goût difficile,* où Phèdre
est suivi d'assez près, s'apparente cependant par l'aban-
don et la variété aux épîtres de la Fontaine. Mais *L'Astrologue qui se laisse tomber dans un puits* est d'une hardiesse
plus admirable et plus imprévue. L'apologue proprement dit est réduit à quatre maigres décasyllabes imités
d'Ésope et de Babrius. Aussi ne sert-il que de prélude
et de prétexte à une méditation sur l'inflexible nécessité
à laquelle la nature est soumise. Nous voici loin de tous
les fabulistes anciens et modernes. Le poète qui vient de
traduire en vers français les citations poétiques d'un
traité de saint Augustin, reprend contre les prétentions
naïves ou mensongères des astrologues quelques-unes
des objections qui l'ont frappé dans ce traité. La passion
avec laquelle l'argumentation est conduite, la souplesse
d'un style qui, s'élevant par degrés, arrive à nous rendre
sensible la majesté des lois qui régissent le monde, pour
redescendre ensuite à la simplicité de la prose, cette
diversité et cette richesse font des quarante vers qui viennent s'interposer ici, de la façon la plus inattendue,
entre l'apologue et la moralité, l'un des rares frag-
ments de vraie poésie philosophique qu'il y ait dans
notre langue.

Si l'habitude n'émoussait nos impressions, nous ne serions pas moins surpris de découvrir dans un recueil de fables ésopiques une poignante élégie comme *Philomèle et Progné*. Et que dire de *La Femme noyée* qui lui fait suite? Humour noir? fantaisie où la malice se masque de fausse naïveté? le mélange, en tout cas, est de haut goût.

Dans les deux derniers recueils la diversité est triomphante. A chaque poème nouveau (car on ne peut plus parler de fables) le style change, et l'inspiration, et le registre de la voix. Ce serait un jeu instructif que de chercher, en feuilletant l'un des livres VII à XII des éditions modernes, ce qu'est au juste chacun des prétendus apologues qui le composent. On découvrirait alors ce que nous masque la tradition scolaire. *Les Deux Pigeons,* en fait, sont une élégie, *Tircis et Amarante* une églogue, *La Fille* un conte narquois, *Le Berger et le Roi* un conte édifiant, *Les Souhaits* un conte de fées, *Le Lion* un essai de philosophie politique, *La Mort et le Mourant* une méditation morale, *Les Souris et le Chat-Huant* une observation de naturaliste, *Le Songe d'un habitant du Mogol* un chant lyrique, *Le Paysan du Danube* une fresque d'histoire.

Mais la diversité n'est pas seulement entre les fables; en chacune d'elles aussi, selon de subtils dosages, se mêlent les tons les plus variés. *Les Animaux malades de la peste* s'ouvrent, comme l'*Iliade* et *Œdipe roi,* sur un tableau de désolation : la peste, instrument de la vengeance divine, frappe toute la gent animale. Ces quinze premiers vers sont d'une majesté terrible. Mais, dès que se noue le drame, nous voici dans un autre monde. La solidarité créée par la communauté du malheur est vite oubliée. Le lion, à qui la peur du Ciel et l'imminence de la mort avaient inspiré un mouvement de repentir et d'humilité, a tôt fait de se laisser persuader que ses crimes sont peccadilles. Et le jeu de la vie reprend son cours : flagorneries aux puissants, cruauté pour les faibles, justification légale de l'injustice. De l'épopée, de la tragédie antique nous voici revenus à la comédie humaine, au manège quotidien de la lâcheté et de l'hypocrisie.

Et aussitôt après ce poème où tant de dissonances sont savamment harmonisées, voici un conte gaulois qui s'achève sur un irrésistible *crescendo, Le Mal Marié.* C'est apparemment à dessein que La Fontaine a fait suivre de cette espiègle pochade la grande fable sur laquelle s'ouvre son second recueil. Peut-être les avait-il composées l'une à la suite de l'autre pour se donner à lui-même le plaisir du changement.

*
* *

S'agit-il des moralités, dans son premier recueil il les emprunte en général à ses devanciers. Ce n'est pas à lui-même qu'il convient de reprocher, comme on le fait d'habitude, ce qu'il peut y avoir dans cette sagesse très ancienne de prosaïque, d'étroit et de timoré. La morale ésopique ne convient pas aux héros ni aux saints; elle n'est que l'ensemble des recettes de vie dont les pauvres gens, les paysans surtout, ont dû se munir au cours des âges pour parer aux dangers qui les menaçaient de toutes parts. Il n'y a pas un de ces préceptes qui ne se ramène en définitive à un conseil de prudence, de défiance, de résignation. Ceux qui ont lentement amassé ce petit trésor d'expérience avaient, en effet, tout à craindre des choses, des hommes et d'eux-mêmes. On trouvera quelque beauté dans cette sagesse dure et terre à terre si l'on songe aux souffrances d'où elle est sortie. Elle ignore les généreux abandons, les nobles imprudences. La vertu même qu'elle conseille est fondée sur l'intérêt; mais elle prêche l'entraide que leur condition impose aux faibles, et le travail qui est leur seule ressource. Ennemie des vaines bravades et des attitudes avantageuses, elle n'en rappelle pas moins que la liberté dans la misère est préférable à la servitude dorée.

Il est évident d'ailleurs que La Fontaine éprouve une sympathie personnelle pour cette sagesse rustique. Qui connaît mieux que lui les pièges de la vie, la méchanceté des hommes, la folie de l'ambition et de la vanité ? De son fond bourgeois et champenois il préfère à l'ostentation stoïcienne la « constance » et la « patience » des « pauvres gens » qui « ne savent ni Aristote ni Caton », comme dit Montaigne, et qui opposent aux coups du sort un si « roide » courage. Les apparences peuvent l'enchanter; elles ne lui en imposent pas; sa défiance jamais ne l'abandonne. Jouir de tout sans s'attacher à rien, c'est la règle de sa vie, et c'est la raison pour laquelle son œuvre est à la fois si enjouée et si amère.

Dans son deuxième recueil cependant, il essaie de concilier son réalisme avec l'amour du rêve, qui d'ailleurs ne s'accompagne chez lui d'aucune illusion :

Chacun songe en veillant; il n'est rien de plus doux...

Chez Mme de la Sablière dont il devient l'hôte vers 1673, il a rencontré des savants, des philosophes, des voyageurs. Des curiosités nouvelles se sont éveillées dans son esprit. Ainsi ne voit-il plus seulement, dans les bêtes que les *Fables* mettent en scène, des symboles de nos vices et de nos ridicules; il en vient à les considérer en elles-mêmes, comme des êtres indépendants, bien différents de l'homme et parfois cependant bien semblables à lui. Ces ressemblances ne seraient-elles pas le signe qu'il existe entre les bêtes et nous une parenté profonde, et que tous les êtres animés participent à une même nature ? L'animal aurait-il une âme raisonnable ? Ou seulement une âme corporelle, que l'homme d'ailleurs posséderait aussi, en même temps qu'il tient directement de Dieu, par privilège, une âme immortelle? La Fontaine soutient et combat tour à tour chacune de ces thèses dans *Les Lapins,* dans *La Souris métamorphosée en fille,* dans *Les Souris et le Chat Huant,* dans *le Discours à Madame de la Sablière*. De telles contradictions prouvent que son esprit, si accueillant et si mobile, nourri de Lucrèce et de l'Évangile, d'Horace et de saint Augustin, n'est pas devenu le prisonnier d'un système.

« On ne s'imagine Platon et Aristote qu'avec de grandes robes de pédants... », observait Pascal avec ironie. Et pas seulement Platon et Aristote, mais Molière, mais La Fontaine! Il ne nous suffit pas qu'ils aient été des écrivains de génie; il faut encore qu'ils soient des penseurs de profession, qu'ils aient édifié une philosophie, une politique, une morale. Dans le rire de l'un, dans le sourire de l'autre on veut nous faire voir des abîmes.

Encore La Fontaine avait-il, à coup sûr, le goût des idées. Mais il lui suffisait de jouer avec elles. Même les problèmes qui semblent le plus occuper son esprit, qu'un peu de temps passe, il ne s'en soucie plus. Comme l'Acante de sa comédie *Clymène,* il est

un homme inégal à tel point
que d'un moment à l'autre on ne le connaît point

En 1679 il s'est appliqué à réfuter longuement la théorie cartésienne des « animaux-machines ». Il l'a fait à l'aide d'arguments qui étaient en son temps à la mode, mais aussi en rapportant avec un art inimitable des anecdotes vraies ou fausses dans lesquelles les bêtes apparaissaient comme capables de pensée, de jugement, peut-être même de réflexion. La question semblait le passionner. Considérons maintenant deux des onze fables nouvelles qu'il fait paraître en 1685 dans les *Ouvrage de prose et de poésie : Le Renard et les Poulets d'Inde* et *Le Renard anglois*. Il en emprunte le sujet à deux

traités récents consacrés au problème de l'intelligence
des bêtes. Or, ni dans l'une ni dans l'autre de ces fables
il ne fait la moindre allusion à la question qui six ans
plus tôt hantait son esprit; il évite délibérément les occasions qui s'offrent à lui de la poser à nouveau et ne tire
de ces deux récits que de banales moralités ésopiques.
De même, la fable des *Deux Chèvres*, publiée en 1694,
semble inspirée d'une page de Pline l'ancien. Mais Pline
voit dans l'histoire qu'il rapporte un exemple de « saga-
cité animale » (*sollertia animalis*). La Fontaine s'engage si
peu dans cette voie qu'il modifie le dénouement de
l'anecdote pour faire de sa fable un drame de préséances
et une satire de la vanité humaine.

Tous les systèmes l'attirent parce qu'ils lui fournissent
tous un point de vue peut-être légitime sur une réalité
en son fond inconnaissable, mais aucun n'est capable
de le retenir.

Dans la vie littéraire du siècle comme dans celle de
La Fontaine, les *Fables* représentent quelque chose d'ab-
solument neuf. La langue même en est inventée; elle n'a
pas du tout la couleur marotique des contes en vers
réguliers. Pour se plaire à lui-même et atteindre à cette
diversité harmonieuse dont il rêve, le poète puise à
toutes sources. A ses maîtres du siècle précédent, à Rabe-
lais surtout, il emprunte mots, tours, dictons, noms de
personnages. Il fait siens aussi les termes de bréviaire,
de pratique, de vénerie, de métier, de terroir. Son style,
comme sa versification, est une création perpétuelle.

Lorsque d'un de ses contes, d'une de ses épîtres on
passe à l'une de ses grandes fables, il semble qu'on ait
changé de poète. Ce n'est plus cette langue d'une élégance abstraite, admirablement limpide sans doute et
qui parle à l'esprit avec la grâce la plus fine, mais qui

se contente de désigner ou de décrire, sans nous communiquer la sensation de la chose vue, palpée ou respirée. Les vraies fables, au contraire, avant de nous inviter à réfléchir sur l'objet qu'elles nous proposent, le mettent sous nos yeux et dans nos mains.

On s'est étonné de rencontrer dans une fable toute réaliste comme *La Mort et le Bûcheron* une expression empruntée à l'épisode rabelaisien de la Sibylle de Panzoust. La Fontaine ne verrait-il la vie qu'à travers les livres? Il me paraît, au contraire, que voulant nous rendre présente une de ces huttes forestières qu'il avait dû si souvent remarquer dans ses tournées de maître des eaux, il a senti que les mots « chaumine enfumée » lui étaient indispensables, moins encore à cause de leur justesse que de leur pouvoir d'évocation. Ailleurs, il cite un dicton picard pour le seul plaisir d'entendre sonner des syllabes qui aient l'accent d'un terroir et d'une époque. Les belles sonorités des deux verbes rustiques *fouir, houer* se font valoir par le rapprochement.

Un complément redoublé, des allitérations discrètes, il ne lui en faut pas plus pour traduire la profondeur d'un sommeil :

> ... Où de tout leur pouvoir, de tout leur appétit
>   Dormoient les deux pauvres servantes...

ou l'épaisseur du « balandras » :

> Bon manteau bien doublé, bonne étoffe bien forte...

Un seul hémistiche tout en *é* d'ouvertures différentes insinue en nous la chaleur du rayon après l'averse :

> ... Récrée et puis pénètre enfin le cavalier.

Nous sentons comme à les toucher les os saillants du loup famélique, le poil « velouté » du chat, le « poli » de la peau du dogue tendue sur un corps bien nourri. Les premiers vers de *L'Alouette et ses Petits* semblent gonflés de sève printanière; les derniers, hachés de dentales, peignent l'envol gauche et confus des oisillons.

Le mouvement des pensées nous devient aussi sensible que celui des corps. En face du dogue dont nous parlions, de cette masse de chair fraîche, l'instinct du loup affamé s'éveille d'abord : « L'attaquer, le mettre en quartiers... » Tentation que chasse bientôt l'évidence d'une lutte inégale. Il faut ruser, dissimuler, faire des grâces. Aux phrases rapides succède une période embarrassée : « Le loup donc l'aborde humblement... » Aucune trace chez Phèdre de ce retournement de pensées, de ce drame intérieur.

*
* *

« J'ai fait parler le loup et répondre l'agneau... » Je ne vois pas d'écrivain, sauf Marcel Proust, qui sache aussi bien que La Fontaine rendre l'accent d'un personnage et le révéler tout entier par les mots qu'il lui prête. *La Mouche et la Fourmi* n'est qu'un dialogue : la mouche n'a pas vingt vers, la fourmi en a trente. Pourtant c'est la mouche qui semble se griser d'un vain bourdonnement, tandis que toutes les phrases de la fourmi portent, précises et dures : d'où l'impression qu'elle donne d'économiser même les paroles. A travers le style indirect on perçoit le verbiage vantard des chasseurs vendant la peau de l'ours. Au langage bref, assuré, condescendant de l'Aigle et de Phébus s'opposent la voix aigre du hibou et les rodomontades de Borée.

Chez tous les devanciers de notre poète sans exception, les héros ne sont jamais que des bêtes quelconques, des hommes quelconques. La Fontaine est incomparable pour individualiser ses personnages, les animer d'une vie propre. Le rat qu'Esope met aux prises avec une grenouille n'a aucun caractère. Celui de La Fontaine est une figure inoubliable de gourmandise, de paresse et de naïveté : il prend le soleil dans la béatitude des digestions heureuses, sans soupçonner qu'il va lui-même être mangé.

Si l'on rapproche le texte de La Fontaine de celui qu'il a « mis en vers », on voit de combien, à tous coups, il l'emporte sur son modèle. *Le Corbeau et le Renard* est parmi les plus anciennes de ses fables. Il n'y prend avec Phèdre que peu de libertés. Et pourtant... Le corbeau vient d'ouvrir le bec et de laisser choir son fromage, « ce fromage (ma traduction de Phèdre est littérale) que rapidement le rusé renard happa de ses dents avides ». Que de mots pesants pour une action si prompte! La Fontaine ne fait aucune allusion explicite à la promptitude. Il la suggère par le son et le rythme : « Le renard s'en saisit. »

Les ballades de La Fontaine (nous en avons une dizaine) prouvent qu'il savait être, lorsqu'il le voulait, fort agile rimeur. Dans les *Fables*, il y a des rimes imprévues et que leur richesse rend plus plaisantes (*calendes-landes, case-Caucase, autruche-cruche*). Mais le poète semble avoir peur qu'elles ne détournent sur elles l'attention de l'oreille. Ce qu'il cherche, tout au long du vers, c'est, selon le mot de Rousseau, l'harmonie qui fait image.

*
* *

La discrétion est sa vertu maîtresse. Il prend bien garde à ne jamais forcer la voix. Les plus grands sujets sont abordés dans les fables, la nature et l'âme, la liberté, la mort, le gouvernement des États, leurs relations entre eux, la Providence et la Fortune, la paix et la guerre. Mais dès que le tremblement de l'émotion va se communiquer à son vers, dès que sa phrase commence à prendre de l'ampleur, une sorte de pudeur ramène le poète à la simplicité, presque à la bonhomie. Dans le prélude de *La Mort et le Mourant* il montre, pesant sur chaque moment de la vie, la menace de la mort, et sa période grave et mesurée aboutit à ce vers immense :

> Un jour le monde entier accroîtra sa richesse.

A-t-il peur d'avoir cédé à l'emphase? Le retour à la prose ne se fait pas attendre :

> Il n'est rien de moins ignoré
> Et, puisqu'il faut que je le die,
> Rien où l'on soit moins préparé.

Plus loin, après avoir rapporté la rude semonce de la Mort au centenaire qui refuse de la suivre, il reprend la parole. Son premier vers est d'une majesté résignée; le second nous ramène sur la terre par un subtil *decrescendo*; le troisième s'achève sur une image familière :

> La Mort avoit raison. Je voudrois qu'à cet âge
> On sortît de la vie ainsi que d'un banquet,
> Remerciant son hôte, et qu'on fît son paquet...

Ces nuances sont moins dans le sens des mots que dans leur valeur affective.

Inversement il arrive qu'une narration, un dialogue volontairement sans relief ou même d'un tour caricatural, soient traversés par un grand vers de lyrisme ou d'épopée. Sur la modeste trame, soudain brille une lueur imprévue.

Je songe ici surtout à un récit ésopique du premier recueil, *L'Aigle et le Hibou*. Le début de la fable est, à dessein, du ton le plus neutre. Quand le « triste oiseau » commence à faire grincer sa voix aigre et rechignée, nous voici au niveau de la charge : le rythme saccadé, les sons heurtés et durs traduisent la hargne de l'éternel mécontent; celui qu'effraie la lumière se croit de tous persécuté. Même couleur de style pour peindre les « pe-

tits monstres fort hideux » piaillant dans leur trou. Toute
la fable a une couleur parodique, toute — à un vers près,
le vingt-deuxième. Entre les récriminations du hibou et
la découverte de sa nichée, le poète a voulu et a su évo-
quer le vol immense et calme, le vol magnifique de
l'aigle à la fin du jour. Magie de la poésie. Pris à part,
chaque mot de ce vers est banal et pauvre :

> De façon qu'un beau soir qu'il étoit en pâture...

Mais, à cette place, préparé par un autre alexandrin
qui le précède immédiatement, suivi, pour le contraste,
d'une plaisante série d'octosyllabes monorimes, il produit une impression de sérénité et de majesté. La répé-
tition de la conjonction élidée devant la quatrième et la
septième syllabe semble rythmer la vaste ronde du
chasseur dans le ciel.

Loin de courir après le sublime, La Fontaine tient toujours son génie en bride. Une fois seulement, dans les
derniers vers de sa dernière fable, il lui est arrivé de
céder à l'émotion. Il était à moins de deux ans de sa
mort. Il y en avait plus de trente que le pauvre Fouquet
avait été arrêté; il y en avait treize qu'il était mort dans
sa prison. Pourquoi, au temps de sa grandeur, était-il
resté sourd aux conseils que son poète lui donnait, sous
le voile du badinage, dans une épître marotique?

> A jouir pourtant de vous-même
> Vous auriez un plaisir extrême.
> Renvoyez donc en certains temps
> Tous les traités, tous les traitants...

Quitte à moins parader et à brasser moins d'affaires,
que ne s'est-il appliqué à se connaître, à borner ses
vœux, à écouter ses voix intérieures? A la pensée des
années de captivité et de la mort sans témoins de celui
qui avait été le maître de la France, le poète reprend

ses conseils jadis demeurés vains, mais le ton est tout
autre. Sa voix est déjà celle d'un homme qui juge de loin
les choses de la terre :

> O vous dont le public emporte tous les soins,
>   Magistrats, princes et ministres,
> Vous que doivent troubler mille accidents sinistres,
> Que le malheur abat, que le bonheur corrompt,
> Vous ne vous voyez point, vous ne voyez personne...

Jamais de tels accents n'avaient retenti dans les *Fables*.
Bien plus, pour la première et la dernière fois, voici que
La Fontaine s'adresse à la postérité :

> Cette leçon sera la fin de mes ouvrages.
> Puisse-t-elle être utile aux peuples à venir...

Encore faut-il observer qu'avant de s'élever si haut,
il s'est imposé de raser la terre. La leçon qu'il formule
avec tant de majesté fait immédiatement suite aux vers
les plus proches de la prose qu'on puisse trouver dans
son œuvre :

> Puisqu'on plaide et qu'on meurt et qu'on devient malade,
> Il faut des médecins, il faut des avocats...

Peu de poètes offrent l'exemple d'une telle ampleur
de registre.

*
* *

Comme tous les chefs-d'œuvre classiques, les *Fables*
relèvent de la littérature orale. On les lisait, on les réci-
tait en diverses compagnies avant qu'elles ne fussent
publiées. C'est sur le visage de ses auditeurs que le
poète en éprouvait l'agrément.

Aujourd'hui la voix seule peut les ressusciter, rendre
sensibles la diversité merveilleuse de leur style et de
leur rythme, le passage d'une simplicité pleine de bon-

homie au pathétique ou au sublime. Comme le poète,
le diseur doit donner l'impression que les mots s'offrent
à son esprit au moment où il les prononce. Chez La Fontaine le plus beau lyrisme a toujours un caractère de
naturel et de jaillissement spontané, naissant de la cau-
serie, revenant à elle sans effort. On voit les gestes du
conteur, l'expression de son regard, on perçoit l'insis-
tance et la malice de sa voix quand on lit, par exemple,
au début d'une fable :

> Ce n'étoit pas un sot, non, non, et croyez-m'en,
> Que le chien de Jean de Nivelle.

Dans le cours du récit il intervient à tout propos :

> L'un vieillard, l'autre enfant, non pas des plus petits,
> Mais garçon de quinze ans, si j'ai bonne mémoire...

> J'ai regret que ce mot soit trop vieux aujourd'hui :
> Il m'a toujours semblé d'une énergie extrême...

> J'en sais beaucoup de par le monde
> A qui ceci conviendrait bien.

Le mouvement du vers est celui de la parole vivante.
Mais l'accent, la couleur de la voix, la prononciation de
notre langue changent d'un siècle à l'autre. Quand nous
récitons les *Fables*, nous les interprétons selon le goût
qui nous est propre et qui, dans une grande mesure, est
celui de notre temps. C'est à travers Chénier, Hugo,
Apollinaire que nous aimons La Fontaine. Il est possible que nous admirions chez lui des effets auxquels il
ne songeait pas et que nous restions insensibles à ceux
qui lui tenaient le plus au cœur. Si sa voix nous avait été
conservée, ou celle de la Champmeslé qui lui semblait
si « touchante », peut-être nous faudrait-il convenir
qu'ils n'entendaient pas les *Fables* comme nous les
entendons.

Pierre Clarac.

FABLES

MONSEIGNEUR LE DAUPHIN
(1668)

S'IL y a quelque chose d'ingénieux dans la république des lettres, on peut dire que c'est la manière dont Ésope a débité sa morale. Il seroit véritablement à souhaiter que d'autres mains que les miennes y eussent ajouté les ornements de la poésie, puisque le plus sage des anciens a jugé qu'ils n'y étoient pas inutiles. J'ose, MONSEIGNEUR, vous en présenter quelques essais. C'est un entretien convenable à vos premières années. Vous êtes en un âge où l'amusement et les jeux sont permis aux princes; mais en même temps vous devez donner quelques-unes de vos pensées à des réflexions sérieuses. Tout cela se rencontre aux fables que nous devons à Ésope. L'apparence en est puérile, je le confesse; mais ces puérilités servent d'enveloppe à des vérités importantes.

Je ne doute point, MONSEIGNEUR, que vous ne regardiez favorablement des inventions si utiles et tout ensemble si agréables, car que peut-on souhaiter davantage que ces deux points? Ce sont eux qui ont introduit les sciences parmi les hommes. Ésope a trouvé un art singulier de les joindre l'un avec l'autre. La lecture de son ouvrage répand insensiblement dans une âme les semen-

ces de la vertu, et lui apprend à se connoître sans qu'elle
s'aperçoive de cette étude, et tandis qu'elle croit faire
toute autre chose. C'est une adresse dont s'est servi très-
heureusement celui sur lequel Sa Majesté a jeté les yeux
pour vous donner des instructions. Il fait en sorte que
vous appreniez sans peine, ou, pour mieux parler, avec
plaisir, tout ce qu'il est nécessaire qu'un prince sache.
Nous espérons beaucoup de cette conduite. Mais, à dire
la vérité, il y a des choses dont nous espérons infiniment
davantage : ce sont, Monseigneur, les qualités que notre
invincible Monarque vous a données avec la naissance;
c'est l'exemple que tous les jours il vous donne. Quand
vous le voyez former de si grands desseins, quand vous
le considérez qui regarde sans s'étonner l'agitation
de l'Europe, et les machines qu'elle remue pour le
détourner de son entreprise; quand il pénètre dès sa
première démarche jusque dans le cœur d'une province
où l'on trouve à chaque pas des barrières insurmonta-
bles, et qu'il en subjugue une autre en huit jours, pendant la saison la plus ennemie de la guerre, lorsque le
repos et les plaisirs règnent dans les cours des autres
princes; quand, non content de dompter les hommes, il
veut triompher aussi des éléments; et quand, au retour
de cette expédition, où il a vaincu comme un Alexandre,
vous le voyez gouverner ses peuples comme un Auguste :
avouez le vrai, Monseigneur, vous soupirez pour la
gloire aussi bien que lui, malgré l'impuissance de vos
années; vous attendez avec impatience le temps où vous
pourrez vous déclarer son rival dans l'amour de cette
divine maîtresse. Vous ne l'attendez pas, Monseigneur :
vous le prévenez. Je n'en veux pour témoignage que
ces nobles inquiétudes, cette vivacité, cette ardeur, ces
marques d'esprit, de courage, et de grandeur d'âme, que
vous faites paroître à tous les moments. Certainement,
c'est une joie bien sensible à notre Monarque, mais
c'est un spectacle bien agréable pour l'univers que de

voir ainsi croître une jeune plante qui couvrira un jour de son ombre tant de peuples et de nations.

Je devrois m'étendre sur ce sujet; mais comme le dessein que j'ai de vous divertir est plus proportionné à mes forces que celui de vous louer, je me hâte de venir aux fables et n'ajouterai aux vérités que je vous ai dites que celle-ci : c'est, Monseigneur, que je suis, avec un zèle respectueux,

Votre très-humble, très-obéissant,
et très-fidèle serviteur,

DE LA Fontaine.

PRÉFACE DE LA FONTAINE

(1668)

L'INDULGENCE que l'on a eue pour quelques-unes de
mes fables me donne lieu d'espérer la même grâce
pour ce recueil. Ce n'est pas qu'un des maîtres de
notre éloquence n'ait désapprouvé le dessein de les
mettre en vers : il a cru que leur principal ornement est
de n'en avoir aucun; que d'ailleurs la contrainte de la
poésie, jointe à la sévérité de notre langue, m'embar-
rasseroient en beaucoup d'endroits, et banniroient de la
plupart de ces récits la brèveté, qu'on peut fort bien
appeler l'âme du conte, puisque sans elle il faut néces-
sairement qu'il languisse. Cette opinion ne sauroit
partir que d'un homme d'excellent goût; je demanderois
seulement qu'il en relâchât quelque peu, et qu'il crût
que les grâces lacédémoniennes ne sont pas tellement
ennemies des muses françoises, que l'on ne puisse souvent les faire marcher de compagnie.

Après tout, je n'ai entrepris la chose que sur l'exemple, je ne veux pas dire des anciens, qui ne tire point à
conséquence pour moi, mais sur celui des modernes.
C'est de tout temps, et chez tous les peuples qui font
profession de poésie, que le Parnasse a jugé ceci de son
apanage. A peine les fables qu'on attribue à Ésope virent
le jour, que Socrate trouva à propos de les habiller des

livrées des Muses. Ce que Platon en rapporte est si agréable, que je ne puis m'empêcher d'en faire un des ornements de cette préface. Il dit que Socrate étant condamné au dernier supplice, l'on remit l'exécution de l'arrêt, à cause de certaines fêtes. Cébès l'alla voir le jour de sa mort. Socrate lui dit que les Dieux l'avoient averti plusieurs fois, pendant son sommeil, qu'il devoit s'appliquer à la musique avant qu'il mourût. Il n'avoit pas entendu d'abord de que ce songe signifioit; car, comme la musique ne rend pas l'homme meilleur, à quoi bon s'y attacher? Il falloit qu'il y eût du mystère là-dessous': d'autant plus que les Dieux ne se lassoient point de lui envoyer la même inspiration. Elle lui étoit encore venue une de ces fêtes. Si bien qu'en songeant aux choses que le Ciel pouvoit exiger de lui, il s'étoit avisé que la musique et la poésie ont tant de rapport, que possible étoit-ce de la dernière qu'il s'agissoit. Il n'y a point de bonne poésie sans harmonie; mais il n'y en a point non plus sans fiction; et Socrate ne savoit que dire la vérité. Enfin il avoit trouvé un tempérament : c'étoit de choisir des fables qui continssent quelque chose de véritable, telles que sont celles d'Ésope. Il employa donc à les mettre en vers les derniers moments de sa vie.

Socrate n'est pas le seul qui ait considéré comme sœurs la poésie et nos fables. Phèdre a témoigné qu'il étoit de ce sentiment; et par l'excellence de son ouvrage, nous pouvons juger de celui du prince des philosophes. Après Phèdre, Aviénus a traité le même sujet. Enfin les modernes les ont suivis : nous en avons des exemples, non-seulement chez les étrangers, mais chez nous. Il est vrai que lorsque nos gens y ont travaillé, la langue étoit si différente de ce qu'elle est, qu'on ne les doit considérer que comme étrangers. Cela ne m'a point détourné de mon entreprise : au contraire, je me suis flatté de l'espérance que si je ne courois dans cette carrière avec succès, on me donneroit au moins la gloire de l'avoir ouverte.

Il arrivera possible que mon travail fera naître à d'autres personnes l'envie de porter la chose plus loin. Tant s'en faut que cette matière soit épuisée, qu'il reste encore plus de fables à mettre en vers que je n'en ai mis. J'ai choisi véritablement les meilleures, c'est-à-dire celles qui m'ont semblé telles; mais outre que je puis m'être trompé dans mon choix, il ne sera pas difficile de donner un autre tour à celles-là même que j'ai choisies; et si ce tour est moins long, il sera sans doute plus approuvé. Quoi qu'il en arrive, on m'aura toujours obligation, soit que ma témérité ait été heureuse, et que je ne me sois point trop écarté du chemin qu'il falloit tenir, soit que j'aie seulement excité les autres à mieux faire.

Je pense avoir justifié suffisamment mon dessein : quant à l'exécution, le public en sera juge. On ne trouvera pas ici l'élégance ni l'extrême brèveté qui rendent Phèdre recommandable : ce sont qualités au-dessus de ma portée. Comme il m'étoit impossible de l'imiter en cela, j'ai cru qu'il falloit en récompense égayer l'ouvrage plus qu'il n'a fait. Non que je le blâme d'en être demeuré dans ces termes : la langue latine n'en demandoit pas davantage; et si l'on y veut prendre garde, on reconnoîtra dans cet auteur le vrai caractère et le vrai génie de Térence. La simplicité est magnifique chez ces grands hommes : moi, qui n'ai pas les perfections du langage comme ils les ont eues, je ne la puis élever à un si haut point. Il a donc fallu se récompenser d'ailleurs : c'est ce que j'ai fait avec d'autant plus de hardiesse, que Quintilien dit qu'on ne sauroit trop égayer les narrations. Il ne s'agit pas ici d'en apporter une raison : c'est assez que Quintilien l'ait dit. J'ai pourtant considéré que ces fables étant sues de tout le monde, je ne ferois rien si je ne les rendois nouvelles par quelques traits qui en relevassent le goût. C'est ce qu'on demande aujourd'hui : on veut de la nouveauté et de la gaieté. Je

n'appelle pas gaieté ce qui excite le rire; mais un
certain charme, un air agréable qu'on peut donner à
toutes sortes de sujets, même les plus sérieux.

Mais ce n'est pas tant par la forme que j'ai donnée à
cet ouvrage qu'on en doit mesurer le prix, que par son
utilité et par sa matière; car qu'y a-t-il de recommandable dans les productions de l'esprit, qui ne se rencontre
dans l'apologue? C'est quelque chose de si divin, que
plusieurs personnages de l'antiquité ont attribué la plus
grande partie de ces fables à Socrate, choisissant, pour
leur servir de père, celui des mortels qui avoit le plus de
communication avec les Dieux. Je ne sais comme ils
n'ont point fait descendre du ciel ces mêmes fables,
et comme ils ne leur ont point assigné un dieu qui en
eût la direction, ainsi qu'à la poésie et à l'éloquence. Ce
que je dis n'est pas tout à fait sans fondement, puisque,
s'il m'est permis de mêler ce que nous avons de plus
sacré parmi les erreurs du paganisme, nous voyons que
la Vérité a parlé aux hommes par paraboles; et la para-
bole est-elle autre chose que l'apologue, c'est-à-dire un
exemple fabuleux, et qui s'insinue avec d'autant plus de
facilité et d'effet, qu'il est plus commun et plus familier? Qui ne nous proposeroit à imiter que les maîtres
de la sagesse, nous fourniroit un sujet d'excuse : il n'y en
a point quand des abeilles et des fourmis sont capables
de cela même qu'on nous demande.

C'est pour ces raisons que Platon, ayant banni Homère
de sa république, y a donné à Ésope une place très-hono-
rable. Il souhaite que les enfants sucent ces fables avec le
lait; il recommande aux nourrices de les leur apprendre;
car on ne sauroit s'accoutumer de trop bonne heure à la
sagesse et à la vertu. Plutôt que d'être réduits à corriger
nos habitudes, il faut travailler à les rendre bonnes pendant qu'elles sont encore indifférentes au bien ou au mal.
Or quelle méthode y peut contribuer plus utilement que
ces fables ? Dites à un enfant que Crassus, allant contre

les Parthes, s'engagea dans leur pays sans considérer comment il en sortiroit; que cela le fit périr, lui et son armée, quelque effort qu'il fit pour se retirer. Dites au même enfant que le Renard et le Bouc descendirent au fond d'un puits pour y éteindre leur soif; que le Renard en sortit s'étant servi des épaules et des cornes de son camarade comme d'une échelle; au contraire, le Bouc y demeura pour n'avoir pas eu tant de prévoyance; et par conséquent il faut considérer en toute chose la fin. Je demande lequel de ces deux exemples fera le plus d'impression sur cet enfant. Ne s'arrêtera-t-il pas au dernier, comme plus conforme et moins disproportionné que l'autre à la petitesse de son esprit? Il ne faut pas m'alléguer que les pensées de l'enfance sont d'elles-mêmes assez enfantines, sans y joindre encore de nouvelles badineries. Ces badineries ne sont telles qu'en apparence; car dans le fond elles portent un sens très-solide. Et comme, par la définition du point, de la ligne, de la surface, et par d'autres principes très-familiers, nous parvenons à des connoissances qui mesurent enfin le ciel et la terre, de même aussi, par les raisonnements et conséquences que l'on peut tirer de ces fables, on se forme le jugement et les mœurs, on se rend capable des grandes choses.

Elles ne sont pas seulement morales, elles donnent encore d'autres connoissances. Les propriétés des animaux et leurs divers caractères y sont exprimés; par conséquent les nôtres aussi, puisque nous sommes l'abrégé de ce qu'il y a de bon et de mauvais dans les créatures irraisonnables. Quand Prométhée voulut former l'homme, il prit la qualité dominante de chaque bête : de ces pièces si différentes il composa notre espèce; il fit cet ouvrage qu'on appelle le Petit-Monde. Ainsi ces fables sont un tableau où chacun de nous se trouve dépeint. Ce qu'elles nous représentent confirme les personnes d'âge avancé dans les connoissances que l'usage leur a données, et apprend aux enfants ce qu'il faut qu'ils sachent. Comme ces derniers sont nouveau-venus dans le monde, ils n'en connoissent pas encore les habitants : ils ne se connoissent pas eux-mêmes. On ne les doit laisser dans cette ignorance que le moins qu'on peut : il leur faut apprendre ce que c'est qu'un lion, un renard, ainsi du reste ; et pourquoi l'on compare quelquefois un homme à ce renard ou à ce lion. C'est à quoi les fables travaillent : les premières notions de ces choses proviennent d'elles.

J'ai déjà passé la longueur ordinaire des préfaces ; cependant je n'ai pas encore rendu raison de la conduite de mon ouvrage. L'apologue est composé de deux parties, dont on peut appeler l'une le corps, l'autre l'âme. Le corps est la fable ; l'âme, la moralité. Aristote n'admet dans la fable que les animaux ; il en exclut les hommes et les plantes. Cette règle est moins de nécessité que de bienséance, puisque ni Ésope, ni Phèdre, ni aucun des fabulistes, ne l'a gardée, tout au contraire de la moralité, dont aucun ne se dispense. Que s'il m'est arrivé de le faire, ce n'a été que dans les endroits où elle n'a pu entrer avec grâce, et où il est aisé au lecteur de la suppléer. On ne considère en France que ce qui plaît : c'est la grande règle, et pour ainsi dire la seule. Je n'ai donc pas cru que ce fût un crime de passer par-dessus les anciennes coutumes lorsque je ne pouvois les mettre en usage sans leur faire tort. Du temps d'Ésope, la fable étoit contée simplement ; la moralité séparée, et toujours ensuite. Phèdre est venu, qui ne s'est pas assujetti à cet ordre : il embellit la narration, et transporte quelquefois la moralité de la fin au commencement. Quand il seroit nécessaire de lui trouver place, je ne manque à ce précepte que pour en observer un qui n'est pas moins important : c'est Horace qui nous le donne. Cet auteur ne veut pas qu'un écrivain s'opiniâtre contre l'incapacité de son esprit, ni contre celle de sa matière. Jamais, à ce qu'il

prétend, un homme qui veut réussir n'en vient jusque-là ;
il abandonne les choses dont il voit bien qu'il ne sauroit
rien faire de bon :

>   *...Et quae*
>   *Desperat tractata nitescere posse, relinquit.*

C'est ce que j'ai fait à l'égard de quelques moralités, du
succès desquelles je n'ai pas bien espéré.

A
MONSEIGNEUR LE DAUPHIN

Je chante les héros dont Ésope est le père,
Troupe de qui l'histoire, encor que mensongère,
Contient des vérités qui servent de leçons.
Tout parle en mon ouvrage, et même les poissons :
Ce qu'ils disent s'adresse à tous tant que nous sommes;
Je me sers d'animaux pour instruire les hommes.
ILLUSTRE REJETON D'UN PRINCE aimé des cieux,
Sur qui le monde entier a maintenant les yeux,
Et qui faisant fléchir les plus superbes têtes,
Comptera désormais ses jours par ses conquêtes,
Quelque autre te dira d'une plus forte voix
Les faits de tes aïeux et les vertus des rois.
Je vais t'entretenir de moindres aventures,
Te tracer en ces vers de légères peintures;
Et si de t'agréer je n'emporte le prix,
J'aurai du moins l'honneur de l'avoir entrepris.

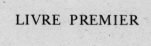

LIVRE PREMIER

I

LA CIGALE ET LA FOURMI

La Cigale, ayant chanté
    Tout l'été,
Se trouva fort dépourvue
Quand la bise fut venue :
Pas un seul petit morceau
De mouche ou de vermisseau.
Elle alla crier famine
Chez la Fourmi sa voisine,
La priant de lui prêter
Quelque grain pour subsister
Jusqu'à la saison nouvelle.
« Je vous paierai, lui dit-elle,
Avant l'oût, foi d'animal,
Intérêt et principal. »
La Fourmi n'est pas prêteuse :
C'est là son moindre défaut.
« Que faisiez-vous au temps chaud ?
Dit-elle à cette emprunteuse.
— Nuit et jour à tout venant
Je chantois, ne vous déplaise.
— Vous chantiez ? j'en suis fort aise :
Eh bien ! dansez maintenant. »

II

LE CORBEAU ET LE RENARD

Maître Corbeau, sur un arbre perché,
        Tenoit en son bec un fromage.
Maître Renard, par l'odeur alléché,
        Lui tint à peu près ce langage :
        « Hé! bonjour, Monsieur du Corbeau.
Que vous êtes joli! que vous me semblez beau!
        Sans mentir, si votre ramage
        Se rapporte à votre plumage,
Vous êtes le phénix des hôtes de ces bois. »
A ces mots le Corbeau ne se sent pas de joie;
        Et pour montrer sa belle voix,
Il ouvre un large bec, laisse tomber sa proie.
Le Renard s'en saisit, et dit : « Mon bon Monsieur,
        Apprenez que tout flatteur
        Vit aux dépens de celui qui l'écoute :
Cette leçon vaut bien un fromage, sans doute. »
        Le Corbeau, honteux et confus,
Jura, mais un peu tard, qu'on ne l'y prendroit plus.

III

LA GRENOUILLE QUI SE VEUT FAIRE
AUSSI GROSSE QUE LE BŒUF

        Une Grenouille vit un Bœuf
        Qui lui sembla de belle taille.
Elle, qui n'étoit pas grosse en tout comme un œuf,
Envieuse, s'étend, et s'enfle, et se travaille,

Pour égaler l'animal en grosseur,
     Disant : « Regardez bien, ma sœur;
Est-ce assez? dites-moi; n'y suis-je point encore?
— Nenni. — M'y voici donc? — Point du tout. — M'y voilà?
— Vous n'en approchez point. » La chétive pécore
     S'enfla si bien qu'elle creva.

Le monde est plein de gens qui ne sont pas plus sages :
Tout bourgeois veut bâtir comme les grands seigneurs,
     Tout petit prince a des ambassadeurs,
     Tout marquis veut avoir des pages.

IV

LES DEUX MULETS

Deux Mulets cheminoient, l'un d'avoine chargé,
     L'autre portant l'argent de la gabelle.
Celui-ci, glorieux d'une charge si belle,
N'eût voulu pour beaucoup en être soulagé.
     Il marchoit d'un pas relevé,
     Et faisoit sonner sa sonnette :
     Quand l'ennemi se présentant,
     Comme il en vouloit à l'argent,
Sur le Mulet du fisc une troupe se jette,
     Le saisit au frein et l'arrête.
     Le Mulet, en se défendant,
Se sent percer de coups; il gémit, il soupire.
« Est-ce donc là, dit-il, ce qu'on m'avoit promis?
Ce Mulet qui me suit du danger se retire;
     Et moi j'y tombe, et je péris!
     — Ami, lui dit son camarade,
Il n'est pas toujours bon d'avoir un haut emploi :
Si tu n'avois servi qu'un meunier, comme moi,
     Tu ne serois pas si malade. »

V

LE LOUP ET LE CHIEN

Un Loup n'avoit que les os et la peau,
    Tant les chiens faisoient bonne garde.
Ce Loup rencontre un Dogue aussi puissant que beau,
Gras, poli, qui s'étoit fourvoyé par mégarde.
    L'attaquer, le mettre en quartiers,
    Sire Loup l'eût fait volontiers;
    Mais il falloit livrer bataille,
    Et le mâtin étoit de taille
    A se défendre hardiment.
    Le Loup donc l'aborde humblement,
   Entre en propos, et lui fait compliment
    Sur son embonpoint, qu'il admire.
    « Il ne tiendra qu'à vous beau sire,
D'être aussi gras que moi, lui repartit le Chien.
    Quittez les bois, vous ferez bien :
    Vos pareils y sont misérables,
    Cancres, hères, et pauvres diables,
Dont la condition est de mourir de faim.
Car quoi? rien d'assuré : point de franche lippée;
    Tout à la pointe de l'épée.
Suivez-moi : vous aurez un bien meilleur destin. »
    Le Loup reprit : « Que me faudra-t-il faire?
— Presque rien, dit le Chien : donner la chasse aux gens
    Portants bâtons, et mendiants;
Flatter ceux du logis, à son maître complaire :
    Moyennant quoi votre salaire
Sera force reliefs de toutes les façons,
    Os de poulets, os de pigeons,
    Sans parler de mainte caresse. »

Le Loup déjà se forge une félicité
     Qui le fait pleurer de tendresse.
Chemin faisant, il vit le col du Chien pelé.
« Qu'est-ce là? lui dit-il. — Rien. — Quoi? rien? — Peu
                                    [de chose.
— Mais encor? — Le collier dont je suis attaché
De ce que vous voyez est peut-être la cause.
— Attaché? dit le Loup : vous ne courez donc pas
     Où vous voulez? — Pas toujours; mais qu'importe?
— Il importe si bien, que de tous vos repas
     Je ne veux en aucune sorte,
Et ne voudrois pas même à ce prix un trésor. »
Cela dit, maître Loup s'enfuit, et court encor.

VI

LA GÉNISSE, LA CHÈVRE, ET LA BREBIS, EN SOCIÉTÉ AVEC LE LION

La Génisse, la Chèvre, et leur sœur la Brebis,
Avec un fier Lion, seigneur du voisinage,
Firent société, dit-on, au temps jadis,
Et mirent en commun le gain et le dommage.
Dans les lacs de la Chèvre un cerf se trouva pris.
Vers ses associés aussitôt elle envoie.
Eux venus, le Lion par ses ongles compta,
Et dit : « Nous sommes quatre à partager la proie. »
Puis en autant de parts le cerf il dépeça;
Prit pour lui la première en qualité de Sire :
« Elle doit être à moi, dit-il; et la raison,
     C'est que je m'appelle Lion :
     A cela l'on n'a rien à dire.
La seconde, par droit, me doit échoir encor :
Ce droit, vous le savez, c'est le droit du plus fort.
Comme le plus vaillant, je prétends la troisième.

Si quelqu'une de vous touche à la quatrième,
    Je l'étranglerai tout d'abord. »

VII

LA BESACE

Jupiter dit un jour : « Que tout ce qui respire
S'en vienne comparoître aux pieds de ma grandeur :
Si dans son composé quelqu'un trouve à redire,
    Il peut le déclarer sans peur;
    Je mettrai remède à la chose.
Venez, Singe; parlez le premier, et pour cause.
Voyez ces animaux, faites comparaison
    De leurs beautés avec les vôtres.
Êtes-vous satisfait? — Moi? dit-il; pourquoi non?
N'ai-je pas quatre pieds aussi bien que les autres?
Mon portrait jusqu'ici ne m'a rien reproché;
Mais pour mon frère l'Ours, on ne l'a qu'ébauché :
Jamais, s'il me veut croire, il ne se fera peindre. »
L'Ours venant là-dessus, on crut qu'il s'alloit plaindre.
Tant s'en faut : de sa forme il se loua très-fort;
Glosa sur l'Éléphant, dit qu'on pourroit encor
Ajouter à sa queue, ôter à ses oreilles;
Que c'étoit une masse informe et sans beauté.
    L'Éléphant étant écouté,
Tout sage qu'il étoit, dit des choses pareilles :
    Il jugea qu'à son appétit
    Dame Baleine étoit trop grosse.
Dame Fourmi trouva le Ciron trop petit,
    Se croyant, pour elle, un colosse.
Jupin les renvoya s'étant censurés tous,
Du reste, contents d'eux. Mais parmi les plus fous
Notre espèce excella; car tout ce que nous sommes,
Lynx envers nos pareils, et taupes envers nous,

Nous nous pardonnons tout, et rien aux autres hommes :
On se voit d'un autre œil qu'on ne voit son prochain.
     Le fabricateur souverain
Nous créa besaciers tous de même manière,
Tant ceux du temps passé que du temps d'aujourd'hui :
Il fit pour nos défauts la poche de derrière,
Et celle de devant pour les défauts d'autrui.

VIII

L'HIRONDELLE ET LES PETITS OISEAUX

    Une Hirondelle en ses voyages
Avoit beaucoup appris. Quiconque a beaucoup vu
    Peut avoir beaucoup retenu.
Celle-ci prévoyait jusqu'aux moindres orages,
    Et devant qu'ils fussent éclos,
    Les annonçoit aux matelots.
Il arriva qu'au temps que la chanvre se sème,
Elle vit un manant en couvrir maints sillons.
« Ceci ne me plaît pas, dit-elle aux Oisillons :
Je vous plains; car pour moi, dans ce péril extrême,
Je saurai m'éloigner, ou vivre en quelque coin.
Voyez-vous cette main qui par les airs chemine?
    Un jour viendra, qui n'est pas loin,
Que ce qu'elle répand sera votre ruine.
De là naîtront engins à vous envelopper,
    Et lacets pour vous attraper,
    Enfin mainte et mainte machine
    Qui causera dans la saison
    Votre mort ou votre prison :
    Gare la cage ou le chaudron!
    C'est pourquoi, leur dit l'Hirondelle,
    Mangez ce grain; et croyez-moi. »
Les Oiseaux se moquèrent d'elle :

Ils trouvoient aux champs trop de quoi.
  Quand la chènevière fut verte,
L'Hirondelle leur dit : « Arrachez brin à brin
  Ce qu'a produit ce maudit grain,
  Ou soyez sûrs de votre perte.
— Prophète de malheur, babillarde, dit-on,
  Le bel emploi que tu nous donnes!
  Il nous faudroit mille personnes
  Pour éplucher tout ce canton. »
  La chanvre étant tout à fait crue,
L'Hirondelle ajouta : « Ceci ne va pas bien;
  Mauvaise graine est tôt venue.
Mais puisque jusqu'ici l'on ne m'a crue en rien,
  Dès que vous verrez que la terre
  Sera couverte, et qu'à leurs blés
  Les gens n'étant plus occupés
  Feront aux oisillons la guerre;
  Quand reginglettes et réseaux
  Attraperont petits oiseaux,
  Ne volez plus de place en place,
Demeurez au logis, ou changez de climat :
Imitez le canard, la grue, et la bécasse.
  Mais vous n'êtes pas en état
De passer, comme nous, les déserts et les ondes,
  Ni d'aller chercher d'autres mondes;
C'est pourquoi vous n'avez qu'un parti qui soit sûr :
C'est de vous renfermer aux trous de quelque mur. »
  Les Oisillons, las de l'entendre,
Se mirent à jaser aussi confusément
Que faisoient les Troyens quand la pauvre Cassandre
  Ouvroit la bouche seulement.
  Il en prit aux uns comme aux autres :
Maint oisillon se vit esclave retenu.

Nous n'écoutons d'instincts que ceux qui sont les nôtres,
Et ne croyons le mal que quand il est venu.

IX

LE RAT DE VILLE ET LE RAT DES CHAMPS

Autrefois le Rat de ville
Invita le Rat des champs,
D'une façon fort civile,
A des reliefs d'ortolans.

Sur un tapis de Turquie
Le couvert se trouva mis.
Je laisse à penser la vie
Que firent ces deux amis.

Le régal fut fort honnête :
Rien ne manquoit au festin;
Mais quelqu'un troubla la fête
Pendant qu'ils étoient en train.

A la porte de la salle
Ils entendirent du bruit :
Le Rat de ville détale;
Son camarade le suit.

Le bruit cesse, on se retire :
Rats en campagne aussitôt;
Et le citadin de dire :
« Achevons tout notre rôt.

— C'est assez, dit le rustique;
Demain vous viendrez chez moi.
Ce n'est pas que je me pique
De tous vos festins de roi;

Mais rien ne vient m'interrompre :
Je mange tout à loisir.
Adieu donc. Fi du plaisir
Que la crainte peut corrompre! »

X

LE LOUP ET L'AGNEAU

La raison du plus fort est toujours la meilleure :
     Nous l'allons montrer tout à l'heure.

          Un Agneau se désaltéroit
          Dans le courant d'une onde pure.
Un Loup survient à jeun, qui cherchoit aventure,
     Et que la faim en ces lieux attiroit.
« Qui te rend si hardi de troubler mon breuvage?
          Dit cet animal plein de rage :
Tu seras châtié de ta témérité.
— Sire, répond l'Agneau, que Votre Majesté
          Ne se mette pas en colère;
          Mais plutôt qu'elle considère
          Que je me vas désaltérant
               Dans le courant,
          Plus de vingt pas au-dessous d'Elle;
Et que par conséquent, en aucune façon,
          Je ne puis troubler sa boisson.
— Tu la troubles, reprit cette bête cruelle;
Et je sais que de moi tu médis l'an passé.
— Comment l'aurois-je fait si je n'étois pas né?
     Reprit l'Agneau; je tette encor ma mère.
          — Si ce n'est toi, c'est donc ton frère.
     — Je n'en ai point. — C'est donc quelqu'un des tiens;
          Car vous ne m'épargnez guère,

Vous, vos bergers, et vos chiens.
On me l'a dit : il faut que je me venge. »
Là-dessus, au fond des forêts
Le Loup l'emporte, et puis le mange,
Sans autre forme de procès.

XI

L'HOMME ET SON IMAGE

POUR M. LE DUC DE LA ROCHEFOUCAULD

Un homme qui s'aimoit sans avoir de rivaux
Passoit dans son esprit pour le plus beau du monde.
Il accusoit toujours les miroirs d'être faux,
Vivant plus que content dans une erreur profonde.
Afin de le guérir, le sort officieux
        Présentoit partout à ses yeux
Les conseillers muets dont se servent nos dames :
Miroirs dans les logis, miroirs chez les marchands,
        Miroirs aux poches des galands,
        Miroirs aux ceintures des femmes.
Que fait notre Narcisse? Il se va confiner
Aux lieux les plus cachés qu'il peut s'imaginer,
N'osant plus des miroirs éprouver l'aventure.
Mais un canal, formé par une source pure,
        Se trouve en ces lieux écartés :
Il s'y voit, il se fâche; et ses yeux irrités
Pensent apercevoir une chimère vaine.
Il fait tout ce qu'il peut pour éviter cette eau;
        Mais quoi? le canal est si beau
        Qu'il ne le quitte qu'avec peine.

        On voit bien où je veux venir.
    Je parle à tous; et cette erreur extrême

Est un mal que chacun se plaît d'entretenir.
Notre âme, c'est cet homme amoureux de lui-même ;
Tant de miroirs, ce sont les sottises d'autrui,
Miroirs, de nos défauts les peintres légitimes ;
   Et quant au canal, c'est celui
  Que chacun sait, le livre des *Maximes*.

XII

LE DRAGON A PLUSIEURS TÊTES
ET LE DRAGON A PLUSIEURS QUEUES

   Un envoyé du Grand Seigneur
Préféroit, dit l'histoire, un jour chez l'Empereur,
Les forces de son maître à celles de l'Empire.
   Un Allemand se mit à dire :
  « Notre prince a des dépendants
  Qui, de leur chef, sont si puissants
Que chacun d'eux pourroit soudoyer une armée. »
   Le chiaoux, homme de sens,
  Lui dit : « Je sais par renommée
Ce que chaque Électeur peut de monde fournir ;
   Et cela me fait souvenir
D'une aventure étrange, et qui pourtant est vraie.
J'étois en un lieu sûr, lorsque je vis passer
Les cent têtes d'une Hydre au travers d'une haie.
   Mon sang commence à se glacer ;
   Et je crois qu'à moins on s'effraie.
Je n'en eus toutefois que la peur sans le mal :
   Jamais le corps de l'animal
Ne put venir vers moi, ni trouver d'ouverture.
   Je rêvois à cette aventure,
Quand un autre Dragon, qui n'avoit qu'un seul chef,
Et bien plus d'une queue, à passer se présente.

Me voilà saisi derechef
D'étonnement et d'épouvante.
Ce chef passe, et le corps, et chaque queue aussi
Rien ne les empêcha; l'un fit chemin à l'autre.
Je soutiens qu'il en est ainsi
De votre empereur et du nôtre. »

XIII

LES VOLEURS ET L'ANE

Pour un Ane enlevé deux Voleurs se battoient :
L'un vouloit le garder, l'autre le vouloit vendre.
Tandis que coups de poing trottoient,
Et que nos champions songeoient à se défendre,
Arrive un troisième larron
Qui saisit maître Aliboron.

L'Ane, c'est quelquefois une pauvre province :
Les voleurs sont tel ou tel prince,
Comme le Transylvain, le Turc, et le Hongrois.
Au lieu de deux, j'en ai rencontré trois :
Il est assez de cette marchandise.
De nul d'eux n'est souvent la province conquise :
Un quart voleur survient, qui les accorde net
En se saisissant du Baudet.

XIV

SIMONIDE PRÉSERVÉ PAR LES DIEUX

On ne peut trop louer trois sortes de personnes :
Les Dieux, sa maîtresse, et son roi.
Malherbe le disoit; j'y souscris, quant à moi :

Ce sont maximes toujours bonnes.
La louange chatouille et gagne les esprits :
Les faveurs d'une belle en sont souvent le prix.
Voyons comme les Dieux l'ont quelquefois payée.

Simonide avoit entrepris
L'éloge d'un Athlète; et la chose essayée,
Il trouva son sujet plein de récits tout nus.
Les parents de l'Athlète étoient gens inconnus;
Son père, un bon bourgeois; lui, sans autre mérite;
          Matière infertile et petite.
Le poëte d'abord parla de son héros.
Après en avoir dit ce qu'il en pouvoit dire,
Il se jette à côté, se met sur le propos
De Castor et Pollux; ne manque pas d'écrire
Que leur exemple étoit aux lutteurs glorieux;
Élève leurs combats, spécifiant les lieux
Où ces frères s'étoient signalés davantage :
          Enfin l'éloge de ces Dieux
          Faisoit les deux tiers de l'ouvrage.
L'Athlète avoit promis d'en payer un talent;
          Mais quand il le vit, le galand
N'en donna que le tiers; et dit fort franchement
Que Castor et Pollux acquittassent le reste.
« Faites-vous contenter par ce couple céleste.
          Je vous veux traiter cependant :
Venez souper chez moi; nous ferons bonne vie :
          Les conviés sont gens choisis,
          Mes parents, mes meilleurs amis;
          Soyez donc de la compagnie. »
Simonide promit. Peut-être qu'il eut peur
De perdre, outre son dû, le gré de sa louange.
          Il vient : l'on festine, l'on mange.
          Chacun étant en belle humeur,
Un domestique accourt, l'avertit qu'à la porte
Deux hommes demandoient à le voir promptement.

Il sort de table; ẽt la cohorte
N'en perd pas un seul coup de dent.
Ces deux hommes étoient les gémeaux de l'éloge.
Tous deux lui rendent grâce; et pour prix de ses vers,
Ils l'avertissent qu'il déloge,
Et que cette maison va tomber à l'envers.
La prédiction en fut vraie.
Un pilier manque; et le plafonds,
Ne trouvant plus rien qui l'étaie,
Tombe sur le festin, brise plats et flacons,
N'en fait pas moins aux échansons.
Ce ne fut pas le pis; car pour rendre complète
La vengeance due au poëte,
Une poutre cassa les jambes à l'Athlète,
Et renvoya les conviés
Pour la plupart estropiés.
La Renommée eut soin de publier l'affaire :
Chacun cria miracle. On doubla le salaire
Que méritoient les vers d'un homme aimé des Dieux.
Il n'étoit fils de bonne mère
Qui, les payant à qui mieux mieux,
Pour ses ancêtres n'en fît faire.

Je reviens à mon texte, et dis premièrement
Qu'on ne sauroit manquer de louer largement
Les Dieux et leurs pareils; de plus, que Melpomène
Souvent, sans déroger, trafique de sa peine;
Enfin qu'on doit tenir notre art en quelque prix.
Les grands se font honneur dès lors qu'ils nous font
Jadis l'Olympe et le Parnasse   [grâce;
Étoient frères et bons amis.

La Fontaine

XV

LA MORT ET LE MALHEUREUX

Un malheureux appeloit tous les jours
            La Mort à son secours.
« O mort, lui disoit-il, que tu me sembles belle!
Viens vite, viens finir ma fortune cruelle. »
La Mort crut, en venant, l'obliger en effet.
Elle frappe à sa porte, elle entre, elle se montre.
« Que vois-je? cria-t-il, ôtez-moi cet objet;
            Qu'il est hideux! que sa rencontre
            Me cause d'horreur et d'effroi!
N'approche pas, ô Mort; ô Mort, retire-toi. »

        Mécénas fut un galand homme;
Il a dit quelque part : « Qu'on me rende impotent,
Cul-de-jatte, goutteux, manchot, pourvu qu'en somme
Je vive, c'est assez, je suis plus que content. »
Ne viens jamais, ô Mort; on t'en dit tout autant.

XVI

LA MORT ET LE BUCHERON

Un pauvre Bûcheron, tout couvert de ramée,
Sous le faix du fagot aussi bien que des ans
Gémissant et courbé, marchoit à pas pesants,
Et tâchoit de gagner sa chaumine enfumée.
Enfin, n'en pouvant plus d'effort et de douleur,
Il met bas son fagot, il songe à son malheur.

« Quel plaisir a-t-il eu depuis qu'il est au monde?
En est-il un plus pauvre en la machine ronde?
Point de pain quelquefois, et jamais de repos. »
Sa femme, ses enfants, les soldats, les impôts,
     Le créancier, et la corvée
Lui font d'un malheureux la peinture achevée.
Il appelle la Mort. Elle vient sans tarder,
    Lui demande ce qu'il faut faire.
    « C'est, dit-il, afin de m'aider
A recharger ce bois; tu ne tarderas guère. »

    Le trépas vient tout guérir;
    Mais ne bougeons d'où nous sommes :
    Plutôt souffrir que mourir,
    C'est la devise des hommes.

XVII

L'HOMME ENTRE DEUX AGES, ET SES DEUX MAITRESSES

    Un Homme de moyen âge,
    Et tirant sur le grison,
    Jugea qu'il étoit saison
    De songer au mariage.
      Il avoit du comptant,
        Et partant
De quoi choisir; toutes vouloient lui plaire :
En quoi notre amoureux ne se pressoit pas tant;
    Bien adresser n'est pas petite affaire.
Deux veuves sur son cœur eurent le plus de part :
    L'une encor verte, et l'autre un peu bien mûre,
    Mais qui réparoit par son art
    Ce qu'avoit détruit la nature.

Ces deux Veuves, en badinant,
En riant, en lui faisant fête,
L'alloient quelquefois testonnant,
C'est-à-dire ajustant sa tête.
La Vieille, à tous moments, de sa part emportoit
        Un peu du poil noir qui restoit,
Afin que son amant en fût plus à sa guise.
La Jeune saccageoit les poils blancs à son tour.
Toutes deux firent tant, que notre tête grise
Demeura sans cheveux, et se douta du tour.
« Je vous rends, leur dit-il, mille grâces, les Belles,
        Qui m'avez si bien tondu :
        J'ai plus gagné que perdu ;
        Car d'hymen point de nouvelles.
Celle que je prendrois voudroit qu'à sa façon
        Je vécusse, et non à la mienne.
        Il n'est tête chauve qui tienne :
Je vous suis obligé, Belles, de la leçon. »

XVIII

LE RENARD ET LA CICOGNE

Compère le Renard se mit un jour en frais,
Et retint à dîner commère la Cicogne.
Le régal fut petit et sans beaucoup d'apprêts :
        Le galand, pour toute besogne,
Avoit un brouet clair ; il vivoit chichement.
Ce brouet fut par lui servi sur une assiette :
La Cicogne au long bec n'en put attraper miette ;
Et le drôle eut lapé le tout en un moment.
        Pour se venger de cette tromperie,
A quelque temps de là, la Cicogne le prie.
« Volontiers, lui dit-il ; car avec mes amis

Je ne fais point cérémonie. »
A l'heure dite, il courut au logis
De la Cicogne son hôtesse;
Loua très-fort la politesse;
Trouva le dîner cuit à point :
Bon appétit surtout; renards n'en manquent point.
Il se réjouissoit à l'odeur de la viande
Mise en menus morceaux, et qu'il croyoit friande.
     On servit, pour l'embarrasser,
En un vase à long col et d'étroite embouchure.
Le bec de la Cicogne y pouvoit bien passer;
Mais le museau du sire étoit d'autre mesure.
Il lui fallut à jeun retourner au logis,
Honteux comme un renard qu'une poule auroit pris,
    Serrant la queue, et portant bas l'oreille.

    Trompeurs, c'est pour vous que j'écris :
    Attendez-vous à la pareille.

XIX

L'ENFANT ET LE MAITRE D'ÉCOLE

Dans ce récit je prétends faire voir
D'un certain sot la remontrance vaine.

Un jeune Enfant dans l'eau se laissa choir,
En badinant sur les bords de la Seine.
Le Ciel permit qu'un saule se trouva,
Dont le branchage, après Dieu, le sauva.
S'étant pris, dis-je, aux branches de ce saule,
Par cet endroit passe un Maître d'école;
L'Enfant lui crie : « Au secours! je péris. »
Le Magister, se tournant à ses cris,

D'un ton fort grave à contre-temps s'avise
De le tancer : « Ah! le petit babouin!
Voyez, dit-il, où l'a mis sa sottise!
Et puis, prenez de tels fripons le soin.
Que les parents sont malheureux qu'il faille
Toujours veiller à semblable canaille!
Qu'ils ont de maux! et que je plains leur sort! »
Ayant tout dit, il mit l'Enfant à bord.

Je blâme ici plus de gens qu'on ne pense.
Tout babillard, tout censeur, tout pédant
Se peut connoître au discours que j'avance.
Chacun des trois fait un peuple fort grand :
Le Créateur en a béni l'engeance.
En toute affaire ils ne font que songer
   Aux moyens d'exercer leur langue.
Hé! mon ami, tire-moi de danger,
   Tu feras après ta harangue.

XX

LE COQ ET LA PERLE

   Un jour un Coq détourna
   Une Perle, qu'il donna
   Au beau premier lapidaire.
   « Je la crois fine, dit-il;
   Mais le moindre grain de mil
   Seroit bien mieux mon affaire. »

   Un ignorant hérita
   D'un manuscrit, qu'il porta
   Chez son voisin le libraire.

« Je crois, dit-il, qu'il est bon;
Mais le moindre ducaton
Seroit bien mieux mon affaire. »

XXI

LES FRELONS ET LES MOUCHES A MIEL

A l'œuvre on connoît l'artisan.

Quelques rayons de miel sans maître se trouvèrent :
        Des Frelons les réclamèrent;
        Des Abeilles s'opposant,
Devant certaine Guêpe on traduisit la cause.
Il étoit malaisé de décider la chose :
Les témoins déposoient qu'autour de ces rayons
Des animaux ailés, bourdonnants, un peu longs,
De couleur fort tannée, et tels que les abeilles,
Avoient longtemps paru. Mais quoi? dans les Frelons
        Ces enseignes étoient pareilles.
La Guêpe, ne sachant que dire à ces raisons,
Fit enquête nouvelle, et pour plus de lumière
        Entendit une fourmilière.
        Le point n'en put être éclairci.
        « De grâce, à quoi bon tout ceci?
        Dit une Abeille fort prudente.
Depuis tantôt six mois que la cause est pendante,
        Nous voici comme aux premiers jours.
        Pendant cela le miel se gâte.
Il est temps désormais que le juge se hâte :
        N'a-t-il point assez léché l'ours?
Sans tant de contredits, et d'interlocutoires,
        Et de fatras, et de grimoires,
        Travaillons, les Frelons et nous :

On verra qui sait faire, avec un suc si doux,
    Des cellules si bien bâties. »
    Le refus des Frelons fit voir
    Que cet art passoit leur savoir;
Et la Guêpe adjugea le miel à leurs parties.

Plût à Dieu qu'on réglât ainsi tous les procès!
Que des Turcs en cela l'on suivît la méthode!
Le simple sens commun nous tiendroit lieu de code :
    Il ne faudroit point tant de frais;
    Au lieu qu'on nous mange, on nous gruge,
    On nous mine par des longueurs;
On fait tant, à la fin, que l'huître est pour le juge,
    Les écailles pour les plaideurs.

XXII

LE CHÊNE ET LE ROSEAU

    Le Chêne un jour dit au Roseau :
« Vous avez bien sujet d'accuser la nature;
Un roitelet pour vous est un pesant fardeau;
    Le moindre vent, qui d'aventure
    Fait rider la face de l'eau,
    Vous oblige à baisser la tête,
Cependant que mon front, au Caucase pareil,
Non content d'arrêter les rayons du soleil,
    Brave l'effort de la tempête.
Tout vous est aquilon, tout me semble zéphyr.
Encor si vous naissiez à l'abri du feuillage
    Dont je couvre le voisinage,
    Vous n'auriez pas tant à souffrir :
    Je vous défendrois de l'orage;
    Mais vous naissez le plus souvent

Sur les humides bords des royaumes du vent.
La nature envers vous me semble bien injuste.
— Votre compassion, lui répondit l'arbuste,
Part d'un bon naturel; mais quittez ce souci :
     Les vents me sont moins qu'à vous redoutables;
Je plie, et ne romps pas. Vous avez jusqu'ici
       Contre leurs coups épouvantables
      Résisté sans courber le dos;
Mais attendons la fin. » Comme il disoit ces mots,
Du bout de l'horizon accourt avec furie
      Le plus terrible des enfants
Que le Nord eût portés jusque-là dans ses flancs.
      L'arbre tient bon; le Roseau plie.
      Le vent redouble ses efforts,
      Et fait si bien qu'il déracine
Celui de qui la tête au ciel étoit voisine,
Et dont les pieds touchoient à l'empire des morts.

LIVRE DEUXIÈME

CONTRE CEUX QUI ONT LE GOÛT DIFFICILE

Quand j'aurois en naissant reçu de Calliope
Les dons qu'à ses amants cette Muse a promis,
Je les consacrerois aux mensonges d'Ésope :
Le mensonge et les vers de tout temps sont amis.
Mais je ne me crois pas si chéri du Parnasse
Que de savoir orner toutes ces fictions.
On peut donner du lustre à leurs inventions :
On le peut, je l'essaie; un plus savant le fasse.
Cependant jusqu'ici d'un langage nouveau
J'ai fait parler le Loup et répondre l'Agneau;
J'ai passé plus avant : les arbres et les plantes
Sont devenus chez moi créatures parlantes.
Qui ne prendroit ceci pour un enchantement?
      « Vraiment, me diront nos critiques,
      Vous parlez magnifiquement
      De cinq ou six contes d'enfant.
— Censeurs, en voulez-vous qui soient plus authentiques
Et d'un style plus haut? En voici : « Les Troyens,
« Après dix ans de guerre autour de leurs murailles,
« Avoient lassé les Grecs, qui par mille moyens,
      « Par mille assauts, par cent batailles,
« N'avoient pu mettre à bout cette fière cité,
« Quand un cheval de bois, par Minerve inventé,
      « D'un rare et nouvel artifice,

« Dans ses énormes flancs reçut le sage Ulysse,
« Le vaillant Diomède, Ajax l'impétueux,
  « Que ce colosse monstrueux
« Avec leurs escadrons devoit porter dans Troie,
« Livrant à leur fureur ses dieux mêmes en proie :
« Stratagème inouï, qui des fabricateurs
  « Paya la constance et la peine. »
— C'est assez, me dira quelqu'un de nos auteurs :
La période est longue, il faut reprendre haleine;
  Et puis votre cheval de bois,
  Vos héros avec leurs phalanges,
  Ce sont des contes plus étranges
Qu'un renard qui cajole un corbeau sur sa voix :
De plus, il vous sied mal d'écrire en si haut style.
— Eh bien! baissons d'un ton. « La jalouse Amarylle
« Songeoit à son Alcippe, et croyoit de ses soins
« N'avoir que ses moutons et son chien pour témoins.
« Tircis, qui l'aperçut, se glisse entre des saules;
« Il entend la bergère adressant ces paroles
  « Au doux Zéphire, et le priant
  « De les porter à son amant. »
  — Je vous arrête à cette rime,
  Dira mon censeur à l'instant;
  Je ne la tiens pas légitime,
  Ni d'une assez grande vertu :
Remettez, pour le mieux, ces deux vers à la fonte.
  — Maudit censeur! te tairas-tu?
  Ne saurois-je achever mon conte?
  C'est un dessein très-dangereux
  Que d'entreprendre de te plaire. »

  Les délicats sont malheureux :
  Rien ne sauroit les satisfaire.

II

CONSEIL TENU PAR LES RATS

Un Chat, nommé Rodilardus,
      Faisoit des rats telle déconfiture
      Que l'on n'en voyoit presque plus,
Tant il en avoit mis dedans la sépulture.
Le peu qu'il en restoit, n'osant quitter son trou,
Ne trouvoit à manger que le quart de son sou,
Et Rodilard passoit, chez la gent misérable,
      Non pour un chat, mais pour un diable.
      Or un jour qu'au haut et au loin
      Le galand alla chercher femme,
Pendant tout le sabbat qu'il fit avec sa dame,
Le demeurant des Rats tint chapitre en un coin
      Sur la nécessité présente.
Dès l'abord, leur Doyen, personne fort prudente,
Opina qu'il falloit, et plus tôt que plus tard,
Attacher un grelot au cou de Rodilard;
      Qu'ainsi, quand il iroit en guerre,
De sa marche avertis, ils s'enfuiroient en terre;
      Qu'il n'y savoit que ce moyen.
Chacun fut de l'avis de Monsieur le Doyen :
Chose ne leur parut à tous plus salutaire.
La difficulté fut d'attacher le grelot.
L'un dit : « Je n'y vas point, je ne suis pas si sot »;
L'autre : « Je ne saurois. » Si bien que sans rien faire
      On se quitta. J'ai maints chapitres vus,
      Qui pour néant se sont ainsi tenus;
Chapitres, non de rats, mais chapitres de moines,
      Voire chapitres de chanoines.

Ne faut-il que délibérer,
La cour en conseillers foisonne;
Est-il besoin d'exécuter,
L'on ne rencontre plus personne.

III

LE LOUP PLAIDANT CONTRE LE RENARD
PAR-DEVANT LE SINGE

Un Loup disoit que l'on l'avoit volé :
Un Renard, son voisin, d'assez mauvaise vie,
Pour ce prétendu vol par lui fut appelé.
Devant le Singe il fut plaidé,
Non point par avocats, mais par chaque partie.
Thémis n'avoit point travaillé,
De mémoire de singe, à fait plus embrouillé.
Le magistrat suoit en son lit de justice.
Après qu'on eut bien contesté,
Répliqué, crié, tempêté,
Le juge, instruit de leur malice,
Leur dit : « Je vous connois de longtemps, mes amis,
Et tous deux vous paierez l'amende;
Car toi, Loup, tu te plains, quoiqu'on ne t'ait rien pris;
Et toi, Renard, as pris ce que l'on te demande. »
Le juge prétendoit qu'à tort et à travers
On ne sauroit manquer, condamnant un pervers.

IV

LES DEUX TAUREAUX ET UNE GRENOUILLE

Deux Taureaux combattoient à qui posséderoit
    Une Génisse avec l'empire.
    Une Grenouille en soupiroit.
    « Qu'avez-vous? » se mit à lui dire
    Quelqu'un du peuple croassant.
    « Et ne voyez-vous pas, dit-elle,
    Que la fin de cette querelle
Sera l'exil de l'un; que l'autre, le chassant,
Le fera renoncer aux campagnes fleuries?
Il ne régnera plus sur l'herbe des prairies,
Viendra dans nos marais régner sur les roseaux;
Et nous foulant aux pieds jusques au fond des eaux,
Tantôt l'une, et puis l'autre, il faudra qu'on pâtisse
Du combat qu'a causé Madame la Génisse. »
    Cette crainte étoit de bon sens.
    L'un des Taureaux en leur demeure
    S'alla cacher à leurs dépens :
    Il en écrasoit vingt par heure.

    Hélas! on voit que de tout temps
Les petits ont pâti des sottises des grands.

V

LA CHAUVE-SOURIS ET LES DEUX BELETTES

Une Chauve-Souris donna tête baissée
Dans un nid de Belette; et sitôt qu'elle y fut,
L'autre, envers les souris de longtemps courroucée,

Pour la dévorer accourut.
« Quoi? vous osez, dit-elle, à mes yeux vous produire,
Après que votre race a tâché de me nuire!
N'êtes-vous pas souris? Parlez sans fiction.
Oui, vous l'êtes, ou bien je ne suis pas belette.
— Pardonnez-moi, dit la pauvrette,
Ce n'est pas ma profession.
Moi souris! Des méchants vous ont dit ces nouvelles.
Grâce à l'auteur de l'univers,
Je suis oiseau; voyez mes ailes :
Vive la gent qui fend les airs! »
Sa raison plut, et sembla bonne.
Elle fait si bien qu'on lui donne
Liberté de se retirer.
Deux jours après, notre étourdie
Aveuglément se va fourrer
Chez une autre Belette, aux oiseaux ennemie.
La voilà derechef en danger de sa vie.
La dame du logis avec son long museau
S'en alloit la croquer en qualité d'oiseau,
Quand elle protesta qu'on lui faisoit outrage :
« Moi, pour telle passer! Vous n'y regardez pas.
Qui fait l'oiseau? c'est le plumage.
Je suis souris : vivent les rats!
Jupiter confonde les chats! »
Par cette adroite repartie
Elle sauva deux fois sa vie.

Plusieurs se sont trouvés qui, d'écharpe changeants,
Aux dangers, ainsi qu'elle, ont souvent fait la figue.
Le sage dit, selon les gens :
« Vive le Roi! vive la ligue! »

VI

L'OISEAU BLESSÉ D'UNE FLÈCHE

Mortellement atteint d'une flèche empennée,
Un Oiseau déploroit sa triste destinée,
Et disoit, en souffrant un surcroît de douleur :
« Faut-il contribuer à son propre malheur!
      Cruels humains! vous tirez de nos ailes
De quoi faire voler ces machines mortelles.
Mais ne vous moquez point, engeance sans pitié :
Souvent il vous arrive un sort comme le nôtre.
Des enfants de Japet toujours une moitié
      Fournira des armes à l'autre. »

VII

LA LICE ET SA COMPAGNE

      Une Lice étant sur son terme,
Et ne sachant où mettre un fardeau si pressant,
Fait si bien qu'à la fin sa Compagne consent
De lui prêter sa hutte, où la Lice s'enferme.
Au bout de quelque temps sa Compagne revient.
La Lice lui demande encore une quinzaine;
Ses petits ne marchoient, disoit-elle, qu'à peine.
      Pour faire court, elle l'obtient.
Ce second terme échu, l'autre lui redemande
      Sa maison, sa chambre, son lit.
La Lice cette fois montre les dents, et dit :
« Je suis prête à sortir avec toute ma bande.
      Si vous pouvez nous mettre hors. »
      Ses enfants étoient déjà forts.

Ce qu'on donne aux méchants, toujours on le regrette.
　　　Pour tirer d'eux ce qu'on leur prête,
　　　Il faut que l'on en vienne aux coups;
　　　Il faut plaider, il faut combattre.
　　　Laissez-leur prendre un pied chez vous,
　　　Ils en auront bientôt pris quatre.

VIII

L'AIGLE ET L'ESCARBOT

L'Aigle donnoit la chasse à maître Jean Lapin,
Qui droit à son terrier s'enfuyoit au plus vite.
Le trou de l'Escarbot se rencontre en chemin.
　　　Je laisse à penser si ce gîte
Étoit sûr; mais où mieux? Jean Lapin s'y blottit.
L'Aigle fondant sur lui nonobstant cet asile,
　　　L'Escarbot intercède, et dit :
« Princesse des oiseaux, il vous est fort facile
D'enlever malgré moi ce pauvre malheureux;
Mais ne me faites pas cet affront, je vous prie;
Et puisque Jean Lapin vous demande la vie,
Donnez-la-lui, de grâce, ou l'ôtez à tous deux :
　　　C'est mon voisin, c'est mon compère. »
L'oiseau de Jupiter, sans répondre un seul mot,
　　　Choque de l'aile l'Escarbot,
　　　L'étourdit, l'oblige à se taire,
Enlève Jean Lapin. L'Escarbot indigné
Vole au nid de l'oiseau, fracasse, en son absence,
Ses œufs, ses tendres œufs, sa plus douce espérance :
　　　Pas un seul ne fut épargné.
L'Aigle étant de retour, et voyant ce ménage,
Remplit le ciel de cris; et pour comble de rage,
Ne sait sur qui venger le tort qu'elle a souffert.

Elle gémit en vain : sa plainte au vent se perd.
Il fallut pour cet an vivre en mère affligée.
L'an suivant, elle mit son nid en lieu plus haut.
L'Escarbot prend son temps, fait faire aux œufs le saut :
La mort de Jean Lapin derechef est vengée.
Ce second deuil fut tel, que l'écho de ces bois
            N'en dormit de plus de six mois.
            L'oiseau qui porte Ganymède
Du monarque des Dieux enfin implore l'aide,
Dépose en son giron ses œufs, et croit qu'en paix
Ils seront dans ce lieu; que pour ses intérêts
Jupiter se verra contraint de les défendre :
            Hardi qui les iroit là prendre.
            Aussi ne les y prit-on pas.
            Leur ennemi changea de note,
Sur la robe du dieu fit tomber une crotte :
Le dieu la secouant jeta les œufs à bas.
            Quand l'Aigle sut l'inadvertance,
            Elle menaça Jupiter
D'abandonner sa cour, d'aller vivre au désert,
            De quitter toute dépendance.
            Avec mainte autre extravagance.
            Le pauvre Jupiter se tut :
Devant son tribunal l'Escarbot comparut,
            Fit sa plainte, et conta l'affaire.
On fit entendre à l'Aigle enfin qu'elle avoit tort.
Mais les deux ennemis ne voulant point d'accord,
Le monarque des Dieux s'avisa, pour bien faire,
De transporter le temps où l'aigle fait l'amour
En une autre saison, quand la race escarbote
Est en quartier d'hiver, et, comme la marmotte,
            Se cache et ne voit point le jour.

IX

LE LION ET LE MOUCHERON

« Va-t'en, chétif insecte, excrément de la terre! »
    C'est en ces mots que le Lion
    Parloit un jour au Moucheron.
    L'autre lui déclara la guerre.
  Penses-tu, lui dit-il, que ton titre de roi
    Me fasse peur ni me soucie?
    Un bœuf est plus puissant que toi :
    Je le mène à ma fantaisie. »
    A peine il achevoit ces mots
    Que lui-même il sonna la charge,
    Fut le trompette et le héros.
    Dans l'abord il se met au large;
    Puis prend son temps, fond sur le cou
    Du Lion, qu'il rend presque fou.
Le quadrupède écume, et son œil étincelle;
Il rugit; on se cache, on tremble à l'environ;
    Et cette alarme universelle
    Est l'ouvrage d'un moucheron.
Un avorton de mouche en cent lieux le harcelle :
Tantôt pique l'échine, et tantôt le museau,
    Tantôt entre au fond du naseau.
La rage alors se trouve à son faîte montée.
L'invisible ennemi triomphe, et rit de voir
Qu'il n'est griffe ni dent en la bête irritée
Qui de la mettre en sang ne fasse son devoir.
Le malheureux Lion se déchire lui-même,
Fait résonner sa queue à l'entour de ses flancs,
Bat l'air, qui n'en peut mais; et sa fureur extrême
Le fatigue, l'abat : le voilà sur les dents.
L'insecte du combat se retire avec gloire :

Comme il sonna la charge, il sonne la victoire,
Va partout l'annoncer, et rencontre en chemin
      L'embuscade d'une araignée;
      Il y rencontre aussi sa fin.

Quelle chose par là nous peut être enseignée?
J'en vois deux, dont l'une est qu'entre nos ennemis
Les plus à craindre sont souvent les plus petits;
L'autre, qu'aux grands périls tel a pu se soustraire,
      Qui périt pour la moindre affaire.

X

L'ANE CHARGÉ D'ÉPONGES, ET L'ANE CHARGÉ DE SEL

    Un Anier, son sceptre à la main,
    Menoit, en empereur romain,
    Deux coursiers à longues oreilles.
L'un, d'éponges chargé, marchoit comme un courrier;
    Et l'autre, se faisant prier,
    Portoit, comme on dit, les bouteilles :
Sa charge étoit de sel. Nos gaillards pèlerins,
    Par monts, par vaux, et par chemins,
Au gué d'une rivière à là fin arrivèrent,
    Et fort empêchés se trouvèrent.
L'Anier, qui tous les jours traversoit ce gué-là,
    Sur l'Ane à l'éponge monta,
    Chassant devant lui l'autre bête,
    Qui voulant en faire à sa tête,
    Dans un trou se précipita,
    Revint sur l'eau, puis échappa;
    Car au bout de quelques nagées,
    Tout son sel se fondit si bien

Que le Baudet ne sentit rien
Sur ses épaules soulagées.
Camarade épongier prit exemple sur lui,
Comme un mouton qui va dessus la foi d'autrui.
Voilà mon Ane à l'eau; jusqu'au col il se plonge,
Lui, le conducteur et l'éponge.
Tous trois burent d'autant : l'Anier et le Grison
Firent à l'éponge raison.
Celle-ci devint si pesante,
Et de tant d'eau s'emplit d'abord,
Que l'Ane succombant ne put gagner le bord.
L'Anier l'embrassoit, dans l'attente
D'une prompte et certaine mort.
Quelqu'un vint au secours : qui ce fut, il n'importe;
C'est assez qu'on ait vu par là qu'il ne faut point
Agir chacun de même sorte.
J'en voulois venir à ce point.

XI

LE LION ET LE RAT

Il faut, autant qu'on peut, obliger tout le monde :
On a souvent besoin d'un plus petit que soi.
De cette vérité deux fables feront foi,
Tant la chose en preuves abonde.

Entre les pattes d'un Lion
Un Rat sortit de terre assez à l'étourdie.
Le roi des animaux, en cette occasion,
Montra ce qu'il étoit, et lui donna la vie.
Ce bienfait ne fut pas perdu.
Quelqu'un auroit-il jamais cru
Qu'un lion d'un rat eût affaire?

Cependant il avint qu'au sortir des forêts
    Ce Lion fut pris dans des rets,
Dont ses rugissements ne le purent défaire.
Sire Rat accourut, et fit tant par ses dents
Qu'une maille rongée emporta tout l'ouvrage.
    Patience et longueur de temps
    Font plus que force ni que rage.

XII

LA COLOMBE ET LA FOURMI

L'autre exemple est tiré d'animaux plus petits.

Le long d'un clair ruisseau buvoit une Colombe,
Quand sur l'eau se penchant une Fourmis y tombe.
Et dans cet océan l'on eût vu la Fourmis
S'efforcer, mais en vain, de regagner la rive.
La Colombe aussitôt usa de charité :
Un brin d'herbe dans l'eau par elle étant jeté,
Ce fut un promontoire où la Fourmis arrive.
    Elle se sauve; et là-dessus
Passe un certain croquant qui marchoit les pieds nus.
Ce croquant, par hasard, avoit une arbalète.
    Dès qu'il voit l'oiseau de Vénus,
Il le croit en son pot, et déjà lui fait fête.
Tandis qu'à le tuer mon villageois s'apprête,
    La Fourmis le pique au talon.
    Le vilain retourne la tête :
La Colombe l'entend, part, et tire de long.
Le soupé du croquant avec elle s'envole :
    Point de Pigeon pour une obole.

XIII

L'ASTROLOGUE QUI SE LAISSE TOMBER
DANS UN PUITS

Un Astrologue un jour se laissa choir
Au fond d'un puits. On lui dit : « Pauvre bête,
Tandis qu'à peine à tes pieds tu peux voir,
Penses-tu lire au-dessus de ta tête? »
Cette aventure en soi, sans aller plus avant,
Peut servir de leçon à la plupart des hommes.
Parmi ce que de gens sur la terre nous sommes,
　　　Il en est peu qui fort souvent
　　　Ne se plaisent d'entendre dire
Qu'au livre du Destin les mortels peuvent lire.
Mais ce livre, qu'Homère et les siens ont chanté,
Qu'est-ce, que le Hasard parmi l'antiquité,
　　　Et parmi nous la Providence?
　　Or du Hasard il n'est point de science :
　　　S'il en étoit, on auroit tort
De l'appeler hasard, ni fortune, ni sort,
　　　Toutes choses très-incertaines.
　　　Quant aux volontés souveraines
De Celui qui fait tout, et rien qu'avec dessein,
Qui les sait, que lui seul? Comment lire en son sein?
Auroit-il imprimé sur le front des étoiles
Ce que la nuit des temps enferme dans ses voiles?
A quelle utilité? Pour exercer l'esprit
De ceux qui de la sphère et du globe ont écrit?
Pour nous faire éviter des maux inévitables?
Nous rendre, dans les biens, de plaisir incapables?
Et causant du dégoût pour ces biens prévenus,
Les convertir en maux devant qu'ils soient venus?
C'est erreur, ou plutôt c'est crime de le croire.

Le firmament se meut, les astres font leur cours,
   Le soleil nous luit tous les jours,
Tous les jours sa clarté succède à l'ombre noire,
Sans que nous en puissions autre chose inférer
Que la nécessité de luire et d'éclairer,
D'amener les saisons, de mûrir les semences,
De verser sur les corps certaines influences.
Du reste, en quoi répond au sort toujours divers
Ce train toujours égal dont marche l'Univers?
   Charlatans, faiseurs d'horoscope,
  Quittez les cours des princes de l'Europe;
Emmenez avec vous les souffleurs tout d'un temps :
Vous ne méritez pas plus de foi que ces gens.

Je m'emporte un peu trop : revenons à l'histoire
De ce spéculateur qui fut contraint de boire.
Outre la vanité de son art mensonger,
C'est l'image de ceux qui bâillent aux chimères,
   Cependant qu'ils sont en danger,
   Soit pour eux, soit pour leurs affaires.

      XIV

  LE LIÈVRE ET LES GRENOUILLES

   Un Lièvre en son gîte songeoit
(Car que faire en un gîte, à moins que l'on ne songe?);
Dans un profond ennui ce Lièvre se plongeoit :
Cet animal est triste, et la crainte le ronge.
  « Les gens de naturel peureux
   Sont, disoit-il, bien malheureux.
Ils ne sauroient manger morceau qui leur profite;
Jamais un plaisir pur; toujours assauts divers.
Voilà comme je vis : cette crainte maudite
M'empêche de dormir, sinon les yeux ouverts.
Corrigez-vous, dira quelque sage cervelle.

Et la peur se corrige-t-elle?
Je crois même qu'en bonne foi
Les hommes ont peur comme moi. »
Ainsi raisonnoit notre Lièvre,
Et cependant faisoit le guet.
Il étoit douteux, inquiet :
Un souffle, une ombre, un rien, tout lui donnoit la fièvre.
Le mélancolique animal,
En rêvant à cette matière,
Entend un léger bruit : ce lui fut un signal
Pour s'enfuir devers sa tanière.
Il s'en alla passer sur le bord d'un étang.
Grenouilles aussitôt de sauter dans les ondes;
Grenouilles de rentrer en leurs grottes profondes.
« Oh! dit-il, j'en fais faire autant
Qu'on m'en fait faire! Ma présence
Effraie aussi les gens! je mets l'alarme au camp!
Et d'où me vient cette vaillance?
Comment? des animaux qui tremblent devant moi!
Je suis donc un foudre de guerre!
Il n'est, je le vois bien, si poltron sur la terre
Qui ne puisse trouver un plus poltron que soi. »

XV

LE COQ ET LE RENARD

Sur la branche d'un arbre étoit en sentinelle
Un vieux Coq adroit et matois.
« Frère, dit un Renard, adoucissant sa voix,
Nous ne sommes plus en querelle.
Paix générale cette fois.
Je viens te l'annoncer; descends, que je t'embrasse.
Ne me retarde point, de grâce;
Je dois faire aujourd'hui vingt postes sans manquer.

Les tiens et toi pouvez vaquer,
Sans nulle crainte, à vos affaires;
Nous vous y servirons en frères.
Faites-en les feux dès ce soir,
Et cependant viens recevoir
Le baiser d'amour fraternelle.
— Ami, reprit le Coq, je ne pouvois jamais
Apprendre une plus douce et meilleure nouvelle
                    Que celle
                    De cette paix;
Et ce m'est une double joie
De la tenir de toi. Je vois deux Lévriers,
        Qui, je m'assure, sont courriers
        Que pour ce sujet on envoie :
Ils vont vite, et seront dans un moment à nous.
Je descends : nous pourrons nous entre-baiser tous.
— Adieu, dit le Renard, ma traite est longue à faire :
Nous nous réjouirons du succès de l'affaire
        Une autre fois. » Le galand aussitôt
        Tire ses grègues, gagne au haut,
        Mal content de son stratagème.
        Et notre vieux Coq en soi-même
        Se mit à rire de sa peur;
Car c'est double plaisir de tromper le trompeur.

XVI

LE CORBEAU VOULANT IMITER L'AIGLE

L'oiseau de Jupiter enlevant un mouton,
        Un Corbeau, témoin de l'affaire,
Et plus foible de reins, mais non pas moins glouton,
        En voulut sur l'heure autant faire.
        Il tourne à l'entour du troupeau,
Marque entre cent moutons le plus gras, le plus beau,

Un vrai mouton de sacrifice :
On l'avoit réservé pour la bouche des Dieux.
Gaillard Corbeau disoit, en le couvant des yeux :
    « Je ne sais qui fut ta nourrice;
Mais ton corps me paroît en merveilleux état :
    Tu me serviras de pâture. »
Sur l'animal bêlant à ces mots il s'abat.
    La moutonnière créature
Pesoit plus qu'un fromage, outre que sa toison
    Étoit d'une épaisseur extrême,
Et mêlée à peu près de la même façon
    Que la barbe de Polyphème.
Elle empêtra si bien les serres du Corbeau,
Que le pauvre animal ne put faire retraite.
Le berger vient, le prend, l'encage bien et beau,
Le donne à ses enfants pour servir d'amusette.

Il faut se mesurer; la conséquence est nette :
Mal prend aux volereaux de faire les voleurs.
    L'exemple est un dangereux leurre :
Tous les mangeurs de gens ne sont pas grands seigneurs;
Où la Guêpe a passé le Moucheron demeure.

XVII

LE PAON SE PLAIGNANT A JUNON

    Le Paon se plaignoit à Junon.
« Déesse, disoit-il, ce n'est pas sans raison
    Que je me plains, que je murmure :
    Le chant dont vous m'avez fait don
    Déplaît à toute la nature;
Au lieu qu'un Rossignol, chétive créature,
    Forme des sons aussi doux qu'éclatants,
    Est lui seul l'honneur du printemps. »

Junon répondit en colère :
« Oiseau jaloux, et qui devrois te taire,
Est-ce à toi d'envier la voix du Rossignol,
Toi que l'on voit porter à l'entour de ton col
Un arc-en-ciel nué de cent sortes de soies;
Qui te panades, qui déploies
Une si riche queue, et qui semble à nos yeux
La boutique d'un lapidaire?
Est-il quelque oiseau sous les cieux
Plus que toi capable de plaire?
Tout animal n'a pas toutes propriétés.
Nous vous avons donné diverses qualités :
Les uns ont la grandeur et la force en partage;
Le Faucon est léger, l'Aigle plein de courage;
Le Corbeau sert pour le présage;
La Corneille avertit des malheurs à venir;
Tous sont contents de leur ramage.
Cesse donc de te plaindre, ou bien, pour te punir,
Je t'ôterai ton plumage. »

XVIII

LA CHATTE MÉTAMORPHOSÉE EN FEMME

Un Homme chérissoit éperdument sa Chatte;
Il la trouvoit mignonne, et belle, et délicate,
Qui miauloit d'un ton fort doux :
Il étoit plus fou que les fous.
Cet homme donc, par prières, par larmes,
Par sortiléges et par charmes,
Fait tant qu'il obtient du Destin
Que sa Chatte, en un beau matin,
Devient femme; et le matin même,
Maître sot en fait sa moitié.
Le voilà fou d'amour extrême,

De fou qu'il étoit d'amitié.
Jamais la dame la plus belle
Ne charma tant son favori
Que fait cette épouse nouvelle
Son hypocondre de mari.
Il l'amadoue; elle le flatte :
Il n'y trouve plus rien de chatte;
Et, poussant l'erreur jusqu'au bout,
La croit femme en tout et partout :
Lorsque quelques souris qui rongeoient de la natte
Troublèrent le plaisir des nouveaux mariés.
Aussitôt la femme est sur pieds.
Elle manqua son aventure.
Souris de revenir, femme d'être en posture :
Pour cette fois elle accourut à point;
Car ayant changé de figure,
Les souris ne la craignoient point.
Ce lui fut toujours une amorce,
Tant le naturel a de force.
Il se moque de tout, certain âge accompli.
Le vase est imbibé, l'étoffe a pris son pli.
En vain de son train ordinaire
On le veut désaccoutumer :
Quelque chose qu'on puisse faire,
On ne sauroit le réformer.
Coups de fourche ni d'étrivières
Ne lui font changer de manières;
Et fussiez-vous embâtonnés,
Jamais vous n'en serez les maîtres.
Qu'on lui ferme la porte au nez,
Il reviendra par les fenêtres.

XIX

LE LION ET L'ANE CHASSANT

Le roi des animaux se mit un jour en tête
    De giboyer : il célébroit sa fête.
Le gibier du lion, ce ne sont pas moineaux,
Mais beaux et bons sangliers, daims et cerfs bons et beaux.
    Pour réussir dans cette affaire,
    Il se servit du ministère
    De l'Ane à la voix de Stentor.
L'Ane à messer Lion fit office de cor.
Le Lion le posta, le couvrit de ramée,
Lui commanda de braire, assuré qu'à ce son
Les moins intimidés fuiroient de leur maison.
Leur troupe n'étoit pas encore accoutumée
    A la tempête de sa voix;
L'air en retentissoit d'un bruit épouvantable :
La frayeur saisissoit les hôtes de ces bois;
Tous fuyoient, tous tomboient au piége inévitable
    Où les attendoit le Lion.
« N'ai-je pas bien servi dans cette occasion?
Dit l'Ane, en se donnant tout l'honneur de la chasse.
— Oui, reprit le Lion, c'est bravement crié :
Si je ne connoissois ta personne et ta race,
    J'en serois moi-même effrayé. »
L'Ane, s'il eût osé, se fût mis en colère,
Encor qu'on le raillât avec juste raison;
Car qui pourroit souffrir un âne fanfaron?
    Ce n'est pas là leur caractère.

xx

TESTAMENT EXPLIQUÉ PAR ÉSOPE

Si ce qu'on dit d'Ésope est vrai,
C'étoit l'oracle de la Grèce :
Lui seul avoit plus de sagesse
Que tout l'Aréopage. En voici pour essai
Une histoire des plus gentilles,
Et qui pourra plaire au lecteur.
Un certain homme avoit trois filles,
Toutes trois de contraire humeur :
Une buveuse, une coquette;
La troisième, avare parfaite.
Cet homme, par son testament,
Selon les lois municipales,
Leur laissa tout son bien par portions égales,
En donnant à leur mère tant,
Payable quand chacune d'elles
Ne posséderoit plus sa contingente part.
Le père mort, les trois femelles
Courent au testament, sans attendre plus tard.
On le lit, on tâche d'entendre
La volonté du testateur;
Mais en vain; car comment comprendre
Qu'aussitôt que chacune sœur
Ne possédera plus sa part héréditaire,
Il lui faudra payer sa mère?
Ce n'est pas un fort bon moyen
Pour payer, que d'être sans bien.
Que vouloit donc dire le père?
L'affaire est consultée; et tous les avocats,
Après avoir tourné le cas
En cent et cent mille manières,
Y jettent leur bonnet, se confessent vaincus,

Et conseillent aux héritières
De partager le bien sans songer au surplus.
      « Quant à la somme de la veuve,
Voici, leur dirent-ils, ce que le conseil treuve :
Il faut que chaque sœur se charge par traité
      Du tiers, payable à volonté,
Si mieux n'aime la mère en créer une rente,
      Dès le décès du mort courante. »
La chose ainsi réglée, on composa trois lots :
      En l'un, les maisons de bouteille,
      Les buffets dressés sous la treille,
La vaisselle d'argent, les cuvettes, les brocs,
      Les magasins de malvoisie,
Les esclaves de bouche, et pour dire en deux mots,
      L'attirail de la goinfrerie;
Dans un autre, celui de la coquetterie,
La maison de la ville, et les meubles exquis,
      Les eunuques et les coiffeuses,
            Et les brodeuses,
      Les joyaux, les robes de prix;
Dans le troisième lot, les fermes, le ménage,
      Les troupeaux et le pâturage,
      Valets et bêtes de labeur.
Ces lots faits, on jugea que le sort pourroit faire
      Que peut-être pas une sœur
      N'auroit ce qui lui pourroit plaire.
Ainsi chacune prit son inclination,
      Le tout à l'estimation.
      Ce fut dans la ville d'Athènes
      Que cette rencontre arriva.
      Petits et grands, tout approuva
Le partage et le choix : Ésope seul trouva
      Qu'après bien du temps et des peines
      Les gens avoient pris justement
      Le contre-pied du testament.
« Si le défunt vivoit, disoit-il, que l'Attique

Auroit de reproches de lui!
Comment? ce peuple, qui se pique
D'être le plus subtil des peuples d'aujourd'hui,
A si mal entendu la volonté suprême
D'un testateur? » Ayant ainsi parlé,
Il fait le partage lui-même,
Et donne à chaque sœur un lot contre son gré;
Rien qui pût être convenable,
Partant rien aux sœurs d'agréable :
A la coquette, l'attirail
Qui suit les personnes buveuses;
La biberonne eut le bétail;
La ménagère eut les coiffeuses
Tel fut l'avis du Phrygien,
Alléguant qu'il n'étoit moyen
Plus sûr pour obliger ces filles
A se défaire de leur bien;
Qu'elles se marieroient dans les bonnes familles,
Quand on leur verroit de l'argent;
Paieroient leur mère tout comptant;
Ne posséderoient plus les effets de leur père :
Ce que disoit le testament.
Le peuple s'étonna comme il se pouvoit faire
Qu'un homme seul eût plus de sens
Qu'une multitude de gens.

LIVRE TROISIÈME

I

LE MEUNIER, SON FILS ET L'ANE

A M. DE MAUCROIX

L'invention des arts étant un droit d'aînesse,
Nous devons l'apologue à l'ancienne Grèce;
Mais ce champ ne se peut tellement moissonner
Que les derniers venus n'y trouvent à glaner.
La feinte est un pays plein de terres désertes;
Tous les jours nos auteurs y font des découvertes.
Je t'en veux dire un trait assez bien inventé :
Autrefois à Racan Malherbe l'a conté.
Ces deux rivaux d'Horace, héritiers de sa lyre,
Disciples d'Apollon, nos maîtres, pour mieux dire,
Se rencontrant un jour tout seuls et sans témoins
(Comme ils se confioient leurs pensers et leurs soins),
Racan commence ainsi : « Dites-moi, je vous prie,
Vous qui devez savoir les choses de la vie,
Qui par tous ses degrés avez déjà passé,
Et que rien ne doit fuir en cet âge avancé,
A quoi me résoudrai-je? Il est temps que j'y pense.
Vous connoissez mon bien, mon talent, ma naissance :
Dois-je dans la province établir mon séjour,
Prendre emploi dans l'armée, ou bien charge à la cour?
Tout au monde est mêlé d'amertume et de charmes :
La guerre a ses douceurs, l'hymen a ses alarmes.

Si je suivois mon goût, je saurois où buter;
Mais j'ai les miens, la cour, le peuple à contenter. »
Malherbe là-dessus : « Contenter tout le monde!
Écoutez ce récit avant que je réponde.
« J'ai lu dans quelque endroit qu'un Meunier et son Fils,
L'un vieillard, l'autre enfant, non pas des plus petits,
Mais garçon de quinze ans, si j'ai bonne mémoire,
Alloient vendre leur Ane, un certain jour de foire.
Afin qu'il fût plus frais et de meilleur débit,
On lui lia les pieds, on vous le suspendit;
Puis cet homme et son Fils le portent comme un lustre.
Pauvres gens, idiots, couple ignorant et rustre!
Le premier qui les vit de rire s'éclata :
« Quelle farce, dit-il, vont jouer ces gens-là?
« Le plus âne des trois n'est pas celui qu'on pense. »
Le Meunier, à ces mots, connoît son ignorance;
Il met sur pieds sa bête, et la fait détaler.
L'Ane, qui goûtoit fort l'autre façon d'aller,
Se plaint en son patois. Le Meunier n'en a cure;
Il fait monter son Fils, il suit, et d'aventure
Passent trois bons marchands. Cet objet leur déplut.
Le plus vieux au garçon s'écria tant qu'il put :
« Oh là oh, descendez, que l'on ne vous le dise,
« Jeune homme, qui menez laquais à barbe grise!
« C'étoit à vous de suivre, au vieillard de monter.
— « Messieurs, dit le Meunier, il vous faut contenter. »
L'enfant met pied à terre, et puis le vieillard monte,
Quand trois filles passant, l'une dit : « C'est grand'honte
« Qu'il faille voir ainsi clocher ce jeune fils,
« Tandis que ce nigaud, comme un évêque assis,
« Fait le veau sur son Ane, et pense être bien sage.
— « Il n'est, dit le Meunier, plus de veaux à mon âge :
« Passez votre chemin, la fille, et m'en croyez. »
Après maints quolibets coup sur coup renvoyés,
L'homme crut avoir tort, et mit son Fils en croupe.
Au bout de trente pas, une troisième troupe

Trouve encore à gloser. L'un dit : « Ces gens sont fous!
« Le Baudet n'en peut plus; il mourra sous leurs coups.
« Hé quoi? charger ainsi cette pauvre bourrique!
« N'ont-ils point de pitié de leur vieux domestique?
« Sans doute qu'à la foire ils vont vendre sa peau.
— « Parbieu! dit le Meunier, est bien fou du cerveau
« Qui prétend contenter tout le monde et son père.
« Essayons toutefois si par quelque manière
« Nous en viendrons à bout. » Ils descendent tous deux.
L'Ane se prélassant marche seul devant eux.
Un quidam les rencontre, et dit : « Est-ce la mode
« Que Baudet aille à l'aise, et Meunier s'incommode?
« Qui de l'âne ou du maître est fait pour se lasser?
« Je conseille à ces gens de le faire enchâsser.
« Ils usent leurs souliers, et conservent leur Ane.
« Nicolas, au rebours; car, quand il va voir Jeanne,
« Il monte sur sa bête; et la chanson le dit.
« Beau trio de baudets! » Le Meunier repartit :
« Je suis âne, il est vrai, j'en conviens, je l'avoue;
« Mais que dorénavant on me blâme, on me loue,
« Qu'on dise quelque chose ou qu'on ne dise rien,
« J'en veux faire à ma tête. » Il le fit, et fit bien.

« Quant à vous, suivez Mars, ou l'Amour, ou le Prince;
Allez, venez, courez; demeurez en province;
Prenez femme, abbaye, emploi, gouvernement :
Les gens en parleront, n'en doutez nullement. »

II

LES MEMBRES ET L'ESTOMAC

Je devois par la royauté
Avoir commencé mon ouvrage :
A la voir d'un certain côté,
Messer Gaster en est l'image;
S'il a quelque besoin, tout le corps s'en ressent.
De travailler pour lui les Membres se lassant,
Chacun d'eux résolut de vivre en gentilhomme,
Sans rien faire, alléguant l'exemple de Gaster.
« Il faudroit, disoient-ils, sans nous qu'il vécût d'air.
Nous suons, nous peinons comme bêtes de somme;
Et pour qui? pour lui seul; nous n'en profitons pas;
Notre soin n'aboutit qu'à fournir ses repas.
Chommons, c'est un métier qu'il veut nous faire
                                        [apprendre. »

Ainsi dit, ainsi fait. Les Mains cessent de prendre,
        Les Bras d'agir, les Jambes de marcher :
Tous dirent à Gaster qu'il en allât chercher.
Ce leur fut une erreur dont ils se repentirent.
Bientôt les pauvres gens tombèrent en langueur;
Il ne se forma plus de nouveau sang au cœur;
Chaque membre en souffrit; les forces se perdirent.
        Par ce moyen, les mutins virent
Que celui qu'ils croyoient oisif et paresseux,
A l'intérêt commun contribuoit plus qu'eux.

Ceci peut s'appliquer à la grandeur royale.
Elle reçoit et donne, et la chose est égale.
Tout travaille pour elle, et réciproquement
        Tout tire d'elle l'aliment.

Elle fait subsister l'artisan de ses peines,
Enrichit le marchand, gage le magistrat,
Maintient le laboureur, donne paie au soldat,
Distribue en cent lieux ses grâces souveraines,
   Entretient seule tout l'État.
   Ménénius le sut bien dire.
La commune s'alloit séparer du sénat.
Les mécontents disoient qu'il avoit tout l'empire,
Le pouvoir, les trésors, l'honneur, la dignité;
Au lieu que tout le mal étoit de leur côté,
Les tributs, les impôts, les fatigues de guerre.
Le peuple hors des murs étoit déjà posté,
La plupart s'en alloient chercher une autre terre,
   Quand Ménénius leur fit voir
   Qu'ils étoient aux Membres semblables,
Et par cet apologue, insigne entre les fables,
   Les ramena dans leur devoir.

III

LE LOUP DEVENU BERGER

Un Loup, qui commençoit d'avoir petite part
   Aux brebis de son voisinage,
Crut qu'il falloit s'aider de la peau du renard,
   Et faire un nouveau personnage.
Il s'habille en berger, endosse un hoqueton,
   Fait sa houlette d'un bâton,
   Sans oublier la cornemuse.
   Pour pousser jusqu'au bout la ruse,
Il auroit volontiers écrit sur son chapeau :
« C'est moi qui suis Guillot, berger de ce troupeau. »
   Sa personne étant ainsi faite,
Et ses pieds de devant posés sur sa houlette,
Guillot le sycophante approche doucement.
Guillot, le vrai Guillot, étendu sur l'herbette,

Dormoit alors profondément;
Son chien dormoit aussi, comme aussi sa musette :
La plupart des brebis dormoient pareillement.
          L'hypocrite les laissa faire;
Et pour pouvoir mener vers son fort les brebis,
Il voulut ajóuter la parole aux habits,
          Chose qu'il croyoit nécessaire.
          Mais cela gâta son affaire :
Il ne put du pasteur contrefaire la voix.
Le ton dont il parla fit retentir les bois,
          Et découvrit tout le mystère.
          Chacun se réveille à ce son,
          Les brebis, le chien, le garçon.
          Le pauvre Loup, dans cet esclandre,
          Empêché par son hoqueton,
          Ne put ni fuir ni se défendre.

Toujours par quelque endroit fourbes se laissent prendre.
          Quiconque est loup agisse en loup :
          C'est le plus certain de beaucoup.

                              IV

LES GRENOUILLES QUI DEMANDENT UN ROI

          Les Grenouilles se lassant
          De l'état démocratique,
          Par leurs clameurs firent tant
Que Jupin les soumit au pouvoir monarchique.
Il leur tomba du ciel un Roi tout pacifique :
Ce Roi fit toutefois un tel bruit en tombant,
          Que la gent marécageuse,
          Gent fort sotte et fort peureuse,
          S'alla cacher sous les eaux,
          Dans les joncs, dans les roseaux,
          Dans les trous du marécage,
Sans oser de longtemps regarder au visage

Celui qu'elles croyoient être un géant nouveau.
     Or c'étoit un Soliveau,
De qui la gravité fit peur à la première
          Qui, de le voir s'aventurant,
          Osa bien quitter sa tanière.
     Elle approcha, mais en tremblant;
Une autre la suivit, une autre en fit autant :
          Il en vint une fourmilière;
Et leur troupe à la fin se rendit familière
     Jusqu'à sauter sur l'épaule du Roi.
Le bon sire le souffre, et se tient toujours coi.
Jupin en a bientôt la cervelle rompue :
« Donnez-nous, dit ce peuple, un roi qui se remue. »
Le Monarque des Dieux leur envoie une Grue,
          Qui les croque, qui les tue,
          Qui les gobe à son plaisir;
          Et Grenouilles de se plaindre,
Et Jupin de leur dire : « Eh quoi? votre desir
          A ses lois croit-il nous astreindre?
          Vous avez dû premièrement
          Garder votre gouvernement;
Mais ne l'ayant pas fait, il vous devoit suffire
Que votre premier roi fût débonnaire et doux :
          De celui-ci contentez-vous,
          De peur d'en rencontrer un pire. »

                    V

          LE RENARD ET LE BOUC

Capitaine Renard alloit de compagnie
Avec son ami Bouc des plus haut encornés :
Celui-ci ne voyoit pas plus loin que son nez;
L'autre étoit passé maître en fait de tromperie.
La soif les obligea de descendre en un puits :

Là chacun d'eux se désaltère.
Après qu'abondamment tous deux en eurent pris,
Le Renard dit au Bouc : « Que ferons-nous, compère?
Ce n'est pas tout de boire, il faut sortir d'ici.
Lève tes pieds en haut, et tes cornes aussi;
Mets-les contre le mur : le long de ton échine
     Je grimperai premièrement;
     Puis sur tes cornes m'élevant,
     A l'aide de cette machine,
     De ce lieu-ci je sortirai,
     Après quoi je t'en tirerai.
— Par ma barbe, dit l'autre, il est bon; et je loue
     Les gens bien sensés comme toi.
     Je n'aurois jamais, quant à moi,
     Trouvé ce secret, je l'avoue. »
Le Renard sort du puits, laisse son compagnon,
     Et vous lui fait un beau sermon
     Pour l'exhorter à patience.
« Si le ciel t'eût, dit-il, donné par excellence
Autant de jugement que de barbe au menton,
     Tu n'aurois pas, à la légère,
Descendu dans ce puits. Or adieu : j'en suis hors;
Tâche de t'en tirer, et fais tous tes efforts;
     Car pour moi, j'ai certaine affaire
Qui ne me permet pas d'arrêter en chemin. »

En toute chose il faut considérer la fin.

VI

L'AIGLE, LA LAIE ET LA CHATTE

L'Aigle avoit ses petits au haut d'un arbre creux,
     La Laie au pied, la Chatte entre les deux,
Et sans s'incommoder, moyennant ce partage,
Mères et nourrissons faisoient leur tripotage.

La Chatte détruisit par sa fourbe l'accord;
Elle grimpa chez l'Aigle, et lui dit : « Notre mort
(Au moins de nos enfants, car c'est tout un aux mères)
     Ne tardera possible guères.
Voyez-vous à nos pieds fouir incessamment
Cette maudite Laie, et creuser une mine?
C'est pour déraciner le chêne assurément,
Et de nos nourrissons attirer la ruine :
     L'arbre tombant, ils seront dévorés;
     Qu'ils s'en tiennent pour assurés.
S'il m'en restoit un seul, j'adoucirois ma plainte. »
Au partir de ce lieu, qu'elle remplit de crainte,
     La perfide descend tout droit
         A l'endroit
     Où la Laie étoit en gésine.
     « Ma bonne amie et ma voisine,
Lui dit-elle tout bas, je vous donne un avis :
L'Aigle, si vous sortez, fondra sur vos petits.
     Obligez-moi de n'en rien dire :
     Son courroux tomberoit sur moi. »
Dans cette autre famille ayant semé l'effroi,
     La Chatte en son trou se retire.
L'Aigle n'ose sortir, ni pourvoir aux besoins
     De ses petits; la Laie encore moins :
Sottes de ne pas voir que le plus grand des soins,
Ce doit être celui d'éviter la famine.
A demeurer chez soi l'une et l'autre s'obstine,
Pour secourir les siens dedans l'occasion;
     L'Oiseau royal, en cas de mine;
     La Laie, en cas d'irruption.
La faim détruisit tout; il ne resta personne
De la gent marcassine et de la gent aiglonne
     Qui n'allât de vie à trépas :
     Grand renfort pour messieurs les Chats.

Que ne sait point ourdir une langue traîtresse

       Par sa pernicieuse adresse!
             Des malheurs qui sont sortis
             De la boîte de Pandore,
Celui qu'à meilleur droit tout l'univers abhorre
             C'est la fourbe, à mon avis.

                              VII

                L'IVROGNE ET SA FEMME

Chacun a son défaut, où toujours il revient :
             Honte ni peur n'y remédie.
          Sur ce propos, d'un conte il me souvient :
             Je ne dis rien que je n'appuie
De quelque exemple. Un suppôt de Bacchus
Altéroit sa santé, son esprit, et sa bourse :
Telles gens n'ont pas fait la moitié de leur course
             Qu'ils sont au bout de leurs écus.
Un jour que celui-ci, plein du jus de la treille,
Avoit laissé ses sens au fond d'une bouteille,
Sa femme l'enferma dans un certain tombeau.
             Là les vapeurs du vin nouveau
Cuvèrent à loisir. A son réveil il treuve
L'attirail de la mort à l'entour de son corps,
             Un luminaire, un drap des morts.
« Oh! dit-il, qu'est ceci? Ma femme est-elle veuve? »
Là-dessus, son épouse, en habit d'Alecton,
Masquée, et de sa voix contrefaisant le ton,
Vient au prétendu mort, approche de sa bière,
Lui présente un chaudeau propre pour Lucifer.
L'époux alors ne doute en aucune manière
             Qu'il ne soit citoyen d'enfer.
« Quelle personne es-tu? dit-il à ce fantôme.
             — La cellerière du royaume
De Satan, reprit-elle; et je porte à manger

A ceux qu'enclôt la tombe noire. »
Le mari repart, sans songer :
« Tu ne leur portes point à boire? »

VIII

LA GOUTTE ET L'ARAIGNÉE

Quand l'Enfer eut produit la Goutte et l'Araignée,
« Mes filles, leur dit-il, vous pouvez vous vanter
     D'être pour l'humaine lignée
     Également à redouter.
Or avisons aux lieux qu'il vous faut habiter.
     Voyez-vous ces cases étrètes,
Et ces palais si grands, si beaux, si bien dorés?
Je me suis proposé d'en faire vos retraites.
     Tenez donc, voici deux bûchettes;
     Accommodez-vous, ou tirez.
— Il n'est rien, dit l'Aragne, aux cases qui me plaise. »
L'autre, tout au rebours, voyant les palais pleins
     De ces gens nommés médecins,
Ne crut pas y pouvoir demeurer à son aise.
Elle prend l'autre lot, y plante le piquet,
S'étend à son plaisir sur l'orteil d'un pauvre homme,
Disant : « Je ne crois pas qu'en ce poste je chomme,
Ni que d'en déloger et faire mon paquet
     Jamais Hippocrate me somme. »
L'Aragne cependant se campe en un lambris,
Comme si de ces lieux elle eût fait bail à vie,
Travaille à demeurer : voilà sa toile ourdie,
     Voilà des moucherons de pris.
Une servante vient balayer tout l'ouvrage,
Autre toile tissue, autre coup de balai.
Le pauvre bestion tous les jours déménage.
     Enfin, après un vain essai,

Il va trouver la Goutte. Elle étoit en campagne,
　　　Plus malheureuse mille fois
　　　Que la plus malheureuse aragne.
Son hôte la menoit tantôt fendre du bois,
Tantôt fouir, houer : goutte bien tracassée
　　　Est, dit-on, à demi pansée.
« Oh! je ne saurois plus, dit-elle, y résister.
Changeons, ma sœur l'Aragne. » Et l'autre d'écouter :
Elle la prend au mot, se glisse en la cabane :
Point de coup de balai qui l'oblige à changer.
La Goutte, d'autre part, va tout droit se loger
　　　Chez un prélat, qu'elle condamne
　　　A jamais du lit ne bouger.
Cataplasmes, Dieu sait! Les gens n'ont point de honte
De faire aller le mal toujours de pis en pis.
L'une et l'autre trouva de la sorte son conte,
Et fit très-sagement de changer de logis.

IX

LE LOUP ET LA CICOGNE

　　Les Loups mangent gloutonnement.
　　Un Loup donc étant de frairie
　　Se pressa, dit-on, tellement
　　Qu'il en pensa perdre la vie :
Un os lui demeura bien avant au gosier.
De bonheur pour ce Loup, qui ne pouvoit crier,
　　　Près de là passe une Cicogne.
　　　Il lui fait signe; elle accourt.
Voilà l'opératrice aussitôt en besogne.
Elle retira l'os; puis, pour un si bon tour,
　　　Elle demanda son salaire.
　　　« Votre salaire? dit le Loup :
　　　Vous riez, ma bonne commère!

Quoi? ce n'est pas encor beaucoup
D'avoir de mon gosier retiré votre cou?
    Allez, vous êtes une ingrate :
    Ne tombez jamais sous ma patte. »

X

LE LION ABATTU PAR L'HOMME

    On exposoit une peinture
    Où l'artisan avoit tracé
    Un lion d'immense stature
    Par un seul homme terrassé.
    Les regardants en tiroient gloire.
Un Lion en passant rabattit leur caquet.
    « Je vois bien, dit-il, qu'en effet
    On vous donne ici la victoire;
    Mais l'ouvrier vous a déçus :
    Il avoit liberté de feindre.
Avec plus de raison nous aurions le dessus,
    Si mes confrères savoient peindre. »

XI

LE RENARD ET LES RAISINS

Certain Renard gascon, d'autres disent normand,
Mourant presque de faim, vit au haut d'une treille
    Des Raisins mûrs apparemment,
    Et couverts d'une peau vermeille.
    Le galand en eût fait volontiers un repas;
    Mais comme il n'y pouvoit atteindre :
« Ils sont trop verts, dit-il, et bons pour des goujats. »

    Fit-il pas mieux que de se plaindre?

XII

LE CYGNE ET LE CUISINIER

Dans une ménagerie
De volatiles remplie
Vivoient le Cygne et l'Oison :
Celui-là destiné pour les regards du maître;
Celui-ci, pour son goût : l'un qui se piquoit d'être
Commensal du jardin; l'autre, de la maison.
Des fossés du château faisant leurs galeries,
Tantôt on les eût vus côte à côte nager,
Tantôt courir sur l'onde, et tantôt se plonger,
Sans pouvoir satisfaire à leurs vaines envies
Un jour le Cuisinier, ayant trop bu d'un coup,
Prit pour oison le Cygne; et le tenant au cou,
Il alloit l'égorger, puis le mettre en potage.
L'oiseau, prêt à mourir, se plaint en son ramage.
　　　Le Cuisinier fut fort surpris,
　　　Et vit bien qu'il s'étoit mépris.
« Quoi? je mettrois, dit-il, un tel chanteur en soupe!
Non, non, ne plaise aux Dieux que jamais ma main coupe
　　　La gorge à qui s'en sert si bien! »

Ainsi dans les dangers qui nous suivent en croupe
　　　Le doux parler ne nuit de rien.

XIII

LES LOUPS ET LES BREBIS

Après mille ans et plus de guerre déclarée,
Les Loups firent la paix avecque les Brebis.
C'étoit apparemment le bien des deux partis;
Car si les Loups mangeoient mainte bête égarée,
Les Bergers de leur peau se faisoient maints habits.
Jamais de liberté, ni pour les pâturages,
   Ni d'autre part pour les carnages :
Ils ne pouvoient jouir qu'en tremblant de leurs biens.
La paix se conclut donc : on donne des otages;
Les Loups, leurs Louveteaux; et les Brebis, leurs Chiens.
L'échange en étant fait aux formes ordinaires
   Et réglé par des commissaires,
Au bout de quelque temps que messieurs les Louvats
Se virent loups parfaits et friands de tuerie,
Ils vous prennent le temps que dans la bergerie
   Messieurs les Bergers n'étoient pas,
Étranglent la moitié des Agneaux les plus gras,
Les emportent aux dents, dans les bois se retirent.
Ils avoient averti leurs gens secrètement.
Les Chiens, qui, sur leur foi, reposoient sûrement,
   Furent étranglés en dormant :
Cela fut sitôt fait qu'à peine ils le sentirent.
Tout fut mis en morceaux; un seul n'en échappa.

   Nous pouvons conclure de là
Qu'il faut faire aux méchants guerre continuelle.
   La paix est fort bonne de soi;
   J'en conviens; mais de quoi sert-elle
   Avec des ennemis sans foi?

XIV

LE LION DEVENU VIEUX

Le Lion, terreur des forêts,
Chargé d'ans et pleurant son antique prouesse,
Fut enfin attaqué par ses propres sujets,
           Devenus forts par sa foiblesse.
Le Cheval s'approchant lui donne un coup de pied;
Le Loup, un coup de dent; le Bœuf, un coup de corne.
Le malheureux Lion, languissant, triste, et morne,
Peut à peine rugir, par l'âge estropié.
Il attend son destin, sans faire aucunes plaintes;
Quand voyant l'Ane même à son antre accourir :
« Ah! c'est trop, lui dit-il; je voulois bien mourir;
Mais c'est mourir deux fois que souffrir tes atteintes. »

XV

PHILOMÈLE ET PROGNÉ

Autrefois Progné l'hirondelle,
           De sá demeure s'écarta,
           Et loin des villes s'emporta
Dans un bois où chantoit la pauvre Philomèle.
« Ma sœur, lui dit Progné, comment vous portez-vous?
Voici tantôt mille ans que l'on ne vous a vue :
Je ne me souviens point que vous soyez venue,
Depuis le temps de Thrace, habiter parmi nous.
           Dites-moi, que pensez-vous faire?
Ne quitterez-vous point ce séjour solitaire?

— Ah! reprit Philomèle, en est-il de plus doux? »
Progné lui repartit : « Eh quoi? cette musique,
      Pour ne chanter qu'aux animaux,
      Tout au plus à quelque rustique?
Le désert est-il fait pour des talents si beaux?
Venez faire aux cités éclater leurs merveilles.
      Aussi bien, en voyant les bois,
Sans cesse il vous souvient que Térée autrefois,
      Parmi des demeures pareilles,
Exerça sa fureur sur vos divins appas.
— Et c'est le souvenir d'un si cruel outrage
Qui fait, reprit sa sœur, que je ne vous suis pas.
      En voyant les hommes, hélas!
      Il m'en souvient bien davantage. »

XVI

LA FEMME NOYÉE

Je ne suis pas de ceux qui disent : « Ce n'est rien,
      C'est une femme qui se noie. »
Je dis que c'est beaucoup; et ce sexe vaut bien
Que nous le regrettions, puisqu'il fait notre joie.
Ce que j'avance ici n'est point hors de propos,
      Puisqu'il s'agit en cette fable,
      D'une femme qui dans les flots
Avoit fini ses jours par un sort déplorable.
      Son époux en cherchoit le corps,
      Pour lui rendre, en cette aventure,
      Les honneurs de la sépulture.
      Il arriva que sur les bords
      Du fleuve auteur de sa disgrâce
Des gens se promenoient ignorants l'accident.
      Ce mari donc leur demandant

S'ils n'avoient de sa femme aperçu nulle trace :
« Nulle, reprit l'un d'eux; mais cherchez-la plus bas;
　　　Suivez le fil de la rivière. »
Un autre repartit : « Non, ne le suivez pas;
　　　Rebroussez plutôt en arrière :
Quelle que soit la pente et l'inclination
　　　Dont l'eau par sa course l'emporte,
　　　L'esprit de contradiction
　　　L'aura fait flotter d'autre sorte. »

Cet homme se railloit assez hors de saison.
　　　Quant à l'humeur contredisante,
　　　Je ne sais s'il avoit raison;
　　　Mais que cette humeur soit ou non
　　　Le défaut du sexe et sa pente,
　　　Quiconque avec elle naîtra
　　　Sans faute avec elle mourra,
　　　Et jusqu'au bout contredira,
　　　Et, s'il peut, encor par delà.

XVII

LA BELETTE ENTRÉE DANS UN GRENIER

Damoiselle Belette, au corps long et flouet,
Entra dans un grenier par un trou fort étroit :
　　　Elle sortoit de maladie.
　　　Là, vivant à discrétion,
　　　La galande fit chère lie,
　　　Mangea, rongea : Dieu sait la vie,
Et le lard qui périt en cette occasion!
　　　La voilà, pour conclusion,
　　　Grasse, mafflue et rebondie.
Au bout de la semaine, ayant dîné son soû,

Elle entend quelque bruit, veut sortir par le trou,
Ne peut plus repasser, et croit s'être méprise.
    Après avoir fait quelques tours,
« C'est, dit-elle, l'endroit : me voilà bien surprise;
J'ai passé par ici depuis cinq ou six jours. »
    Un Rat, qui la voyoit en peine,
Lui dit : « Vous aviez lors la panse un peu moins pleine.
Vous êtes maigre entrée, il faut maigre sortir.
Ce que je vous dis là, l'on le dit à bien d'autres;
Mais ne confondons point, par trop appronfondir,
    Leurs affaires avec les vôtres. »

XVIII

LE CHAT ET UN VIEUX RAT

    J'ai lu chez un conteur de fables,
Qu'un second Rodilard, l'Alexandre des chats,
    L'Attila, le fléau des rats,
    Rendoit ces derniers misérables;
    J'ai lu, dis-je, en certain auteur,
    Que ce Chat exterminateur,
Vrai Cerbère, étoit craint une lieue à la ronde :
Il vouloit de Souris dépeupler tout le monde.
Les planches qu'on suspend sur un léger appui,
    La mort-aux-rats, les souricières,
    N'étoient que jeux au prix de lui.
    Comme il voit que dans leurs tanières
    Les Souris étoient prisonnières,
Qu'elles n'osoient sortir, qu'il avoit beau chercher,
Le galand fait le mort, et du haut d'un plancher
Se pend la tête en bas : la bête scélérate
A de certains cordons se tenoit par la patte.

Le peuple des Souris croit que c'est châtiment,
Qu'il a fait un larcin de rôt ou de fromage,
Égratigné quelqu'un, causé quelque dommage;
Enfin qu'on a pendu le mauvais garnement.
      Toutes, dis-je, unanimement
Se promettent de rire à son enterrement,
Mettent le nez à l'air, montrent un peu la tête,
      Puis rentrent dans leurs nids à rats,
      Puis ressortant font quatre pas,
      Puis enfin se mettent en quête.
      Mais voici bien une autre fête :
Le pendu ressuscite; et sur ses pieds tombant,
      Attrape les plus paresseuses.
« Nous en savons plus d'un, dit-il en les gobant :
C'est tour de vieille guerre; et vos cavernes creuses
Ne vous sauveront pas, je vous en avertis :
      Vous viendrez toutes au logis. »
Il prophétisoit vrai : notre maître Mitis
Pour la seconde fois les trompe et les affine,
      Blanchit sa robe et s'enfarine;
      Et de la sorte déguisé,
Se niche et se blottit dans une huche ouverte.
      Ce fut à lui bien avisé :
La gent trotte-menu s'en vient chercher sa perte.
Un Rat, sans plus, s'abstient d'aller flairer autour :
C'étoit un vieux routier, il savoit plus d'un tour;
Même il avoit perdu sa queue à la bataille.
« Ce bloc enfariné ne me dit rien qui vaille,
S'écria-t-il de loin au général des Chats :
Je soupçonne dessous encor quelque machine :
      Rien ne te sert d'être farine;
Car, quand tu serois sac, je n'approcherois pas. »
C'étoit bien dit à lui; j'approuve sa prudence :
      Il étoit expérimenté,
      Et savoit que la méfiance
      Est mère de la sûreté.

LIVRE QUATRIÈME

I

LE LION AMOUREUX

Sévigné, de qui les attraits
Servent aux Grâces de modèle,
Et qui naquîtes toute belle,
A votre indifférence près,
Pourriez-vous être favorable
Aux jeux innocents d'une fable,
Et voir, sans vous épouvanter,
Un Lion qu'Amour sut dompter?
Amour est un étrange maître.
Heureux qui peut ne le connoître
Que par récit, lui ni ses coups!
Quand on en parle devant vous,
Si la vérité vous offense,
La fable au moins se peut souffrir :
Celle-ci prend bien l'assurance
De venir à vos pieds s'offrir,
Par zèle et par reconnoissance.

Du temps que les bêtes parloient,
Les lions entre autres vouloient
Être admis dans notre alliance.
Pourquoi non? puisque leur engeance

Valoit la nôtre en ce temps-là,
Ayant courage, intelligence,
Et belle hure outre cela.
Voici comment il en alla :
Un Lion de haut parentage,
En passant par un certain pré,
Rencontra bergère à son gré :
Il la demande en mariage.
Le père auroit fort souhaité
Quelque gendre un peu moins terrible.
La donner lui sembloit bien dur;
La refuser n'étoit pas sûr;
Même un refus eût fait, possible,
Qu'on eût vu quelque beau matin
Un mariage clandestin;
Car outre qu'en toute manière
La belle étoit pour les gens fiers,
Fille se coiffe volontiers
D'amoureux à longue crinière.
Le père donc ouvertement
N'osant renvoyer notre amant,
Lui dit : « Ma fille est délicate;
Vos griffes la pourront blesser
Quand vous voudrez la caresser.
Permettez donc qu'à chaque patte
On vous les rogne; et pour les dents,
Qu'on vous les lime en même temps :
Vos baisers en seront moins rudes,
Et pour vous plus délicieux;
Car ma fille y répondra mieux,
Étant sans ces inquiétudes. »
Le Lion consent à cela,
Tant son âme étoit aveuglée!
Sans dents ni griffes le voilà,
Comme place démantelée.
On lâcha sur lui quelques chiens :

Il fit fort peu de résistance.

Amour, Amour, quand tu nous tiens
On peut bien dire : « Adieu prudence! »

II

LE BERGER ET LA MER

Du rapport d'un troupeau, dont il vivoit sans soins,
Se contenta longtemps un voisin d'Amphitrite :
      Si sa fortune étoit petite,
      Elle étoit sûre tout au moins.
A la fin, les trésors déchargés sur la plage
Le tentèrent si bien qu'il vendit son troupeau,
Trafiqua de l'argent, le mit entier sur l'eau.
      Cet argent périt par naufrage.
Son maître fut réduit à garder les brebis,
Non plus berger en chef comme il étoit jadis,
Quand ses propres moutons paissoient sur le rivage :
Celui qui s'étoit vu Coridon ou Tircis
      Fut Pierrot, et rien davantage.
Au bout de quelque temps il fit quelques profits,
      Racheta des bêtes à laine;
Et comme un jour les vents, retenant leur haleine,
Laissoient paisiblement aborder les vaisseaux :
« Vous voulez de l'argent, ô Mesdames les Eaux,
Dit-il; adressez-vous, je vous prie, à quelque autre :
      Ma foi! vous n'aurez pas le nôtre. »

Ceci n'est pas un conte à plaisir inventé.
      Je me sers de la vérité
      Pour montrer, par expérience,
      Qu'un sou, quand il est assuré,
      Vaut mieux que cinq en espérance;

Qu'il se faut contenter de sa condition;
Qu'aux conseils de la mer et de l'ambition
      Nous devons fermer les oreilles.
Pour un qui s'en louera, dix mille s'en plaindront.
    La mer promet monts et merveilles :
Fiez-vous-y; les vents et les voleurs viendront.

III

LA MOUCHE ET LA FOURMI

La Mouche et la Fourmi contestoient de leur prix.
     « O Jupiter! dit la première,
Faut-il que l'amour-propre aveugle les esprits
     D'une si terrible manière,
     Qu'un vil et rampant animal
A la fille de l'air ose se dire égal!
Je hante les palais, je m'assieds à ta table :
Si l'on t'immole un bœuf, j'en goûte devant toi;
Pendant que celle-ci, chétive et misérable,
Vit trois jours d'un fétu qu'elle a traîné chez soi.
     Mais, ma mignonne, dites-moi,
Vous campez-vous jamais sur la tête d'un roi,
     D'un empereur, ou d'une belle?
Je le fais; et je baise un beau sein quand je veux;
     Je me joue entre des cheveux;
Je rehausse d'un teint la blancheur naturelle;
Et la dernière main que met à sa beauté
     Une femme allant en conquête,
C'est un ajustement des mouches emprunté.
     Puis allez-moi rompre la tête
     De vos greniers! — Avez-vous dit?
     Lui répliqua la ménagère.
Vous hantez les palais; mais on vous y maudit.

Et quant à goûter la première
De ce qu'on sert devant les Dieux,
Croyez-vous qu'il en vaille mieux?
Si vous entrez partout, aussi font les profanes.
Sur la tête des rois et sur celle des ânes
Vous allez vous planter, je n'en disconviens pas;
Et je sais que d'un prompt trépas
Cette importunité bien souvent est punie.
Certain ajustement, dites-vous, rend jolie;
J'en conviens; il est noir ainsi que vous et moi.
Je veux qu'il ait nom mouche : est-ce un sujet pourquoi
Vous fassiez sonner vos mérites?
Nomme-t-on pas aussi mouches les parasites?
Cessez donc de tenir un langage si vain :
N'ayez plus ces hautes pensées.
Les mouches de cour sont chassées;
Les mouchards sont pendus; et vous mourrez de faim,
De froid, de langueur, de misère,
Quand Phébus régnera sur un autre hémisphère.
Alors je jouirai du fruit de mes travaux :
Je n'irai, par monts ni par vaux,
M'exposer au vent, à la pluie;
Je vivrai sans mélancolie :
Le soin que j'aurai pris de soin m'exemptera.
Je vous enseignerai par là
Ce que c'est qu'une fausse ou véritable gloire.
Adieu : je perds le temps; laissez-moi travailler;
Ni mon grenier, ni mon armoire
Ne se remplit à babiller. »

IV

LE JARDINIER ET SON SEIGNEUR

Un amateur du jardinage,
Demi-bourgeois, demi-manant,
Possédoit en certain village
Un jardin assez propre, et le clos attenant.
Il avoit de plant vif fermé cette étendue.
Là croissoit à plaisir l'oseille et la laitue,
De quoi faire à Margot pour sa fête un bouquet,
Peu de jasmin d'Espagne, et force serpolet.
Cette félicité par un lièvre troublée
Fit qu'au Seigneur du bourg notre homme se plaignit.
« Ce maudit animal vient prendre sa goulée
Soir et matin, dit-il, et des piéges se rit;
Les pierres, les bâtons y perdent leur crédit :
Il est sorcier, je crois. — Sorcier? je l'en défie,
Repartit le Seigneur : fût-il diable, Miraut,
En dépit de ses tours, l'attrapera bientôt.
Je vous en déferai, bon homme, sur ma vie.
— Et quand? — Et dès demain, sans tarder plus longtemps. »
La partie ainsi faite, il vient avec ses gens.
« Çà, déjeunons, dit-il : vos poulets sont-ils tendres?
La fille du logis, qu'on vous voie, approchez :
Quand la marierons-nous? quand aurons-nous des
                                      [gendres?
Bon homme, c'est ce coup qu'il faut, vous m'entendez,
          Qu'il faut fouiller à l'escarcelle. »
Disant ces mots, il fait connoissance avec elle,
          Auprès de lui la fait asseoir,
Prend une main, un bras, lève un coin du mouchoir,
          Toutes sottises dont la belle
          Se défend avec grand respect :

Tant qu'au père à la fin cela devient suspect.
Cependant on fricasse, on se rue en cuisine.
« De quand sont vos jambons? ils ont fort bonne mine.
— Monsieur, ils sont à vous. — Vraiment, dit le Seigneur,
      Je les reçois, et de bon cœur. »
Il déjeune très-bien; aussi fait sa famille,
Chiens, chevaux, et valets, tous gens bien endentés :
Il commande chez l'hôte, y prend des libertés,
Boit son vin, caresse sa fille.
L'embarras des chasseurs succède au déjeuné.
      Chacun s'anime et se prépare :
Les trompes et les cors font un tel tintamarre
      Que le bon homme est étonné.
Le pis fut que l'on mit en piteux équipage
Le pauvre potager : adieu planches, carreaux;
      Adieu chicorée et porreaux;
      Adieu de quoi mettre au potage.
Le lièvre étoit gîté dessous un maître chou.
On le quête; on le lance : il s'enfuit par un trou,
Non pas trou, mais trouée, horrible et large plaie
      Que l'on fit à la pauvre haie
Par ordre du Seigneur; car il eût été mal
Qu'on n'eût pu du jardin sortir tout à cheval.
Le bon homme disoit : « Ce sont là jeux de prince. »
Mais on le laissoit dire; et les chiens et les gens
Firent plus de dégât en une heure de temps
      Que n'en auroient fait en cent ans
      Tous les lièvres de la province.

Petits princes, videz vos débats entre vous :
De recourir aux rois vous seriez de grands fous.
Il ne les faut jamais engager dans vos guerres,
      Ni les faire entrer sur vos terres.

V

L'ANE ET LE PETIT CHIEN

Ne forçons point notre talent,
Nous ne ferions rien avec grâce :
Jamais un lourdaud, quoi qu'il fasse,
Ne sauroit passer pour galant.
Peu de gens, que le ciel chérit et gratifie,
Ont le don d'agréer infus avec la vie.
C'est un point qu'il leur faut laisser,
Et ne pas ressembler à l'Ane de la fable,
Qui pour se rendre plus aimable
Et plus cher à son maître, alla le caresser.
« Comment? disoit-il en son âme,
Ce Chien, parce qu'il est mignon,
Vivra de pair à compagnon
Avec Monsieur, avec Madame;
Et j'aurai des coups de bâton?
Que fait-il? il donne la patte;
Puis aussitôt il est baisé :
S'il en faut faire autant afin que l'on me flatte,
Cela n'est pas bien malaisé. »
Dans cette admirable pensée,
Voyant son maître en joie, il s'en vient lourdement,
Lève une corne toute usée,
La lui porte au menton fort amoureusement,
Non sans accompagner, pour plus grand ornement,
De son chant gracieux cette action hardie.
« Oh! oh! quelle caresse! et quelle mélodie!
Dit le maître aussitôt. Holà, Martin-bâton! »
Martin-bâton accourt : l'Ane change de ton.
Ainsi finit la comédie.

VI

LE COMBAT DES RATS ET DES BELETTES

La nation des Belettes,
Non plus que celle des Chats,
Ne veut aucun bien aux Rats;
Et sans les portes étrètes
De leurs habitations,
L'animal à longue échine
En feroit, je m'imagine,
De grandes destructions.
Or une certaine année
Qu'il en étoit à foison,
Leur roi, nommé Ratapon,
Mit en campagne une armée.
Les Belettes, de leur part,
Déployèrent l'étendard.
Si l'on croit la renommée,
La victoire balança :
Plus d'un guéret s'engraissa
Du sang de plus d'une bande.
Mais la perte la plus grande
Tomba presque en tous endroits
Sur le peuple souriquois.
Sa déroute fut entière,
Quoi que pût faire Artarpax,
Psicarpax, Méridarpax,
Qui, tout couverts de poussière,
Soutinrent assez longtemps
Les efforts des combattants.
Leur résistance fut vaine;
Il fallut céder au sort :
Chacun s'enfuit au plus fort,

Tant soldat que capitaine.
Les princes périrent tous.
La racaille, dans des trous
Trouvant sa retraite prête,
Se sauva sans grand travail;
Mais les seigneurs sur leur tête
Ayant chacun un plumail,
Des cornes ou des aigrettes,
Soit comme marques d'honneur,
Soit afin que les Belettes
En conçussent plus de peur,
Cela causa leur malheur.
Trou, ni fente, ni crevasse
Ne fut large assez pour eux;
Au lieu que la populace
Entroit dans les moindres creux.
La principale jonchée
Fut donc des principaux Rats.

Une tête emparachée
N'est pas petit embarras.
Le trop superbe équipage
Peut souvent en un passage
Causer du retardement.
Les petits, en toute affaire,
Esquivent fort aisément :
Les grands ne le peuvent faire.

VII

LE SINGE ET LE DAUPHIN

C'étoit chez les Grecs un usage
Que sur la mer tous voyageurs
Menoient avec eux en voyage

Singes et chiens de bateleurs.
Un navire en cet équipage
Non loin d'Athènes fit naufrage.
Sans les dauphins tout eût péri.
Cet animal est fort ami
De notre espèce : en son histoire
Pline le dit; il le faut croire.
Il sauva donc tout ce qu'il put.
Même un Singe en cette occurrence,
Profitant de la ressemblance,
Lui pensa devoir son salut :
Un Dauphin le prit pour un homme,
Et sur son dos le fit asseoir
Si gravement qu'on eût cru voir
Ce chanteur que tant on renomme.
Le Dauphin l'alloit mettre à bord,
Quand, par hasard, il lui demande :
« Êtes-vous d'Athènes la grande?
— Oui, dit l'autre; on m'y connoît fort :
S'il vous y survient quelque affaire,
Employez-moi; car mes parents
Y tiennent tous les premiers rangs :
Un mien cousin est juge maire. »
Le Dauphin dit : « Bien grand merci;
Et le Pirée a part aussi
A l'honneur de votre présence?
Vous le voyez souvent, je pense?
— Tous les jours : il est mon ami;
C'est une vieille connoissance. »
Notre magot prit, pour ce coup,
Le nom d'un port pour un nom d'homme.

De telles gens il est beaucoup
Qui prendroient Vaugirard pour Rome,
Et qui, caquetants au plus dru,
Parlent de tout, et n'ont rien vu.

Le Dauphin rit, tourne la tête,
Et le magot considéré,
Il s'aperçoit qu'il n'a tiré
Du fond des eaux rien qu'une bête.
Il l'y replonge, et va trouver
Quelque homme afin de le sauver.

VIII

L'HOMME ET L'IDOLE DE BOIS

Certain Païen chez lui gardoit un Dieu de bois,
De ces dieux qui sont sourds, bien qu'ayants des oreilles :
Le Païen cependant s'en promettoit merveilles.
          Il lui coûtoit autant que trois :
          Ce n'étoient que vœux et qu'offrandes,
Sacrifices de bœufs couronnés de guirlandes.
          Jamais idole, quel qu'il fût,
          N'avoit eu cuisine si grasse,
Sans que pour tout ce culte à son hôte il échût
Succession, trésor, gain au jeu, nulle grâce.
Bien plus, si pour un sou d'orage en quelque endroit
          S'amassoit d'une ou d'autre sorte,
L'Homme en avoit sa part; et sa bourse en souffroit :
La pitance du Dieu n'en étoit pas moins forte.
A la fin, se fâchant de n'en obtenir rien,
Il vous prend un levier, met en pièces l'Idole,
Le trouve rempli d'or. « Quand je t'ai fait du bien,
M'as-tu valu, dit-il, seulement une obole?
Va, sors de mon logis, cherche d'autres autels
          Tu ressembles aux naturels
          Malheureux, grossiers et stupides :
On n'en peut rien tirer qu'avecque le bâton.
Plus je te remplissois, plus mes mains étoient vides :
          J'ai bien fait de changer de ton. »

IX

LE GEAI PARÉ DES PLUMES DU PAON

Un Paon muoit : un Geai prit son plumage;
      Puis après se l'accommoda;
Puis parmi d'autres Paons tout fier se panada,
      Croyant être un beau personnage.
Quelqu'un le reconnut : il se vit bafoué,
      Berné, sifflé, moqué, joué,
Et par Messieurs les Paons plumé d'étrange sorte;
Même vers ses pareils s'étant réfugié,
      Il fut par eux mis à la porte.

Il est assez de geais à deux pieds comme lui,
Qui se parent souvent des dépouilles d'autrui,
      Et que l'on nomme plagiaires.
Je m'en tais, et ne veux leur causer nul ennui :
      Ce ne sont pas là mes affaires.

X

LE CHAMEAU ET LES BATONS FLOTTANTS

      Le premier qui vit un Chameau
      S'enfuit à cet objet nouveau;
Le second approcha; le troisième osa faire
      Un licou pour le Dromadaire.
L'accoutumance ainsi nous rend tout familier :
Ce qui nous paroissoit terrible et singulier
      S'apprivoise avec notre vue
      Quand ce vient à la continue.

Et puisque nous voici tombés sur ce sujet,
   On avoit mis des gens au guèt,
Qui voyant sur les eaux de loin certain objet,
   Ne purent s'empêcher de dire
   Que c'étoit un puissant navire.
Quelques moments après, l'objet devint brûlot,
   Et puis nacelle, et puis ballot,
   Enfin bâtons flottants sur l'onde.

   J'en sais beaucoup de par le monde
   A qui ceci conviendroit bien :
De loin, c'est quelque chose; et de près, ce n'est rien.

      XI

   LA GRENOUILLE ET LE RAT

Tel, comme dit Merlin, cuide engeigner autrui,
   Qui souvent s'engeigne soi-même.
J'ai regret que ce mot soit trop vieux aujourd'hui :
Il m'a toujours semblé d'une énergie extrême.
Mais afin d'en venir au dessein que j'ai pris,
Un rat plein d'embonpoint, gras et des mieux nourris,
Et qui ne connoissoit l'avent ni le carême,
Sur le bord d'un marais égayoit ses esprits.
Une Grenouille approche, et lui dit en sa langue :
« Venez me voir chez moi; je vous ferai festin. »
   Messire Rat promit soudain :
Il n'étoit pas besoin de plus longue harangue.
Elle allégua pourtant les délices du bain,
La curiosité, le plaisir du voyage,
Cent raretés à voir le long du marécage :
Un jour il conteroit à ses petits-enfants
Les beautés de ces lieux, les mœurs des habitants,

Et le gouvernement de la chose publique
                    Aquatique.
Un point, sans plus, tenoit le galand empêché :
Il nageoit quelque peu, mais il falloit de l'aide.
La Grenouille à cela trouve un très-bon remède :
Le Rat fut à son pied par la patte attaché;
        Un brin de jonc en fit l'affaire.
Dans le marais entrés, notre bonne commère
S'efforce de tirer son hôte au fond de l'eau,
Contre le droit des gens, contre la foi jurée;
Prétend qu'elle en fera gorge-chaude et curée;
C'étoit, à son avis, un excellent morceau.
Déjà dans son esprit la galande le croque.
Il atteste les Dieux; la perfide s'en moque :
Il résiste; elle tire. En ce combat nouveau,
Un Milan, qui dans l'air planoit, faisoit la ronde,
Voit d'en haut le pauvret se débattant sur l'onde.
Il fond dessus, l'enlève, et par même moyen
                La Grenouille et le lien.
                Tout en fut : tant et si bien,
                Que de cette double proie
                L'oiseau se donne au cœur joie,
                Ayant de cette façon
                A souper chair et poisson.
                La ruse la mieux ourdie
                Peut nuire à son inventeur;
                Et souvent la perfidie
                Retourne sur son auteur.

XII

TRIBUT ENVOYÉ PAR LES ANIMAUX
A ALEXANDRE

Une fable avoit cours parmi l'antiquité,
    Et la raison ne m'en est pas connue.
Que le lecteur en tire une moralité;
      Voici la fable toute nue :

      La Renommée ayant dit en cent lieux
Qu'un fils de Jupiter, un certain Alexandre,
Ne voulant rien laisser de libre sous les cieux,
      Commandoit que, sans plus attendre,
      Tout peuple à ses pieds s'allât rendre,
Quadrupèdes, humains, éléphants, vermisseaux,
      Les républiques des oiseaux;
      La Déesse aux cent bouches, dis-je,
      Ayant mis partout la terreur
En publiant l'édit du nouvel empereur,
      Les Animaux, et toute espèce lige
De son seul appétit, crurent que cette fois
      Il falloit subir d'autres lois.
On s'assemble au désert : tous quittent leur tanière.
Après divers avis, on résout, on conclut
      D'envoyer hommage et tribut.
      Pour l'hommage et pour la manière,
Le Singe en fut chargé : l'on lui mit par écrit
      Ce que l'on vouloit qui fût dit.
      Le seul tribut les tint en peine :
      Car que donner? il falloit de l'argent.
      On en prit d'un prince obligeant,
      Qui possédant dans son domaine
Des mines d'or, fournit ce qu'on voulut.
Comme il fut question de porter ce tribut,

Le Mulet et l'Ane s'offrirent,
Assistés du Cheval ainsi que du Chameau.
Tous quatre en chemin ils se mirent,
Avec le Singe, ambassadeur nouveau.
La caravane enfin rencontre en un passage
Monseigneur le Lion : cela ne leur plut point.
« Nous nous rencontrons tout à point,
Dit-il; et nous voici compagnons de voyage.
J'allois offrir mon fait à part;
Mais bien qu'il soit léger, tout fardeau m'embarrasse.
Obligez-moi de me faire la grâce
Que d'en porter chacun un quart :
Ce ne vous sera pas une charge trop grande,
Et j'en serai plus libre et bien plus en état,
En cas que les voleurs attaquent notre bande,
Et que l'on en vienne au combat. »
Éconduire un Lion rarement se pratique.
Le voilà donc admis, soulagé, bien reçu,
Et malgré le héros de Jupiter issu,
Faisant chère et vivant sur la bourse publique.
Ils arrivèrent dans un pré
Tout bordé de ruisseaux, de fleurs tout diapré,
Où maint mouton cherchoit sa vie :
Séjour du frais, véritable patrie
Des Zéphirs. Le Lion n'y fut pas, qu'à ces gens
Il se plaignit d'être malade.
« Continuez votre ambassade, .
Dit-il; je sens un feu qui me brûle au dedans,
Et veux chercher ici quelque herbe salutaire.
Pour vous, ne perdez point de temps :
Rendez-moi mon argent; j'en puis avoir affaire. »
On déballe; et d'abord le Lion s'écria,
D'un ton qui témoignoit sa joie :
« Que de filles, ô Dieux, mes pièces de monnoie
Ont produites! Voyez : la plupart sont déjà
Aussi grandes que leurs mères.

Le croît m'en appartient. » Il prit tout là-dessus;
Ou bien s'il ne prit tout, il n'en demeura guères.
      Le Singe et les Sommiers confus,
Sans oser répliquer, en chemin se remirent.
Au fils de Jupiter on dit qu'ils se plaignirent,
      Et n'en eurent point de raison.
Qu'eût-il fait? C'eût été lion contre lion;
Et le proverbe dit : « Corsaires à corsaires,
L'un l'autre s'attaquant, ne font pas leurs affaires. »

XIII

LE CHEVAL S'ÉTANT VOULU VENGER
DU CERF

De tout temps les chevaux ne sont nés pour les hommes.
Lorsque le genre humain de gland se contentoit,
Ane, cheval, et mule, aux forêts habitoit;
Et l'on ne voyoit point, comme au siècle où nous sommes,
      Tant de selles et tant de bâts,
      Tant de harnois pour les combats,
      Tant de chaises, tant de carrosses;
      Comme aussi ne voyoit-on pas
      Tant de festins et tant de noces.
   Or un Cheval eut alors différend
      Avec un Cerf plein de vitesse;
   Et ne pouvant l'attraper en courant,
Il eut recours à l'Homme, implora son adresse.
L'Homme lui mit un frein, lui sauta sur le dos,
      Ne lui donna point de repos
Que le Cerf ne fût pris, et n'y laissât la vie;
      Et cela fait, le Cheval remercie
L'Homme son bienfaiteur, disant : « Je suis à vous;
Adieu : je m'en retourne en mon séjour sauvage.
— Non pas cela, dit l'Homme; il fait meilleur chez nous,

Je vois trop quel est votre usage.
Demeurez donc; vous serez bien traité,
Et jusqu'au ventre en la litière. »
Hélas! que sert la bonne chère
Quand on n'a pas la liberté?
Le Cheval s'aperçut qu'il avoit fait folie;
Mais il n'étoit plus temps; déjà son écurie
Étoit prête et toute bâtie.
Il y mourut en traînant son lien :
Sage, s'il eût remis une légère offense.

Quel que soit le plaisir que cause la vengeance,
C'est l'acheter trop cher que l'acheter d'un bien
Sans qui les autres ne sont rien.

XIV

LE RENARD ET LE BUSTE

Les grands, pour la plupart, sont masques de théâtre;
Leur apparence impose au vulgaire idolâtre.
L'Ane n'en sait juger que par ce qu'il en voit :
Le Renard, au contraire, à fond les examine,
Les tourne de tout sens; et quand il s'aperçoit
Que leur fait n'est que bonne mine,
Il leur applique un mot qu'un buste de héros
Lui fit dire fort à propos.
C'étoit un buste creux, et plus grand que nature.
Le Renard, en louant l'effort de la sculpture :
« Belle tête, dit-il; mais de cervelle point. »

Combien de grands seigneurs sont bustes en ce point!

XV

LE LOUP, LA CHÈVRE ET LE CHEVREAU

La Bique, allant remplir sa traînante mamelle,
      Et paître l'herbe nouvelle,
      Ferma sa porte au loquet,
      Non sans dire à son Biquet :
      « Gardez-vous, sur votre vie,
      D'ouvrir que l'on ne vous die,
      Pour enseigne et mot du guet :
      « Foin du Loup et de sa race! »
      Comme elle disoit ces mots,
      Le Loup de fortune passe;
      Il les recueille à propos,
      Et les garde en sa mémoire.
      La Bique, comme on peut croire,
      N'avoit pas vu le glouton.
Dès qu'il la voit partie, il contrefait son ton,
      Et d'une voix papelarde
Il demande qu'on ouvre, en disant : « Foin du Loup! »
      Et croyant entrer tout d'un coup.
Le Biquet soupçonneux par la fente regarde :
« Montrez-moi patte blanche, ou je n'ouvrirai point »,
S'écria-t-il d'abord. Patte blanche est un point
Chez les loups, comme on sait, rarement en usage.
Celui-ci, fort surpris d'entendre ce langage,
Comme il étoit venu s'en retourna chez soi.
Où seroit le Biquet, s'il eût ajouté foi
      Au mot du guet que de fortune
      Notre Loup avoit entendu?

      Deux sûretés valent mieux qu'une,
Et le trop en cela ne fut jamais perdu.

XVI

LE LOUP, LA MÈRE ET L'ENFANT

Ce Loup me remet en mémoire
Un de ses compagnons qui fut encor mieux pris :
Il y périt. Voici l'histoire :

Un villageois avoit à l'écart son logis.
Messer Loup attendoit chape-chute à la porte;
Il avoit vu sortir gibier de toute sorte,
Veaux de lait, agneaux et brebis,
Régiments de dindons, enfin bonne provende.
Le larron commençoit pourtant à s'ennuyer.
Il entend un Enfant crier :
La Mère aussitôt le gourmande,
Le menace s'il ne se tait,
De le donner au Loup. L'animal se tient prêt,
Remerciant les Dieux d'une telle aventure,
Quand la Mère, apaisant sa chère géniture,
Lui dit : « Ne criez point; s'il vient, nous le tuerons.
— Qu'est ceci? s'écria le mangeur de moutons :
Dire d'un, puis d'un autre! Est-ce ainsi que l'on traite
Les gens faits comme moi? me prend-on pour un sot?
Que quelque jour ce beau marmot
Vienne au bois cueillir la noisette! »
Comme il disoit ces mots, on sort de la maison :
Un chien de cour l'arrête; épieux et fourches-fières
L'ajustent de toutes manières.
« Que veniez-vous chercher en ce lieu? » lui dit-on.
Aussitôt il conta l'affaire.
« Merci de moi! lui dit la Mère;
Tu mangeras mon Fils! L'ai-je fait à dessein
Qu'il assouvisse un jour ta faim? »
On assomma la pauvre bête.

Un manant lui coupa le pied droit et la tête :
Le seigneur du village à sa porte les mit;
Et ce dicton picard à l'entour fut écrit :

     « Biaux chires Leups, n'écoutez mie
     Mère tenchent chen fieux qui crie. »

XVII

PAROLE DE SOCRATE

     Socrate un jour faisant bâtir,
     Chacun censuroit son ouvrage :
L'un trouvoit les dedans, pour ne lui point mentir,
     Indignes d'un tel personnage;
L'autre blâmoit la face, et tous étoient d'avis
Que les appartements en étoient trop petits.
Quelle maison pour lui! l'on y tournoit à peine.
     « Plût au ciel que de vrais amis,
Telle qu'elle est, dit-il, elle pût être pleine! »

     Le bon Socrate avoit raison
De trouver pour ceux-là trop grande sa maison.
Chacun se dit ami; mais fol qui s'y repose :
     Rien n'est plus commun que ce nom,
     Rien n'est plus rare que la chose.

XVIII

LE VIEILLARD ET SES ENFANTS

Toute puissance est foible, à moins que d'être unie :
Écoutez là-dessus l'esclave de Phrygie.

Si j'ajoute du mien à son invention,
C'est pour peindre nos mœurs, et non point par envie :
Je suis trop au-dessous de cette ambition.
Phèdre enchérit souvent par un motif de gloire;
Pour moi, de tels pensers me seroient malséants.
Mais venons à la fable, ou plutôt à l'histoire
De celui qui tâcha d'unir tous ses enfants.
Un Vieillard prêt d'aller où la mort l'appeloit :
« Mes chers Enfants, dit-il (à ses fils il parloit),
Voyez si vous romprez ces dards liés ensemble;
Je vous expliquerai le nœud qui les assemble. »
L'aîné les ayant pris, et fait tous ses efforts,
Les rendit, en disant : « Je le donne aux plus forts. »
Un second lui succède, et se met en posture,
Mais en vain. Un cadet tente aussi l'aventure.
Tous perdirent leur temps; le faisceau résista :
De ces dards joints ensemble un seul ne s'éclata.
« Foibles gens! dit le Père, il faut que je vous montre
Ce que ma force peut en semblable rencontre. »
On crut qu'il se moquoit; on sourit, mais à tort :
Il sépare les dards, et les rompt sans effort.
« Vous voyez, reprit-il, l'effet de la concorde :
Soyez joints, mes Enfants, que l'amour vous accorde. »
Tant que dura son mal, il n'eut autre discours.
Enfin se sentant prêt de terminer ses jours :
« Mes chers Enfants, dit-il, je vais où sont nos pères;
Adieu : promettez-moi de vivre comme frères;
Que j'obtienne de vous cette grâce en mourant. »
Chacun de ses trois fils l'en assure en pleurant.
Il prend à tous les mains; il meurt; et les trois frères
Trouvent un bien fort grand, mais fort mêlé d'affaires.
Un créancier saisit, un voisin fait procès :
D'abord notre trio s'en tire avec succès.
Leur amitié fut courte autant qu'elle étoit rare.
Le sang les avoit joints; l'intérêt les sépare :
L'ambition, l'envie, avec les consultants,

Dans la succession entrent en même temps.
On en vient au partage, on conteste, on chicane :
Le juge sur cent points tour à tour les condamne.
Créanciers et voisins reviennent aussitôt,
Ceux-là sur une erreur, ceux-ci sur un défaut.
Les frères désunis sont tous d'avis contraire :
L'un veut s'accommoder, l'autre n'en veut rien faire.
Tous perdirent leur bien, et voulurent trop tard
Profiter de ces dards unis et pris à part.

XIX

L'ORACLE ET L'IMPIE

Vouloir tromper le ciel, c'est folie à la terre.
Le dédale des cœurs en ses détours n'enserre
Rien qui ne soit d'abord éclairé par les Dieux :
Tout ce que l'homme fait, il le fait à leurs yeux,
Même les actions que dans l'ombre il croit faire.

Un Païen qui sentoit quelque peu le fagot,
Et qui croyoit en Dieu, pour user de ce mot,
        Par bénéfice d'inventaire,
        Alla consulter Apollon.
        Dès qu'il fut en son sanctuaire :
« Ce que je tiens, dit-il, est-il en vie ou non? »
        Il tenoit un moineau, dit-on,
        Prêt d'étouffer la pauvre bête,
        Ou de la lâcher aussitôt,
        Pour mettre Apollon en défaut.
Apollon reconnut ce qu'il avoit en tête :
« Mort ou vif, lui dit-il, montre-nous ton moineau,
        Et ne me tends plus de panneau :
Tu te trouverois mal d'un pareil stratagème.
        Je vois de loin, j'atteins de même. »

xx

L'AVARE QUI A PERDU SON TRÉSOR

L'usage seulement fait la possession.
Je demande à ces gens de qui la passion
Est d'entasser toujours, mettre somme sur somme,
Quel avantage ils ont que n'ait pas un autre homme.
Diogène là-bas est aussi riche qu'eux,
Et l'avare ici-haut comme lui vit en gueux.
L'homme au trésor caché qu'Ésope nous propose,
     Servira d'exemple à la chose.
        Ce malheureux attendoit,
Pour jouir de son bien, une seconde vie;
Ne possédoit pas l'or, mais l'or le possédoit.
Il avoit dans la terre une somme enfouie,
     Son cœur avec, n'ayant autre déduit
      Que d'y ruminer jour et nuit,
Et rendre sa chevance à lui-même sacrée.
Qu'il allât ou qu'il vînt, qu'il bût ou qu'il mangeât,
On l'eût pris de bien court, à moins qu'il ne songeât
A l'endroit où gisoit cette somme enterrée.
Il y fit tant de tours qu'un fossoyeur le vit,
Se douta du dépôt, l'enleva sans rien dire.
Notre Avare, un beau jour, ne trouva que le nid.
Voilà mon homme aux pleurs : il gémit, il soupire,
     Il se tourmente, il se déchire.
Un passant lui demande à quel sujet ses cris.
     « C'est mon trésor que l'on m'a pris.
— Votre trésor? où pris? — Tout joignant cette pierre.
     — Eh! sommes-nous en temps de guerre,
Pour l'apporter si loin? N'eussiez-vous pas mieux fait

De le laisser chez vous en votre cabinet,
        Que de le changer de demeure?
Vous auriez pu sans peine y puiser à toute heure.
— A toute heure, bons Dieux! ne tient-il qu'à cela?
        L'argent vient-il comme il s'en va?
Je n'y touchois jamais. — Dites-moi donc, de grâce,
Reprit l'autre, pourquoi vous vous affligez tant,
Puisque vous ne touchiez jamais à cet argent :
        Mettez une pierre à la place,
        Elle vous vaudra tout autant. »

                        XXI

                L'ŒIL DU MAÎTRE

Un Cerf, s'étant sauvé dans une étable à Bœufs,
        Fut d'abord averti par eux
        Qu'il cherchât un meilleur asile.
« Mes frères, leur dit-il, ne me décelez pas :
Je vous enseignerai les pâtis les plus gras;
Ce service vous peut quelque jour être utile,
        Et vous n'en aurez point regret. »
Les Bœufs, à toutes fins, promirent le secret.
Il se cache en un coin, respire, et prend courage.
Sur le soir on apporte herbe fraîche et fourrage,
        Comme l'on faisoit tous les jours :
    L'on va, l'on vient, les valets font cent tours,
    L'intendant même; et pas un, d'aventure,
        N'aperçut ni corps, ni ramure,
        Ni Cerf enfin. L'habitant des forêts
Rend déjà grâce aux Bœufs, attend dans cette étable
Que chacun retournant au travail de Cérès,
Il trouve pour sortir un moment favorable.
L'un des Bœufs ruminant lui dit : « Cela va bien;

Mais quoi? l'homme aux cent yeux n'a pas fait sa revue.
  Je crains fort pour toi sa venue;
Jusque-là, pauvre Cerf, ne te vante de rien. »
Là-dessus le Maître entre, et vient faire sa ronde.
  « Qu'est-ce-ci? dit-il à son monde.
Je trouve bien peu d'herbe en tous ces râteliers;
Cette litière est vieille : allez vite aux greniers;
Je veux voir désormais vos bêtes mieux soignées.
Que coûte-t-il d'ôter toutes ces araignées?
Ne sauroit-on ranger ces jougs et ces colliers? »
En regardant à tout, il voit une autre tête
Que celles qu'il voyoit d'ordinaire en ce lieu.
Le Cerf est reconnu : chacun prend un épieu;
  Chacun donne un coup à la bête.
Ses larmes ne sauroient la sauver du trépas.
On l'emporte, on la sale, on en fait maint repas,
  Dont maint voisin s'éjouit d'être.

Phèdre sur ce sujet dit fort élégamment :
  Il n'est, pour voir, que l'œil du maître.
Quant à moi, j'y mettrois encor l'œil de l'amant.

XXII

L'ALOUETTE ET SES PETITS, AVEC LE MAÎTRE D'UN CHAMP

Ne t'attends qu'à toi seul : c'est un commun proverbe.
  Voici comme Ésope le mit
    En crédit :

  Les alouettes font leur nid
  Dans les blés, quand ils sont en herbe,
  C'est-à-dire environ le temps

Que tout aime et que tout pullule dans le monde,
    Monstres marins au fond de l'onde,
Tigres dans les forêts, alouettes aux champs.
    Une pourtant de ces dernières
Avoit laissé passer la moitié d'un printemps
Sans goûter le plaisir des amours printanières.
A toute force enfin elle se résolut
D'imiter la nature, et d'être mère encore.
Elle bâtit un nid, pond, couve, et fait éclore,
A la hâte : le tout alla du mieux qu'il put.
Les blés d'alentour mûrs avant que la nitée
    Se trouvât assez forte encor
    Pour voler et prendre l'essor,
De mille soins divers l'Alouette agitée
S'en va chercher pâture, avertit ses enfants
D'être toujours au guet et faire sentinelle.
    « Si le possesseur de ces champs
Vient avecque son fils, comme il viendra, dit-elle,
    Écoutez bien : selon ce qu'il dira,
    Chacun de nous décampera. »
Sitôt que l'Alouette eut quitté sa famille,
Le possesseur du champ vient avecque son fils.
« Ces blés sont mûrs, dit-il : allez chez nos amis
Les prier que chacun, apportant sa faucille,
Nous vienne aider demain dès la pointe du jour. »
    Notre Alouette de retour
    Trouve en alarme sa couvée.
L'un commence : « Il a dit que, l'aurore levée,
L'on fît venir demain ses amis pour l'aider.
— S'il n'a dit que, cela, repartit l'Alouette,
Rien ne nous presse encor de changer de retraite,
Mais c'est demain qu'il faut tout de bon écouter.
Cependant soyez gais; voilà de quoi manger. »
Eux repus, tout s'endort, les petits et la mère.
L'aube du jour arrive, et d'amis point du tout.
L'Alouette à l'essor, le Maître s'en vient faire

Sa ronde ainsi qu'à l'ordinaire.
« Ces blés ne devroient pas, dit-il, être debout.
Nos amis ont grand tort, et tort qui se repose
Sur de tels paresseux, à servir ainsi lents.
    Mon fils, allez chez nos parents
    Les prier de la même chose. »
L'épouvante est au nid plus forte que jamais.
« Il a dit ses parents, mère, c'est à cette heure...
    — Non, mes enfants; dormez en paix :
    Ne bougeons de notre demeure. »
L'Alouette eut raison; car personne ne vint.
Pour la troisième fois, le Maître se souvint
De visiter ses blés. « Notre erreur est extrême,
Dit-il, de nous attendre à d'autres gens que nous.
Il n'est meilleur ami ni parent que soi-même.
Retenez bien cela, mon fils. Et savez-vous
Ce qu'il faut faire? Il faut qu'avec notre famille
Nous prenions dès demain chacun une faucille :
C'est là notre plus court; et nous achèverons
    Notre moisson quand nous pourrons. »
Dès lors que ce dessein fut su de l'Alouette :
« C'est ce coup qu'il est bon de partir, mes enfants. »
    Et les petits, en même temps,
    Voletants, se culebutants,
    Délogèrent tous sans trompette.

LIVRE CINQUIÈME

I

LE BUCHERON ET MERCURE

A. M. L. C. D. B.

Votre goût a servi de règle à mon ouvrage :
J'ai tenté les moyens d'acquérir son suffrage.
Vous voulez qu'on évite un soin trop curieux,
Et des vains ornements l'effort ambitieux;
Je le veux comme vous : cet effort ne peut plaire.
Un auteur gâte tout quand il veut trop bien faire.
Non qu'il faille bannir certains traits délicats :
Vous les aimez, ces traits; et je ne les hais pas.
Quant au principal but qu'Ésope se propose,
        J'y tombe au moins mal que je puis.
Enfin, si dans ces vers je ne plais et n'instruis,
 Il ne tient pas à moi; c'est toujours quelque chose.
            Comme la force est un point
            Dont je ne me pique point,
Je tâche d'y tourner le vice en ridicule,
Ne pouvant l'attaquer avec des bras d'Hercule.
C'est là tout mon talent; je ne sais s'il suffit.
        Tantôt je peins en un récit
La sotte vanité jointe avecque l'envie,
Deux pivots sur qui roule aujourd'hui notre vie :
        Tel est ce chétif animal
Qui voulut en grosseur au Bœuf se rendre égal.
J'oppose quelquefois, par une double image,

Le vice à la vertu, la sottise au bon sens,
　　　Les Agneaux aux Loups ravissants,
La Mouche à la Fourmi; faisant de cet ouvrage
Une ample comédie à cent actes divers,
　　　Et dont la scène est l'Univers.
Hommes, dieux, animaux, tout y fait quelque rôle,
Jupiter comme un autre. Introduisons celui
Qui porte de sa part aux Belles la parole :
Ce n'est pas de cela qu'il s'agit aujourd'hui.

　　Un Bûcheron perdit son gagne-pain,
　　C'est sa cognée; et la cherchant en vain,
　　Ce fut pitié là-dessus de l'entendre.
　　Il n'avoit pas des outils à revendre :
　　Sur celui-ci rouloit tout son avoir.
　　Ne sachant donc où mettre son espoir,
　　Sa face étoit de pleurs toute baignée :
　　« O ma cognée! ô ma pauvre cognée!
　　S'écrioit-il : Jupiter, rends-la-moi;
　　Je tiendrai l'être encore un coup de toi. »
　　Sa plainte fut de l'Olympe entendue.
　　Mercure vient. « Elle n'est pas perdue,
　　Lui dit ce dieu; la connoîtras-tu bien?
　　Je crois l'avoir près d'ici rencontrée. »
　　Lors une d'or à l'homme étant montrée,
　　Il répondit : « Je n'y demande rien. »
　　Une d'argent succède à la première,
　　Il la refuse; enfin une de bois :
　　« Voilà, dit-il, la mienne cette fois;
　　Je suis content si j'ai cette dernière.
　　— Tu les auras, dit le Dieu, toutes trois :
　　Ta bonne foi sera récompensée.
　　— En ce cas-là je les prendrai », dit-il.
　　L'histoire en est aussitôt dispersée;
　　Et boquillons de perdre leur outil,
　　Et de crier pour se le faire rendre.

Le roi des Dieux ne sait auquel entendre.
Son fils Mercure aux criards vient encor;
A chacun d'eux il en montre une d'or.
Chacun eût cru passer pour une bête
De ne pas dire aussitôt : « La voilà! »
Mercure, au lieu de donner celle-là,
Leur en décharge un grand coup sur la tête.

Ne point mentir, être content du sien,
C'est le plus sûr : cependant on s'occupe
A dire faux pour attraper du bien.
Que sert cela? Jupiter n'est pas dupe.

II

LE POT DE TERRE ET LE POT DE FER

Le Pot de fer proposa
Au Pot de terre un voyage.
Celui-ci s'en excusa,
Disant qu'il feroit que sage
De garder le coin du feu;
Car il lui falloit si peu,
Si peu, que la moindre chose
De son débris seroit cause :
Il n'en reviendroit morceau.
« Pour vous, dit-il, dont la peau
Est plus dure que la mienne,
Je ne vois rien qui vous tienne.
— Nous vous mettrons à couvert,
Repartit le Pot de fer :
Si quelque matière dure
Vous menace d'aventure,
Entre deux je passerai,

Et du coup vous sauverai. »
Cette offre le persuade.
Pot de fer son camarade
Se met droit à ses côtés.
Mes gens s'en vont à trois pieds,
Clopin-clopant comme ils peuvent,
L'un contre l'autre jetés
Au moindre hoquet qu'ils treuvent.
Le Pot de terre en souffre; il n'eut pas fait cent pas
Que par son compagnon il fut mis en éclats,
Sans qu'il eût lieu de se plaindre.

Ne nous associons qu'avecque nos égaux,
Ou bien il nous faudra craindre
Le destin d'un de ces Pots.

III

LE PETIT POISSON ET LE PÊCHEUR

Petit poisson deviendra grand,
Pourvu que Dieu lui prête vie;
Mais le lâcher en attendant,
Je tiens pour moi que c'est folie :
Car de le rattraper il n'est pas trop certain.

Un Carpeau, qui n'étoit encore que fretin,
Fut pris par un pêcheur au bord d'une rivière.
« Tout fait nombre, dit l'homme en voyant son butin :
Voilà commencement de chère et de festin :
Mettons-le en notre gibecière. »
Le pauvre Carpillon lui dit en sa manière :
« Que ferez-vous de moi? je ne saurois fournir
Au plus qu'une demi-bouchée.
Laissez-moi carpe devenir :

Je serai par vous repêchée;
Quelque gros partisan m'achètera bien cher :
Au lieu qu'il vous en faut chercher
Peut-être encor cent de ma taille
Pour faire un plat : quel plat? croyez-moi, rien qui vaille.
— Rien qui vaille? Eh bien! soit, repartit le Pêcheur :
Poisson, mon bel ami, qui faites le prêcheur,
Vous irez dans la poêle; et vous avez beau dire,
Dès ce soir on vous fera frire. »

Un Tiens vaut, ce dit-on, mieux que deux Tu l'auras :
L'un est sûr, l'autre ne l'est pas.

IV

LES OREILLES DU LIÈVRE

Un animal cornu blessa de quelques coups
Le Lion, qui plein de courroux,
Pour ne plus tomber en la peine,
Bannit des lieux de son domaine
Toute bête portant des cornes à son front.
Chèvres, Béliers, Taureaux aussitôt délogèrent;
Daims et Cerfs de climat changèrent :
Chacun à s'en aller fut prompt.
Un Lièvre, apercevant l'ombre de ses oreilles,
Craignit que quelque inquisiteur
N'allât interpréter à cornes leur longueur,
Ne les soutînt en tout à des cornes pareilles.
« Adieu, voisin Grillon, dit-il; je pars d'ici :
Mes oreilles enfin seroient cornes aussi;
Et quand je les aurois plus courtes qu'une autruche,
Je craindrois même encor. » Le Grillon repartit :
« Cornes cela? Vous me prenez pour cruche;
Ce sont oreilles que Dieu fit.

— On les fera passer pour cornes,
Dit l'animal craintif, et cornes de licornes.
J'aurai beau protester; mon dire et mes raisons
Iront aux Petites-Maisons. »

v

LE RENARD AYANT LA QUEUE COUPÉE

Un vieux Renard, mais des plus fins,
Grand croqueur de poulets, grand preneur de lapins,
Sentant son renard d'une lieue,
Fut enfin au piége attrapé.
Par grand hasard en étant échappé,
Non pas franc, car pour gage il y laissa sa queue;
S'étant, dis-je, sauvé sans queue, et tout honteux,
Pour avoir des pareils (comme il étoit habile),
Un jour que les Renards tenoient conseil entre eux :
« Que faisons-nous, dit-il, de ce poids inutile,
Et qui va balayant tous les sentiers fangeux?
Que nous sert cette queue? Il faut qu'on se la coupe :
Si l'on me croit, chacun s'y résoudra.
— Votre avis est fort bon, dit quelqu'un de la troupe;
Mais tournez-vous, de grâce, et l'on vous répondra. »
A ces mots il se fit une telle huée,
Que le pauvre écourté ne put être entendu.
Prétendre ôter la queue eût été temps perdu :
La mode en fut continuée.

VI

LA VIEILLE ET LES DEUX SERVANTES

Il étoit une Vieille ayant deux chambrières :
Elles filoient si bien que les sœurs filandières
Ne faisoient que brouiller au prix de celles-ci.
La Vieille n'avoit point de plus pressant souci
Que de distribuer aux Servantes leur tâche.
Dès que Téthys chassoit Phébus aux crins dorés,
Tourets entroient en jeu, fuseaux étoient tirés;
     Deçà, delà, vous en aurez :
     Point de cesse, point de relâche.
Dès que l'Aurore, dis-je, en son char remontoit,
Un misérable Coq à point nommé chantoit;
Aussitôt notre Vieille, encor plus misérable,
S'affubloit d'un jupon crasseux et détestable,
Allumoit une lampe, et couroit droit au lit
Où, de tout leur pouvoir, de tout leur appétit,
     Dormoient les deux pauvres Servantes.
L'une entr'ouvroit un œil, l'autre étendoit un bras;
     Et toutes deux, très-malcontentes,
Disoient entre leurs dents : « Maudit Coq, tu mourras. »
Comme elles l'avoient dit, la bête fut grippée :
Le réveille-matin eut la gorge coupée.
Ce meurtre n'amenda nullement leur marché :
Notre couple, au contraire, à peine étoit couché,
Que la Vieille, craignant de laisser passer l'heure,
Couroit comme un lutin par toute sa demeure.
     C'est ainsi que le plus souvent,
Quand on pense sortir d'une mauvaise affaire,
     On s'enfonce encor plus avant :
     Témoin ce couple et son salaire.
La Vieille, au lieu du Coq, les fit tomber par là
     De Charybde en Scylla.

VII

LE SATYRE ET LE PASSANT

Au fond d'un antre sauvage
Un Satyre et ses enfants
Alloient manger leur potage,
Et prendre l'écuelle aux dents.

On les eût vus sur la mousse,
Lui, sa femme, et maint petit :
Ils n'avoient tapis ni housse,
Mais tous fort bon appétit.

Pour se sauver de la pluie,
Entre un Passant morfondu.
Au brouet on le convie :
Il n'étoit pas attendu.

Son hôte n'eut pas la peine
De le semondre deux fois.
D'abord avec son haleine
Il se réchauffe les doigts.

Puis sur le mets qu'on lui donne,
Délicat, il souffle aussi.
Le Satyre s'en étonne :
« Notre hôte, à quoi bon ceci?

— L'un refroidit mon potage;
L'autre réchauffe ma main.
— Vous pouvez, dit le Sauvage,
Reprendre votre chemin.

Ne plaise aux Dieux que je couche
Avec vous sous même toit!
Arrière ceux dont la bouche
Souffle le chaud et le froid! »

VIII

LE CHEVAL ET LE LOUP

Un certain Loup, dans la saison
Que les tièdes zéphyrs ont l'herbe rajeunie,
Et que les animaux quittent tous la maison
Pour s'en aller chercher leur vie :
Un Loup, dis-je, au sortir des rigueurs de l'hiver,
Aperçut un Cheval qu'on avoit mis au vert.
Je laisse à penser quelle joie.
« Bonne chasse, dit-il, qui l'auroit à son croc!
Eh! que n'es-tu mouton! car tu me serois hoc,
Au lieu qu'il faut ruser pour avoir cette proie.
Rusons donc. » Ainsi dit, il vient à pas comptés;
Se dit écolier d'Hippocrate;
Qu'il connoît les vertus et les propriétés
De tous les simples de ces prés;
Qu'il sait guérir, sans qu'il se flatte,
Toutes sortes de maux. Si dom Coursier vouloit
Ne point celer sa maladie,
Lui Loup gratis le gufériroit;
Car le voir en cette prairie
Paître ainsi, sans être lié,
Témoignoit quelque mal, selon la médecine.
« J'ai, dit la bête chevaline,
Une apostume sous le pied.
— Mon fils, dit le docteur, il n'est point de partie
Susceptible de tant de maux.

J'ai l'honneur de servir Nosseigneurs les Chevaux,
  Et fais aussi la chirurgie. »
Mon galand ne songeoit qu'à bien prendre son temps,
  Afin de happer son malade.
L'autre, qui s'en doutoit, lui lâche une ruade,
  Qui vous lui met en marmelade
  Les mandibules et les dents.
« C'est bien fait, dit le Loup en soi-même fort triste;
Chacun à son métier doit toujours s'attacher.
  Tu veux faire ici l'arboriste,
  Et ne fus jamais que boucher. »

IX

LE LABOUREUR ET SES ENFANTS

  Travaillez, prenez de la peine :
  C'est le fonds qui manque le moins.

Un riche Laboureur, sentant sa mort prochaine,
Fit venir ses Enfants, leur parla sans témoins.
« Gardez-vous, leur dit-il, de vendre l'héritage
  Que nous ont laissé nos parents :
  Un trésor est caché dedans.
Je ne sais pas l'endroit; mais un peu de courage
Vous le fera trouver : vous en viendrez à bout.
Remuez votre champ dès qu'on aura fait l'oût :
Creusez, fouillez, bêchez; ne laissez nulle place
  Où la main ne passe et repasse. »
Le Père mort, les Fils vous retournent le champ,
Deçà, delà, partout : si bien qu'au bout de l'an
  Il en rapporta davantage.
D'argent, point de caché. Mais le père fut sage
  De leur montrer, avant sa mort,
  Que le travail est un trésor.

X

LA MONTAGNE QUI ACCOUCHE

Une Montagne en mal d'enfant
Jetoit une clameur si haute,
Que chacun, au bruit accourant,
Crut qu'elle accoucheroit sans faute
D'une cité plus grosse que Paris :
Elle accoucha d'une Souris.
    Quand je songe à cette fable,
    Dont le récit est menteur
    Et le sens est véritable,
    Je me figure un auteur
Qui dit : « Je chanterai la guerre
Que firent les Titans au maître du tonnerre. »
C'est promettre beaucoup : mais qu'en sort-il souvent?
            Du vent.

XI

LA FORTUNE ET LE JEUNE ENFANT

Sur le bord d'un puits très-profond
Dormoit, étendu de son long,
Un Enfant alors dans ses classes.
Tout est aux écoliers couchette et matelas.
Un honnête homme, en pareil cas,
Auroit fait un saut de vingt brasses.
Près de là tout heureusement
La Fortune passa, l'éveilla doucement,

Lui disant : « Mon mignon, je vous sauve la vie;
Soyez une autre fois plus sage, je vous prie.
Si vous fussiez tombé, l'on s'en fût pris à moi;
     Cependant c'étoit votre faute.
     Je vous demande, en bonne foi,
     Si cette imprudence si haute
Provient de mon caprice. » Elle part à ces mots.

     Pour moi, j'approuve son propos.
     Il n'arrive rien dans le monde
     Qu'il ne faille qu'elle en réponde :
     Nous la faisons de tous écots;
Elle est prise à garant de toutes aventures.
Est-on sot, étourdi, prend-on mal ses mesures;
On pense en être quitte en accusant son sort :
     Bref, la Fortune a toujours tort.

             XII

LES MÉDECINS

Le médecin Tant-pis alloit voir un malade
Que visitoit aussi son confrère Tant-mieux.
Ce dernier espéroit, quoique son camarade
Soutînt que le gisant iroit voir ses aïeux.
Tous deux s'étant trouvés différents pour la cure,
Leur malade paya le tribut à nature,
Après qu'en ses conseils Tant-pis eut été cru.
Ils triomphoient encor sur cette maladie.
L'un disoit : « Il est mort; je l'avois bien prévu.
— S'il m'eût cru, disoit l'autre, il seroit plein de vie. »

XIII

LA POULE AUX ŒUFS D'OR

L'avarice perd tout en voulant tout gagner.
    Je ne veux, pour le témoigner,
Que celui dont la Poule, à ce que dit la fable,
    Pondoit tous les jours un œuf d'or.
Il crut que dans son corps elle avoit un trésor :
Il la tua, l'ouvrit, et la trouva semblable
A celles dont les œufs ne lui rapportoient rien,
S'étant lui-même ôté le plus beau de son bien.

    Belle leçon pour les gens chiches!
Pendant ces derniers temps, combien en a-t-on vus
Qui du soir au matin sont pauvres devenus,
    Pour vouloir trop tôt être riches!

XIV

L'ANE PORTANT DES RELIQUES

    Un Baudet chargé de reliques
    S'imagina qu'on l'adoroit :
    Dans ce penser il se carroit,
Recevant comme siens l'encens et les cantiques.
    Quelqu'un vit l'erreur, et lui dit :
    « Maître Baudet, ôtez-vous de l'esprit
    Une vanité si folle.
    Ce n'est pas vous, c'est l'idole,

A qui cet honneur se rend,
Et que la gloire en est due. »

D'un magistrat ignorant
C'est la robe qu'on salue.

XV

LE CERF ET LA VIGNE

Un Cerf, à la faveur d'une vigne fort haute,
Et telle qu'on en voit en de certains climats,
S'étant mis à couvert et sauvé du trépas,
Les veneurs, pour ce coup, croyoient leurs chiens en
[faute;
Ils les rappellent donc. Le Cerf, hors de danger,
Broute sa bienfaitrice : ingratitude extrême!
On l'entend, on retourne, on le fait déloger :
　　Il vient mourir en ce lieu même.
« J'ai mérité, dit-il, ce juste châtiment :
Profitez-en, ingrats. » Il tombe en ce moment.
La meute en fait curée : il lui fut inutile
De pleurer aux veneurs à sa mort arrivés.

Vraie image de ceux qui profanent l'asile
　　　　Qui les a conservés.

XVI

LE SERPENT ET LA LIME

On conte qu'un Serpent, voisin d'un Horloger
(C'étoit pour l'Horloger un mauvais voisinage),
Entra dans sa boutique, et cherchant à manger,
　　N'y rencontra pour tout potage

Qu'une Lime d'acier, qu'il se mit à ronger.
Cette Lime lui dit, sans se mettre en colère :
« Pauvre ignorant! et que prétends-tu faire?
    Tu te prends à plus dur que toi.
    Petit Serpent à tête folle,
    Plutôt que d'emporter de moi
    Seulement le quart d'une obole,
    Tu te romprois toutes les dents.
    Je ne crains que celles du temps. »

Ceci s'adresse à vous, esprits du dernier ordre,
Qui, n'étant bons à rien, cherchez sur tout à mordre.
    Vous vous tourmentez vainement.
Croyez-vous que vos dents impriment leurs outrages
      Sur tant de beaux ouvrages?
Ils sont pour vous d'airain, d'acier, de diamant.

XVII

LE LIÈVRE ET LA PERDRIX

Il ne se faut jamais moquer des misérables :
Car qui peut s'assurer d'être toujours heureux?
    Le sage Ésope dans ses fables
    Nous en donne un exemple ou deux.
    Celui qu'en ces vers je propose,
    Et les siens, ce sont même chose.

Le Lièvre et la Perdrix, concitoyens d'un champ,
Vivoient dans un état, ce semble, assez tranquille,
    Quand une meute s'approchant
Oblige le premier à chercher un asile :
Il s'enfuit dans son fort, met les chiens en défaut,
    Sans même en excepter Brifaut.
    Enfin il se trahit lui-même

Par les esprits sortants de son corps échauffé.
Miraut, sur leur odeur ayant philosophé,
Conclut que c'est son Lièvre, et d'une ardeur extrême
Il le pousse; et Rustaut, qui n'a jamais menti,
  Dit que le Lièvre est reparti.
Le pauvre malheureux vient mourir à son gîte.
  La Perdrix le raille, et lui dit :
  « Tu te vantois d'être si vite!
Qu'as-tu fait de tes pieds? » Au moment qu'elle rit,
Son tour vient; on la trouve. Elle croit que ses ailes
La sauront garantir à toute extrémité;
  Mais la pauvrette avoit compté
  Sans l'autour aux serres cruelles.

XVIII

L'AIGLE ET LE HIBOU

L'Aigle et le Chat-huant leurs querelles cessèrent,
  Et firent tant qu'ils s'embrassèrent.
L'un jura foi de roi, l'autre foi de hibou,
Qu'ils ne se goberoient leurs petits peu ni prou.
« Connoissez-vous les miens? dit l'oiseau de Minerve.
— Non, dit l'Aigle. — Tant pis, reprit le triste Oiseau :
  Je crains en ce cas pour leur peau :
  C'est hasard si je les conserve.
Comme vous êtes roi, vous ne considérez
Qui ni quoi : rois et dieux mettent, quoi qu'on leur die,
  Tout en même catégorie.
Adieu mes nourrissons, si vous les rencontrez.
— Peignez-les-moi, dit l'Aigle, ou bien me les montrez;
  Je n'y toucherai de ma vie. »
Le Hibou repartit : « Mes petits sont mignons,
Beaux, bien faits, et jolis sur tous leurs compagnons :

Vous les reconnoîtrez sans peine à cette marque.
N'allez pas l'oublier; retenez-la si bien
  Que chez moi la maudite Parque
  N'entre point par votre moyen. »
Il avint qu'au Hibou Dieu donna géniture :
De façon qu'un beau soir qu'il étoit en pâture,
  Notre Aigle aperçut d'aventure,
  Dans les coins d'une roche dure,
  Ou dans les trous d'une masure
  (Je ne sais pas lequel des deux),
  De petits monstres fort hideux,
Rechignés, un air triste, une voix de Mégère.
« Ces enfants ne sont pas, dit l'Aigle, à notre ami.
Croquons-les. » Le galand n'en fit pas à demi :
Ses repas ne sont point repas à la légère.
Le Hibou, de retour, ne trouve que les pieds
De ses chers nourrissons, hélas! pour toute chose.
Il se plaint; et les Dieux sont par lui suppliés
De punir le brigand qui de son deuil est cause.
Quelqu'un lui dit alors : « N'en accuse que toi,
  Ou plutôt la commune loi
  Qui veut qu'on trouve son semblable
  Beau, bien fait, et sur tous aimable.
Tu fis de tes enfants à l'Aigle ce portrait :
  En avoient-ils le moindre trait? »

      XIX

LE LION S'EN ALLANT EN GUERRE

Le Lion dans sa tête avoit une entreprise :
Il tint conseil de guerre, envoya ses prévôts,
  Fit avertir les animaux.
Tous furent du dessein, chacun selon sa guise :

     L'Éléphant devoit sur son dos
     Porter l'attirail nécessaire,
     Et combattre à son ordinaire;
     L'Ours, s'apprêter pour les assauts;
Le Renard, ménager de secrètes pratiques;
Et le Singe, amuser l'ennemi par ses tours.
« Renvoyez, dit quelqu'un, les Anes, qui sont lourds,
Et les Lièvres, sujets à des terreurs paniques.
— Point du tout, dit le Roi; je les veux employer :
Notre troupe sans eux ne seroit pas complète.
L'Ane effraiera les gens, nous servant de trompette;
Et le Lièvre pourra nous servir de courrier. »

     Le monarque prudent et sage
De ses moindres sujets sait tirer quelque usage,
     Et connoît les divers talents.
Il n'est rien d'inutile aux personnes de sens.

             XX

L'OURS ET LES DEUX COMPAGNONS

     Deux Compagnons, pressés d'argent,
     A leur voisin fourreur vendirent
     La peau d'un Ours encor vivant,
Mais qu'ils tueroient bientôt, du moins à ce qu'ils dirent.
C'étoit le roi des ours au compte de ces gens.
Le marchand à sa peau devoit faire fortune;
Elle garantiroit des froids les plus cuisants :
On en pourroit fourrer plutôt deux robes qu'une.
Dindenaut prisoit moins ses moutons qu'eux leur Ours :
Leur, à leur compte, et non à celui de la bête.
S'offrant de la livrer au plus tard dans deux jours,
Ils conviennent de prix, et se mettent en quête,

Trouvent l'Ours qui s'avance et vient vers eux au trot.
Voilà mes gens frappés comme d'un coup de foudre.
Le marché ne tint pas; il fallut le résoudre :
D'intérêts contre l'Ours, on n'en dit pas un mot.
L'un des deux Compagnons grimpe au faîte d'un arbre;
      L'autre, plus froid que n'est un marbre,
Se couche sur le nez, fait le mort, tient son vent,
      Ayant quelque part ouï dire
      Que l'ours s'acharne peu souvent
Sur un corps qui ne vit, ne meut, ni ne respire.
Seigneur Ours, comme un sot, donna dans ce panneau :
Il voit ce corps gisant, le croit privé de vie;
      Et de peur de supercherie,
Le tourne, le retourne, approche son museau,
      Flaire aux passages de l'haleine.
« C'est, dit-il, un cadavre; ôtons-nous, car il sent. »
A ces mots, l'Ours s'en va dans la forêt prochaine.
L'un de nos deux marchands de son arbre descend,
Court à son compagnon, lui dit que c'est merveille
Qu'il n'ait eu seulement que la peur pour tout mal.
« Eh bien! ajouta-t-il, la peau de l'animal?
      Mais que t'a-t-il dit à l'oreille?
      Car il s'approchoit de bien près,
      Te retournant avec sa serre.
      — Il m'a dit qu'il ne faut jamais
Vendre la peau de l'ours qu'on ne l'ait mis par terre. »

XXI

L'ANE VÊTU DE LA PEAU DU LION

De la peau du Lion l'Ane s'étant vêtu,
    Étoit craint partout à la ronde;
    Et bien qu'animal sans vertu,
    Il faisoit trembler tout le monde.
Un petit bout d'oreille échappé par malheur
    Découvrit la fourbe et l'erreur :
    Martin fit alors son office.
Ceux qui ne savoient pas la ruse et la malice
    S'étonnoient de voir que Martin
    Chassât les lions au moulin.

    Force gens font du bruit en France,
Par qui cet apologue est rendu familier.
    Un équipage cavalier
    Fait les trois quarts de leur vaillance.

LIVRE SIXIÈME

I

LE PATRE ET LE LION

Les fables ne sont pas ce qu'elles semblent être;
Le plus simple animal nous y tient lieu de maître.
Une morale nue apporte de l'ennui :
Le conte fait passer le précepte avec lui.
En ces sortes de feinte il faut instruire et plaire,
Et conter pour conter me semble peu d'affaire.
C'est par cette raison qu'égayant leur esprit,
Nombre de gens fameux en ce genre ont écrit.
Tous ont fui l'ornement et le trop d'étendue :
On ne voit point chez eux de parole perdue.
Phèdre étoit si succinct qu'aucuns l'en ont blâmé;
Ésope en moins de mots s'est encore exprimé.
Mais sur tous certain Grec renchérit, et se pique
        D'une élégance laconique;
Il renferme toujours son conte en quatre vers :
Bien ou mal, je le laisse à juger aux experts.
Voyons-le avec Ésope en un sujet semblable :
L'un amène un chasseur, l'autre un pâtre, en sa fable.
J'ai suivi leur projet quant à l'événement,
Y cousant en chemin quelque trait seulement.
Voici comme à peu près Ésope le raconte :

Un Pâtre, à ses brebis trouvant quelque méconte,
Voulut à toute force attraper le larron.
Il s'en va près d'un antre, et tend à l'environ

Des lacs à prendre loups, soupçonnant cette engeance.
    « Avant que partir de ces lieux,
Si tu fais, disoit-il, ô monarque des Dieux,
Que le drôle à ces lacs se prenne en ma présence,
       Et que je goûte ce plaisir,
       Parmi vingt veaux je veux choisir
       Le plus gras, et t'en faire offrande. »
A ces mots, sort de l'antre un Lion grand et fort;
Le Pâtre se tapit, et dit, à demi mort :
« Que l'homme ne sait guère, hélas! ce qu'il demande!
Pour trouver le larron qui détruit mon troupeau
Et le voir en ces lacs pris avant que je parte,
O monarque des Dieux, je t'ai promis un veau :
Je te promets un bœuf si tu fais qu'il s'écarte. »

C'est ainsi que l'a dit le principal auteur :
    Passons à son imitateur.

II

LE LION ET LE CHASSEUR

    Un fanfaron, amateur de la chasse,
    Venant de perdre un chien de bonne race,
    Qu'il soupçonnoit dans le corps d'un Lion,
    Vit un berger : « Enseigne-moi, de grâce,
    De mon voleur, lui dit-il, la maison,
    Que de ce pas je me fasse raison. »
    Le Berger dit : « C'est vers cette montagne.
    En lui payant de tribut un mouton
    Par chaque mois, j'erre dans la campagne
    Comme il me plaît, et je suis en repos. »
    Dans le moment qu'ils tenoient ces propos,
    Le Lion sort, et vient d'un pas agile.
    Le fanfaron aussitôt d'esquiver :

« O Jupiter, montre-moi quelque asile,
S'écria-t-il, qui me puisse sauver ! »

    La vraie épreuve de courage
N'est que dans le danger que l'on touche du doigt :
Tel le cherchoit, dit-il, qui, changeant de langage,
    S'enfuit aussitôt qu'il le voit.

III

PHÉBUS ET BORÉE

Borée et le Soleil virent un voyageur
    Qui s'étoit muni par bonheur
Contre le mauvais temps. On entroit dans l'automne,
Quand la précaution aux voyageurs est bonne :
Il pleut, le soleil luit, et l'écharpe d'Iris
    Rend ceux qui sortent avertis
Qu'en ces mois le manteau leur est fort nécessaire;
Les Latins les nommoient douteux, pour cette affaire.
Notre homme s'étoit donc à la pluie attendu :
Bon manteau bien doublé, bonne étoffe bien forte.
« Celui-ci, dit le Vent, prétend avoir pourvu
A tous les accidents; mais il n'a pas prévu
    Que je saurai souffler de sorte
Qu'il n'est bouton qui tienne; il faudra, si je veux,
    Que le manteau s'en aille au diable.
L'ébattement pourroit nous en être agréable :
Vous plaît-il de l'avoir ? — Eh bien, gageons nous deux,
    Dit Phébus, sans tant de paroles,
A qui plus tôt aura dégarni les épaules
    Du Cavalier que nous voyons.
Commencez : je vous laisse obscurcir mes rayons. »
Il n'en fallut pas plus. Notre souffleur à gage

Se gorge de vapeurs, s'enfle comme un ballon,
      Fait un vacarme de démon,
Siffle, souffle, tempête, et brise, en son passage,
Maint toit qui n'en peut mais, fait périr maint bateau,
      Le tout au sujet d'un manteau.
Le Cavalier eut soin d'empêcher que l'orage
      Ne se pût engouffrer dedans;
Cela le préserva. Le Vent perdit son temps :
Plus il se tourmentoit, plus l'autre tenoit ferme;
Il eut beau faire agir le collet et les plis.
      Sitôt qu'il fut au bout du terme
      Qu'à la gageure on avoit mis,
      Le Soleil dissipe la nue,
Récrée, et puis pénètre enfin le Cavalier,
      Sous son balandras fait qu'il sue,
      Le contraint de s'en dépouiller :
Encor n'usa-t-il pas de toute sa puissance.
      Plus fait douceur que violence.

IV

JUPITER ET LE MÉTAYER

Jupiter eut jadis une ferme à donner.
Mercure en fit l'annonce, et gens se présentèrent,
      Firent des offres, écoutèrent :
      Ce ne fut pas sans bien tourner;
      L'un alléguoit que l'héritage
Étoit frayant et rude, et l'autre un autre si.
      Pendant qu'ils marchandoient ainsi,
Un d'eux, le plus hardi, mais non pas le plus sage,
Promit d'en rendre tant, pourvu que Jupiter
      Le laissât disposer de l'air,
      Lui donnât saison à sa guise,
Qu'il eût du chaud, du froid, du beau temps, de la bise,

Enfin du sec et du mouillé,
Aussitôt qu'il auroit bâillé.
Jupiter y consent. Contrat passé; notre homme
Tranche du roi des airs, pleut, vente, et fait en somme
Un climat pour lui seul : ses plus proches voisins
Ne s'en sentoient non plus que les Américains.
Ce fut leur avantage : ils eurent bonne année,
Pleine moisson, pleine vinée.
Monsieur le Receveur fut très-mal partagé.
L'an suivant, voilà tout changé :
Il ajuste d'une autre sorte
La température des cieux.
Son champ ne s'en trouve pas mieux;
Celui de ses voisins fructifie et rapporte.
Que fait-il? Il recourt au monarque des Dieux,
Il confesse son imprudence.
Jupiter en usa comme un maître fort doux.

Concluons que la Providence
Sait ce qu'il nous faut mieux que nous.

V

LE COCHET, LE CHAT ET LE SOURICEAU

Un Souriceau tout jeune, et qui n'avoit rien vu,
Fut presque pris au dépourvu.
Voici comme il conta l'aventure à sa mère :
« J'avois franchi les monts qui bornent cet État,
Et trottois comme un jeune rat
Qui cherche à se donner carrière,
Lorsque deux animaux m'ont arrêté les yeux :
L'un doux, bénin, et gracieux,
Et l'autre turbulent et plein d'inquiétude;
Il a la voix perçante et rude,

Sur la tête un morceau de chair,
Une sorte de bras dont il s'élève en l'air
　　Comme pour prendre sa volée,
　　La queue en panache étalée. »
Or c'étoit un Cochet dont notre Souriceau
　　Fit à sa mère le tableau,
Comme d'un animal venu de l'Amérique.
« Il se battoit, dit-il, les flancs avec ses bras,
　　Faisant tel bruit et tel fracas,
Que moi, qui, grâce aux Dieux, de courage me pique,
　　En ai pris la fuite de peur,
　　Le maudissant de très-bon cœur.
　　Sans lui j'aurois fait connoissance
Avec cet animal qui m'a semblé si doux :
　　Il est velouté comme nous,
Marqueté, longue queue, une humble contenance,
Un modeste regard, et pourtant l'œil luisant.
　　Je le crois fort sympathisant
Avec Messieurs les Rats; car il a des oreilles
　　En figure aux nôtres pareilles.
Je l'allois aborder, quand d'un son plein d'éclat
　　L'autre m'a fait prendre la fuite.
— Mon fils, dit la Souris, ce doucet est un Chat,
　　Qui, sous son minois hypocrite,
　　Contre toute ta parenté
　　D'un malin vouloir est porté.
　　L'autre animal, tout au contraire,
　　Bien éloigné de nous mal faire,
Servira quelque jour peut-être à nos repas.
Quant au Chat, c'est sur nous qu'il fonde sa cuisine.
　　Garde-toi, tant que tu vivras,
　　De juger des gens sur la mine. »

VI

LE RENARD, LE SINGE ET LES ANIMAUX

Les Animaux, au décès d'un Lion,
En son vivant prince de la contrée,
Pour faire un roi s'assemblèrent, dit-on.
De son étui la couronne est tirée :
Dans une chartre un dragon la gardoit.
Il se trouva que, sur tous essayée,
A pas un d'eux elle ne convenoit :
Plusieurs avoient la tête trop menue,
Aucuns trop grosse, aucuns même cornue.
Le Singe aussi fit l'épreuve en riant;
Et par plaisir la tiare essayant,
Il fit autour force grimaceries,
Tours de souplesse, et mille singeries,
Passa dedans ainsi qu'en un cerceau.
Aux Animaux cela sembla si beau,
Qu'il fut élu : chacun lui fit hommage.
Le Renard seul regretta son suffrage,
Sans toutefois montrer son sentiment.
Quand il eut fait son petit compliment,
Il dit au Roi : « Je sais, Sire, une cache,
Et ne crois pas qu'autre que moi la sache.
Or tout trésor, par droit de royauté,
Appartient, Sire, à Votre Majesté. »
Le nouveau roi bâille après la finance;
Lui-même y court pour n'être pas trompé.
C'étoit un piége : il y fut attrapé.
Le Renard dit, au nom de l'assistance :
« Prétendrois-tu nous gouverner encor,

Ne sachant pas te conduire toi-même? »
Il fut démis; et l'on tomba d'accord
Qu'à peu de gens convient le diadème.

VII

LE MULET SE VANTANT DE SA GÉNÉALOGIE

Le Mulet d'un prélat se piquoit de noblesse,
  Et ne parloit incessamment
  Que de sa mère la Jument,
  Dont il contoit mainte prouesse :
Elle avoit fait ceci, puis avoit été là.
  Son fils prétendoit pour cela
  Qu'on le dût mettre dans l'histoire.
Il eût cru s'abaisser servant un médecin.
Étant devenu vieux, on le mit au moulin :
Son père l'Ane alors lui revint en mémoire.
  Quand le malheur ne seroit bon
  Qu'à mettre un sot à la raison,
  Toujours seroit-ce à juste cause
  Qu'on le dît bon à quelque chose.

VIII

LE VIEILLARD ET L'ANE

Un Vieillard sur son Ane aperçut, en passant,
  Un pré plein d'herbe et fleurissant :
Il y lâche sa bête, et le Grison se rue
  Au travers de l'herbe menue,

Se vautrant, grattant, et frottant,
Gambadant, chantant, et broutant,
Et faisant mainte place nette.
L'ennemi vient sur l'entrefaite.
« Fuyons, dit alors le Vieillard.
— Pourquoi? répondit le paillard :
Me fera-t-on porter double bât, double charge?
— Non pas, dit le Vieillard, qui prit d'abord le large.
— Et que m'importe donc, dit l'Ane, à qui je sois?
Sauvez-vous, et me laissez paître.
Notre ennemi, c'est notre maître :
Je vous le dis en bon françois. »

IX

LE CERF SE VOYANT DANS L'EAU

Dans le cristal d'une fontaine
Un Cerf se mirant autrefois
Louoit la beauté de son bois,
Et ne pouvoit qu'avecque peine
Souffrir ses jambes de fuseaux,
Dont il voyoit l'objet se perdre dans les eaux.
« Quelle proportion de mes pieds à ma tête?
Disoit-il en voyant leur ombre avec douleur :
Des taillis les plus hauts mon front atteint le faîte;
Mes pieds ne me font point d'honneur. »
Tout en parlant de la sorte,
Un limier le fait partir.
Il tâche à se garantir;
Dans les forêts il s'emporte.
Son bois, dommageable ornement,
L'arrêtant à chaque moment,
Nuit à l'office que lui rendent

Ses pieds, de qui ses jours dépendent.
Il se dédit alors, et maudit les présents
      Que le Ciel lui fait tous les ans.

Nous faisons cas du beau, nous méprisons l'utile;
   'Et le beau souvent nous détruit.
Ce Cerf blâme ses pieds, qui le rendent agile;
      Il estime un bois qui lui nuit.

x

LE LIÈVRE ET LA TORTUE

Rien ne sert de courir; il faut partir à point :
Le Lièvre et la Tortue en sont un témoignage.
« Gageons, dit celle-ci, que vous n'atteindrez point
Sitôt que moi ce but. — Sitôt? Êtes-vous sage?
      Repartit l'animal léger :
      Ma commère, il vous faut purger
      Avec quatre grains d'ellébore.
      — Sage ou non, je parie encore. »
      Ainsi fut fait; et de tous deux
      On mit près du but les enjeux :
      Savoir quoi, ce n'est pas l'affaire,
      Ni de quel juge l'on convint.
Notre Lièvre n'avoit que quatre pas à faire,
J'entends de ceux qu'il fait lorsque, prêt d'être atteint,
Il s'éloigne des chiens, les renvoie aux calendes,
      Et leur fait arpenter les landes.
Ayant, dis-je, du temps de reste pour brouter,
      Pour dormir, et pour écouter
   D'où vient le vent, il laisse la Tortue
      Aller son train de sénateur.

Elle part, elle s'évertue,
Elle se hâte avec lenteur.
Lui cependant méprise une telle victoire,
Tient la gageure à peu de gloire,
Croit qu'il y va de son honneur
De partir tard. Il broute, il se repose,
Il s'amuse à toute autre chose
Qu'à la gageure. A la fin, quand il vit
Que l'autre touchoit presque au bout de la carrière,
Il partit comme un trait; mais les élans qu'il fit
Furent vains : la Tortue arriva la première.
« Eh bien! lui cria-t-elle, avois-je pas raison?
De quoi vous sert votre vitesse?
Moi l'emporter! et que seroit-ce
Si vous portiez une maison? »

XI

L'ANE ET SES MAITRES

L'Ane d'un Jardinier se plaignoit au Destin
De ce qu'on le faisoit lever devant l'aurore.
« Les coqs, lui disoit-il, ont beau chanter matin,
Je suis plus matineux encore.
Et pourquoi? pour porter des herbes au marché :
Belle nécessité d'interrompre mon somme! »
Le Sort, de sa plainte touché,
Lui donne un autre maître, et l'animal de somme
Passe du Jardinier aux mains d'un Corroyeur.
La pesanteur des peaux et leur mauvaise odeur
Eurent bientôt choqué l'impertinente bête.
« J'ai regret, disoit-il, à mon premier seigneur :
Encor, quand il tournoit la tête,
J'attrapois, s'il m'en souvient bien,

Quelque morceau de chou qui ne me coûtoit rien;
Mais ici point d'aubaine; ou, si j'en ai quelqu'une,
C'est de coups. » Il obtint changement de fortune,
          Et sur l'état d'un Charbonnier
          Il fut couché tout le dernier.
Autre plainte. « Quoi donc? dit le Sort en colère,
          Ce baudet-ci m'occupe autant
          Que cent monarques pourroient faire.
Croit-il être le seul qui ne soit pas content?
          N'ai-je en l'esprit que son affaire? »
Le Sort avoit raison. Tous gens sont ainsi faits :
Notre condition jamais ne nous contente;
          La pire est toujours la présente;
Nous fatiguons le Ciel à force de placets.
Qu'à chacun Jupiter accorde sa requête,
          Nous lui romprons encor la tête.

                         XII

          LE SOLEIL ET LES GRENOUILLES

Aux noces d'un tyran tout le peuple en liesse
          Noyoit son souci dans les pots.
Ésope seul trouvoit que les gens étoient sots
          De témoigner tant d'allégresse.
« Le Soleil, disoit-il, eut dessein autrefois
          De songer à l'hyménée.
Aussitôt on ouït, d'une commune voix,
          Se plaindre de leur destinée
          Les citoyennes des étangs.
     « Que ferons-nous, s'il lui vient des enfants?
« Dirent-elles au Sort : un seul Soleil à peine
     « Se peut souffrir; une demi-douzaine
« Mettra la mer à sec et tous ses habitants.

« Adieu joncs et marais : notre race est détruite;
    « Bientôt on la verra réduite
      « A l'eau du Styx. » Pour un pauvre animal,
Grenouilles, à mon sens, ne raisonnoient pas mal.

XIII

LE VILLAGEOIS ET LE SERPENT

    Ésope conte qu'un Manant,
    Charitable autant que peu sage,
    Un jour d'hiver se promenant
    A l'entour de son héritage,
Aperçut un Serpent sur la neige étendu,
Transi, gelé, perclus, immobile rendu,
    N'ayant pas à vivre un quart d'heure.
Le villageois le prend, l'emporte en sa demeure;
Et, sans considérer quel sera le loyer
    D'une action de ce mérite,
    Il l'étend le long du foyer,
    Le réchauffe, le ressuscite.
L'animal engourdi sent à peine le chaud,
Que l'âme lui revient avecque la colère;
Il lève un peu la tête, et puis siffle aussitôt;
Puis fait un long repli, puis tâche à faire un saut
Contre son bienfaiteur, son sauveur, et son père.
« Ingrat, dit le Manant, voilà donc mon salaire!
Tu mourras! » A ces mots, plein d'un juste courroux,
Il vous prend sa cognée, il vous tranche la bête;
    Il fait trois serpents de deux coups,
    Un tronçon, la queue, et la tête.
L'insecte sautillant cherche à se réunir,
    Mais il ne put y parvenir.

Il est bon d'être charitable :
Mais envers qui? c'est là le point.
Quant aux ingrats, il n'en est point
Qui ne meure enfin misérable.

XIV

LE LION MALADE ET LE RENARD

De par le roi des animaux,
Qui dans son antre étoit malade,
Fut fait savoir à ses vassaux
Que chaque espèce en ambassade
Envoyât gens le visiter,
Sous promesse de bien traiter
Les députés, eux et leur suite,
Foi de Lion, très-bien écrite,
Bon passe-port contre la dent,
Contre la griffe tout autant.
L'édit du Prince s'exécute :
De chaque espèce on lui députe.
Les Renards gardant la maison,
Un d'eux en dit cette raison :
« Les pas empreints sur la poussière
Par ceux qui s'en vont faire au malade leur cour,
Tous, sans exception, regardent sa tanière;
Pas un ne marque de retour :
Cela nous met en méfiance.
Que Sa Majesté nous dispense :
Grand merci de son passe-port;
Je le crois bon; mais dans cet antre
Je vois fort bien comme l'on entre,
Et ne vois pas comme on en sort. »

XV

L'OISELEUR, L'AUTOUR ET L'ALOUETTE

Les injustices des pervers
Servent souvent d'excuse aux nôtres.
Telle est la loi de l'univers :
Si tu veux qu'on t'épargne, épargne aussi les autres.

Un Manant au miroir prenoit des oisillons.
Le fantôme brillant attire une Alouette :
Aussitôt un Autour, planant sur les sillons,
        Descend des airs, fond, et se jette
Sur celle qui chantoit, quoique près du tombeau.
Elle avoit évité la perfide machine,
Lorsque, se rencontrant sous la main de l'oiseau,
        Elle sent son ongle maline.
Pendant qu'à la plumer l'Autour est occupé,
Lui-même sous les rets demeure enveloppé :
« Oiseleur, laisse-moi, dit-il en son langage;
        Je ne t'ai jamais fait de mal. »
L'Oiseleur repartit : « Ce petit animal
        T'en avoit-il fait davantage? »

XVI

LE CHEVAL ET L'ANE

En ce monde il se faut l'un l'autre secourir :
        Si ton voisin vient à mourir,
        C'est sur toi que le fardeau tombe.

Un Ane accompagnoit un Cheval peu courtois,
Celui-ci ne portant que son simple harnois,
Et le pauvre Baudet si chargé, qu'il succombe.
Il pria le Cheval de l'aider quelque peu :
Autrement il mourroit devant qu'être à la ville.
« La prière, dit-il, n'en est pas incivile :
Moitié de ce fardeau ne vous sera que jeu. »
Le Cheval refusa, fit une pétarade :
Tant qu'il vit sous le faix mourir son camarade,
        Et reconnut qu'il avoit tort.
        Du Baudet, en cette aventure,
        On lui fit porter la voiture,
        Et la peau par-dessus encor.

XVII

LE CHIEN QUI LACHE SA PROIE
POUR L'OMBRE

        Chacun se trompe ici-bas :
        On voit courir après l'ombre
        Tant de fous, qu'on n'en sait pas
        La plupart du temps le nombre.
Au Chien dont parle Ésope il faut les renvoyer.
Ce Chien, voyant sa proie en l'eau représentée,
La quitta pour l'image, et pensa se noyer.
La rivière devint tout d'un coup agitée;
    A toute peine il regagna les bords,
        Et n'eut ni l'ombre ni le corps.

XVIII

LE CHARTIER EMBOURBÉ

Le Phaéton d'une voiture à foin
Vit son char embourbé. Le pauvre homme étoit loin
De tout humain secours : c'étoit à la campagne,
Près d'un certain canton de la basse Bretagne,
  Appelé Quimper-Corentin.
  On sait assez que le Destin
Adresse là les gens quand il veut qu'on enrage :
  Dieu nous préserve du voyage!
Pour venir au Chartier embourbé dans ces lieux,
Le voilà qui déteste et jure de son mieux,
  Pestant, en sa fureur extrême,
Tantôt contre les trous, puis contre ses chevaux,
  Contre son char, contre lui-même.
Il invoque à la fin le dieu dont les travaux
  Sont si célèbres dans le monde :
« Hercule, lui dit-il, aide-moi. Si ton dos
  A porté la machine ronde,
  Ton bras peut me tirer d'ici. »
Sa prière étant faite, il entend dans la nue
  Une voix qui lui parle ainsi :
  « Hercule veut qu'on se remue;
Puis il aide les gens. Regarde d'où provient
  L'achoppement qui te retient;
  Ote d'autour de chaque roue
  Ce malheureux mortier, cette maudite boue
  Qui jusqu'à l'essieu les enduit;
Prends ton pic et me romps ce caillou qui te nuit;
Comble-moi cette ornière. As-tu fait? — Oui, dit
        [l'homme.

— Or bien je vas t'aider, dit la voix. Prends ton fouet.
— Je l'ai pris. Qu'est ceci? mon char marche à souhait :
Hercule en soit loué! » Lors la voix : « Tu vois comme
Tes chevaux aisément se sont tirés de là.

      Aide-toi, le Ciel t'aidera. »

              XIX

LE CHARLATAN

Le monde n'a jamais manqué de charlatans :
      Cette science, de tout temps,
      Fut en professeurs très-fertile.
Tantôt l'un en théâtre affronte l'Achéron,
      Et l'autre affiche par la ville
      Qu'il est un passe-Cicéron.

      Un des derniers se vantoit d'être
      En éloquence si grand maître,
      Qu'il rendroit disert un badaud,
      Un manant, un rustre, un lourdaud;
« Oui, Messieurs, un lourdaud, un animal, un âne :
Que l'on m'amène un âne, un âne renforcé,
      Je le rendrai maître passé,
      Et veux qu'il porte la soutane. »
Le Prince sut la chose; il manda le Rhéteur.
      « J'ai, dit-il, en mon écurie
      Un fort beau roussin d'Arcadie;
      J'en voudrois faire un orateur.
— Sire, vous pouvez tout, » reprit d'abord notre homme.
      On lui donna certaine somme :
      Il devoit au bout de dix ans
      Mettre son âne sur les bancs;
Sinon, il consentoit d'être, en place publique,
Guindé la hart au col, étranglé court et net,

Ayant au dos sa rhétorique,
Et les oreilles d'un baudet.
Quelqu'un des courtisans lui dit qu'à la potence
Il vouloit l'aller voir, et que, pour un pendu,
Il auroit bonne grâce et beaucoup de prestance;
Surtout qu'il se souvînt de faire à l'assistance
Un discours où son art fût au long étendu,
Un discours pathétique, et dont le formulaire
Servît à certains Cicérons
Vulgairement nommés larrons.
L'autre reprit : « Avant l'affaire,
Le Roi, l'Ane, ou moi, nous mourrons. »

Il avoit raison. C'est folie
De compter sur dix ans de vie.
Soyons bien buvants, bien mangeants :
Nous devons à la mort de trois l'un en dix ans.

XX

LA DISCORDE

La déesse Discorde ayant brouillé les Dieux,
Et fait un grand procès là-haut pour une pomme,
On la fit déloger des Cieux.
Chez l'animal qu'on appelle homme
On la reçut à bras ouverts,
Elle et Que-si-Que-non, son frère,
Avecque Tien-et-Mien, son père.
Elle nous fit l'honneur en ce bas univers
De préférer notre hémisphère
A celui des mortels qui nous sont opposés,
Gens grossiers, peu civilisés,
Et qui, se mariant sans prêtre et sans notaire,
De la Discorde n'ont que faire.

Pour la faire trouver aux lieux où le besoin
    Demandoit qu'elle fût présente,
    La Renommée avoit le soin
  De l'avertir; et l'autre, diligente,
Couroit vite aux débats et prévenoit la Paix,
Faisoit d'une étincelle un feu long à s'éteindre.
La Renommée enfin commença de se plaindre
    Que l'on ne lui trouvoit jamais
    De demeure fixe et certaine;
Bien souvent l'on perdoit, à la chercher, sa peine :
Il falloit donc qu'elle eût un séjour affecté,
Un séjour d'où l'on pût en toutes les familles
    L'envoyer à jour arrêté.
Comme il n'étoit alors aucun couvent de filles,
    On y trouva difficulté.
    L'auberge enfin de l'Hyménée
    Lui fut pour maison assinée.

XXI

'LA JEUNE VEUVE'

La perte d'un époux ne va point sans soupirs;
On fait beaucoup de bruit; et puis on se console :
Sur les ailes du Temps la tristesse s'envole,
    Le Temps ramène les plaisirs.
    Entre la veuve d'une année
    Et la veuve d'une journée
La différence est grande; on ne croiroit jamais
    Que ce fût la même personne :
L'une fait fuir les gens, et l'autre a mille attraits.
Aux soupirs vrais ou faux celle-là s'abandonne;
C'est toujours même note et pareil entretien;
    On dit qu'on est inconsolable;
    On le dit, mais il n'en est rien,

Comme on verra par cette fable,
Ou plutôt par la vérité.

L'époux d'une jeune beauté
Partoit pour l'autre monde. A ses côtés, sa femme
Lui crioit : « Attends-moi, je te suis; et mon âme,
Aussi bien que la tienne, est prête à s'envoler. »
Le mari fait seul le voyage.
La belle avoit un père, homme prudent et sage;
Il laissa le torrent couler.
A la fin, pour la consoler :
« Ma fille, lui dit-il, c'est trop verser de larmes :
Qu'a besoin le défunt que vous noyiez vos charmes?
Puisqu'il est des vivants, ne songez plus aux morts.
Je ne dis pas que tout à l'heure
Une condition meilleure
Change en des noces ces transports;
Mais, après certain temps, souffrez qu'on vous propose
Un époux beau, bien fait, jeune, et tout autre chose
Que le défunt. — Ah! dit-elle aussitôt,
Un cloître est l'époux qu'il me faut. »
Le père lui laissa digérer sa disgrâce.
Un mois de la sorte se passe;
L'autre mois, on l'emploie à changer tous les jours
Quelque chose à l'habit, au linge, à la coiffure :
Le deuil enfin sert de parure,
En attendant d'autres atours;
Toute la bande des Amours
Revient au colombier; les jeux, les ris, la danse,
Ont aussi leur tour à la fin :
On se plonge soir et matin
Dans la fontaine de Jouvence.
Le père ne craint plus ce défunt tant chéri;
Mais comme il ne parloit de rien à notre belle :
« Où donc est le jeune mari
Que vous m'avez promis? » dit-elle.

ÉPILOGUE

Bornons ici cette carrière :
Les longs ouvrages me font peur.
Loin d'épuiser une matière,
On n'en doit prendre que la fleur.
Il s'en va temps que je reprenne
Un peu de forces et d'haleine
Pour fournir à d'autres projets.
Amour, ce tyran de ma vie,
Veut que je change de sujets :
Il faut contenter son envie.
Retournons à Psyché. Damon, vous m'exhortez
A peindre ses malheurs et ses félicités :
J'y consens; peut-être ma veine
En sa faveur s'échauffera.
Heureux si ce travail est la dernière peine
Que son époux me causera!

LIVRE SEPTIÈME

AVERTISSEMENT

(1678)

VOICI un second recueil de fables que je présente au public. J'ai jugé à propos de donner à la plupart de celles-ci un air et un tour un peu différent de celui que j'ai donné aux premières, tant à cause de la différence des sujets, que pour remplir de plus de variété mon ouvrage. Les traits familiers que j'ai semés avec assez d'abondance dans les deux autres Parties convenoient bien mieux aux inventions d'Ésope qu'à ces dernières, où j'en use plus sobrement pour ne pas tomber en des répétitions; car le nombre de ces traits n'est pas infini. Il a donc fallu que j'aie cherché d'autres enrichissements, et étendu davantage les circonstances de ces récits, qui d'ailleurs me sembloient le demander de la sorte : pour peu que le lecteur y prenne garde, il le reconnoîtra lui-même; ainsi je ne tiens pas qu'il soit nécessaire d'en étaler ici les raisons, non plus que de dire où j'ai puisé ces derniers sujets. Seulement je dirai, par reconnoissance, que j'en dois la plus grande partie à Pilpay, sage Indien. Son livre a été traduit en toutes les langues. Les gens du pays le croient fort ancien, et original à l'égard d'Ésope, si ce n'est Ésope lui-même sous le nom du sage Locman. Quelques autres m'ont fourni des sujets assez heureux. Enfin j'ai tâché de mettre en ces deux dernières Parties toute la diversité dont j'étois capable.

A MADAME DE MONTESPAN

L'apologue est un don qui vient des Immortels;
      Ou si c'est un présent des hommes,
Quiconque nous l'a fait mérite des autels :
      Nous devons, tous tant que nous sommes,
      Ériger en divinité
Le Sage par qui fut ce bel art inventé.
C'est proprement un charme : il rend l'âme attentive,
      Ou plutôt il la tient captive,
      Nous attachant à des récits
Qui mènent à son gré les cœurs et les esprits.
O vous qui l'imitez, Olympe, si ma Muse
A quelquefois pris place à la table des Dieux,
Sur ses dons aujourd'hui daignez porter les yeux;
Favorisez les jeux où mon esprit s'amuse.
Le temps, qui détruit tout, respectant votre appui,
Me laissera franchir les ans dans cet ouvrage :
Tout auteur qui voudra vivre encore après lui
      Doit s'acquérir votre suffrage.
C'est de vous que mes vers attendent tout leur prix :
      Il n'est beauté dans nos écrits
Dont vous ne connoissiez jusques aux moindres traces.
Eh! qui connoît que vous les beautés et les grâces?
Paroles et regards, tout est charme dans vous.
      Ma Muse, en un sujet si doux,
      Voudroit s'étendre davantage;
Mais il faut réserver à d'autres cet emploi;

Et d'un plus grand maître que moi
    Votre louange est le partage.
Olympe, c'est assez qu'à mon dernier ouvrage
Votre nom serve un jour de rempart et d'abri;
Protégez désormais le livre favori
Par qui j'ose espérer une seconde vie;
        Sous vos seuls auspices, ces vers
        Seront jugés, malgré l'envie,
        Dignes des yeux de l'univers.
Je ne mérite pas une faveur si grande;
        La fable en son nom la demande :
Vous savez quel crédit ce mensonge a sur nous.
S'il procure à mes vers le bonheur de vous plaire,
Je croirai lui devoir un temple pour salaire :
Mais je ne veux bâtir des temples que pour vous.

LES ANIMAUX MALADES DE LA PESTE

Un mal qui répand la terreur,
    Mal que le Ciel en sa fureur
Inventa pour punir les crimes de la terre,
La peste (puisqu'il faut l'appeler par son nom),
Capable d'enrichir en un jour l'Achéron,
    Faisoit aux animaux la guerre.
Ils ne mouroient pas tous, mais tous étoient frappés :
    On n'en voyoit point d'occupés
A chercher le soutien d'une mourante vie;
    Nul mets n'excitoit leur envie;
    Ni loups ni renards n'épioient
    La douce et l'innocente proie;
    Les tourterelles se fuyoient :
    Plus d'amour, partant plus de joie.

Le Lion tint conseil, et dit : « Mes chers amis
    Je crois que le Ciel a permis
    Pour nos péchés cette infortune
    Que le plus coupable de nous
Se sacrifie aux traits du céleste courroux;
Peut-être il obtiendra la guérison commune.
L'histoire nous apprend qu'en de tels accidents
    On fait de pareils dévouements.
Ne nous flattons donc point; voyons sans indulgence
    L'état de notre conscience.

Pour moi, satisfaisant mes appétits gloutons,
     J'ai dévoré force moutons.
       Que m'avoient-ils fait? Nulle offense;
Même il m'est arrivé quelquefois de manger
             Le berger.
Je me dévouerai donc, s'il le faut : mais je pense
Qu'il est bon que chacun s'accuse ainsi que moi :
Car on doit souhaiter, selon toute justice,
     Que le plus coupable périsse.
— Sire, dit le Renard, vous êtes trop bon roi;
Vos scrupules font voir trop de délicatesse.
Eh bien! manger moutons, canaille, sotte espèce,
Est-ce un péché? Non, non. Vous leur fîtes, Seigneur,
     En les croquant, beaucoup d'honneur;
     Et quant au berger, l'on peut dire
     Qu'il étoit digne de tous maux,
Étant de ces gens-là qui sur les animaux
     Se font un chimérique empire. »
Ainsi dit le Renard; et flatteurs d'applaudir.
     On n'osa trop approfondir
Du Tigre, ni de l'Ours, ni des autres puissances,
     Les moins pardonnables offenses.
Tous les gens querelleurs, jusqu'aux simples mâtins,
Au dire de chacun, étoient de petits saints.
L'Ane vint à son tour, et dit : « J'ai souvenance
     Qu'en un pré de moines passant,
La faim, l'occasion, l'herbe tendre, et, je pense,
     Quelque diable aussi me poussant,
Je tondis de ce pré la largeur de ma langue.
Je n'en avois nul droit, puisqu'il faut parler net. »
A ces mots on cria haro sur le Baudet.
Un Loup, quelque peu clerc, prouva par sa harangue
Qu'il falloit dévouer ce maudit animal,
Ce pelé, ce galeux, d'où venoit tout leur mal.
Sa peccadille fut jugée un cas pendable.
Manger l'herbe d'autrui! quel crime abominable!

Rien que la mort n'étoit capable
D'expier son forfait : on le lui fit bien voir.

Selon que vous serez puissant ou misérable,
Les jugements de cour vous rendront blanc ou noir.

II

LE MAL MARIÉ

Que le bon soit toujours camarade du beau,
  Dès demain je chercherai femme;
Mais comme le divorce entre eux n'est pas nouveau,
Et que peu de beaux corps, hôtes d'une belle âme,
  Assemblent l'un et l'autre point,
Ne trouvez pas mauvais que je ne cherche point.
J'ai vu beaucoup d'hymens; aucuns d'eux ne me tentent :
Cependant des humains presque les quatre parts
S'exposent hardiment au plus grand des hasards;
Les quatre parts aussi des humains se repentent.
J'en vais alléguer un qui, s'étant repenti,
  Ne put trouver d'autre parti
  Que de renvoyer son épouse,
  Querelleuse, avare, et jalouse.
Rien ne la contentoit, rien n'étoit comme il faut :
On se levoit trop tard, on se couchoit trop tôt;
Puis du blanc, puis du noir, puis encore autre chose.
Les valets enrageoient; l'époux étoit à bout :
« Monsieur ne songe à rien, Monsieur dépense tout,
  Monsieur court, Monsieur se repose. »
  Elle en dit tant, que Monsieur, à la fin,
  Lassé d'entendre un tel lutin,
  Vous la renvoie à la campagne
  Chez ses parents. La voilà donc compagne

De certaines Philis qui gardent les dindons
          Avec les gardeurs de cochons.
Au bout de quelque temps, qu'on la crut adoucie,
Le mari la reprend. « Eh bien! qu'avez-vous fait?
          Comment passiez-vous votre vie?
L'innocence des champs est-elle votre fait?
          — Assez, dit-elle; mais ma peine
Étoit de voir les gens plus paresseux qu'ici :
          Ils n'ont des troupeaux nul souci.
Je leur savois bien dire, et m'attirois la haine
          De tous ces gens si peu soigneux.
— Eh! Madame, reprit son époux tout à l'heure.
          Si votre esprit est si hargneux,
          Que le monde qui ne demeure
Qu'un moment avec vous et ne revient qu'au soir
          Est déjà lassé de vous voir,
Que feront des valets qui toute la journée
          Vous verront contre eux déchaînée?
          Et que pourra faire un époux
Que vous voulez qui soit jour et nuit avec vous?
Retournez au village : adieu. Si, de ma vie,
     Je vous rappelle et qu'il m'en prenne envie,
Puissé-je chez les morts avoir pour mes péchés
Deux femmes comme vous sans cesse à mes côtés! »

                        III

         LE RAT QUI S'EST RETIRÉ DU MONDE

          Les Levantins en leur légende
Disent qu'un certain Rat, las des soins d'ici-bas,
          Dans un fromage de Hollande
          Se retira loin du tracas.
          La solitude étoit profonde,
          S'étendant partout à la ronde.

Notre ermite nouveau subsistoit là dedans.
      Il fit tant, de pieds et de dents,
Qu'en peu de jours il eut au fond de l'ermitage
Le vivre et le couvert : que faut-il davantage?
Il devint gros et gras : Dieu prodigue ses biens
      A ceux qui font vœu d'être siens.
      Un jour, au dévot personnage
      Des députés du peuple rat
S'en vinrent demander quelque aumône légère :
      Ils alloient en terre étrangère
Chercher quelque secours contre le peuple chat;
      Ratopolis étoit bloquée :
On les avoit contraints de partir sans argent,
      Attendu l'état indigent
      De la république attaquée.
Ils demandoient fort peu, certains que le secours
      Seroit prêt dans quatre ou cinq jours.
      « Mes amis, dit le Solitaire,
Les choses d'ici-bas ne me regardent plus;
      En quoi peut un pauvre reclus
      Vous assister? que peut-il faire
Que de prier le Ciel qu'il vous aide en ceci?
J'espère qu'il aura de vous quelque souci. »
      Ayant parlé de cette sorte,
      Le nouveau saint ferma sa porte.

      Qui désignai-je, à votre avis,
      Par ce Rat si peu secourable?
      Un moine? Non, mais un dervis :
Je suppose qu'un moine est toujours charitable.

IV

LE HÉRON

Un jour, sur ses longs pieds, alloit, je ne sais où,
Le Héron au long bec emmanché d'un long cou.
            Il côtoyoit une rivière.
L'onde étoit transparente ainsi qu'aux plus beaux jours ;
Ma commère la Carpe y faisoit mille tours
            Avec le Brochet son compère.
Le Héron en eût fait aisément son profit :
Tous approchoient du bord ; l'oiseau n'avoit qu'à
            Mais il crut mieux faire d'attendre   [prendre.
            Qu'il eût un peu plus d'appétit :
Il vivoit de régime, et mangeoit à ses heures.
Après quelques moments, l'appétit vint : l'Oiseau,
            S'approchant du bord, vit sur l'eau
Des tanches qui sortoient du fond de ces demeures.
Le mets ne lui plut pas ; il s'attendoit à mieux,
            Et montroit un goût dédaigneux,
            Comme le Rat du bon Horace.
« Moi, des tanches ! dit-il, moi, Héron, que je fasse
Une si pauvre chère ? Et pour qui me prend-on ? »
La tanche rebutée, il trouva du goujon.
« Du goujon ! c'est bien là le dîner d'un Héron !
J'ouvrirois pour si peu le bec ! aux Dieux ne plaise ! »
Il l'ouvrit pour bien moins : tout alla de façon
            Qu'il ne vit plus aucun poisson.
La faim le prit : il fut tout heureux et tout aise
            De rencontrer un limaçon.

            Ne soyons pas si difficiles :
Les plus accommodants, ce sont les plus habiles ;
On hasarde de perdre en voulant trop gagner.
            Gardez-vous de rien dédaigner,

Surtout quand vous avez à peu près votre compte.
Bien des gens y sont pris. Ce n'est pas aux hérons
Que je parle; écoutez, humains, un autre conte :
Vous verrez que chez vous j'ai puisé ces leçons.

V

LA FILLE

    Certaine Fille, un peu trop fière,
    Prétendoit trouver un mari
Jeune, bien fait et beau, d'agréable manière,
Point froid et point jaloux : notez ces deux points-ci.
    Cette Fille vouloit aussi
    Qu'il eût du bien, de la naissance,
De l'esprit, enfin tout. Mais qui peut tout avoir?
Le Destin se montra soigneux de la pourvoir :
    Il vint des partis d'importance.
La belle les trouva trop chétifs de moitié :
« Quoi? moi! quoi? ces gens-là! l'on radote, je pense.
A moi les proposer! hélas! ils font pitié :
    Voyez un peu la belle espèce! »
L'un n'avoit en l'esprit nulle délicatesse;
L'autre avoit le nez fait de cette façon-là :
    C'étoit ceci, c'étoit cela;
    C'étoit tout, car les précieuses
    Font dessus tout les dédaigneuses.
Après les bons partis, les médiocres gens
    Vinrent se mettre sur les rangs.
Elle de se moquer. « Ah! vraiment je suis bonne
De leur ouvrir la porte! Ils pensent que je suis
    Fort en peine de ma personne :
    Grâce à Dieu, je passe les nuits
    Sans chagrin, quoique en solitude. »

La belle se sut gré de tous ces sentiments;
L'âge la fit déchoir : adieu tous les amants.
Un an se passe, et deux, avec inquiétude;
Le chagrin vient ensuite; elle sent chaque jour
Déloger quelques Ris, quelques Jeux, puis l'Amour;
          Puis ses traits choquer et déplaire;
Puis cent sortes de fards. Ses soins ne purent faire
Qu'elle échappât au temps, cet insigne larron.
          Les ruines d'une maison
Se peuvent réparer : que n'est cet avantage
          Pour les ruines du visage?
Sa préciosité changea lors de langage.
Son miroir lui disoit : « Prenez vite un mari. »
Je ne sais quel desir le lui disoit aussi :
Le desir peut loger chez une précieuse.
Celle-ci fit un choix qu'on n'auroit jamais cru,
Se trouvant à la fin tout aise et tout heureuse
          De rencontrer un malotru.

                          VI

                   LES SOUHAITS

          Il est au Mogol des follets
          Qui font office de valets,
Tiennent la maison propre, ont soin de l'équipage
          Et quelquefois du jardinage.
          Si vous touchez à leur ouvrage,
Vous gâtez tout. Un d'eux près du Gange autrefois
Cultivoit le jardin d'un assez bon bourgeois.
Il travailloit sans bruit, avoit beaucoup d'adresse,
          Aimoit le maître et la maîtresse,
Et le jardin surtout. Dieu sait si les Zéphirs,
Peuple ami du Démon, l'assistoient dans sa tâche!
Le Follet, de sa part, travaillant sans relâche,

Combloit ses hôtes de plaisirs.
Pour plus de marques de son zèle,
Chez ces gens pour toujours il se fût arrêté,
Nonobstant la légèreté
A ses pareils si naturelle;
Mais ses confrères les Esprits
Firent tant que le chef de cette république,
Par caprice ou par politique,
Le changea bientôt de logis.
Ordre lui vient d'aller au fond de la Norvège
Prendre le soin d'une maison
En tout temps couverte de neige;
Et d'Indou qu'il étoit on vous le fait Lapon.
Avant que de partir, L'Esprit dit à ses hôtes :
« On m'oblige de vous quitter :
Je ne sais pas pour quelles fautes;
Mais enfin il le faut. Je ne puis arrêter
Qu'un temps fort court, un mois, peut-être une semaine :
Employez-la; formez trois souhaits, car je puis
Rendre trois souhaits accomplis,
Trois sans plus. » Souhaiter, ce n'est pas une peine
Étrange et nouvelle aux humains.
Ceux-ci, pour premier vœu, demandent l'abondance;
Et l'abondance, à pleines mains,
Verse en leurs coffres la finance,
En leurs greniers le blé, dans leurs caves les vins :
Tout en crève. Comment ranger cette chevance?
Quels registres, quels soins, quel temps il leur fallut!
Tous deux sont empêchés si jamais on le fut.
Les voleurs contre eux complotèrent;
Les grands seigneurs leur empruntèrent;
Le Prince les taxa. Voilà les pauvres gens
Malheureux par trop de fortune.
« Otez-nous de ces biens l'affluence importune,
Dirent-ils l'un et l'autre : heureux les indigents!
La pauvreté vaut mieux qu'une telle richesse.

Retirez-vous, trésors, fuyez; et toi, Déesse,
Mère du bon esprit, compagne du repos,
O Médiocrité, reviens vite. » A ces mots
La Médiocrité revient; on lui fait place;
　　　Avec elle ils rentrent en grâce,
Au bout de deux souhaits étant aussi chanceux
　　　Qu'ils étoient, et que sont tous ceux
Qui souhaitent toujours et perdent en chimères
Le temps qu'ils feroient mieux de mettre à leurs affaires :
　　　Le Follet en rit avec eux.
　　　Pour profiter de sa largesse,
Quand il voulut partir et qu'il fut sur le point,
　　　Ils demandèrent la sagesse :
　　　C'est un trésor qui n'embarrasse point.

VII

LA COUR DU LION

Sa Majesté Lionne un jour voulut connoître
De quelles nations le Ciel l'avoit fait maître.
　　　Il manda donc par députés
　　　Ses vassaux de toute nature,
　　　Envoyant de tous les côtés
　　　Une circulaire écriture
　　　Avec son sceau. L'écrit portoit
　　　Qu'un mois durant le Roi tiendroit
　　　Cour plénière, dont l'ouverture
　　　Devoit être un fort grand festin,
　　　Suivi des tours de Fagotin.
　　　Par ce trait de magnificence
Le Prince à ses sujets étaloit sa puissance.
　　　En son Louvre il les invita.
Quel Louvre! un vrai charnier, dont l'odeur se porta

D'abord au nez des gens. L'Ours boucha sa narine :
Il se fût bien passé de faire cette mine;
Sa grimace déplut : le Monarque irrité
L'envoya chez Pluton faire le dégoûté.
Le Singe approuva fort cette sévérité,
Et flatteur excessif, il loua la colère
Et la griffe du Prince, et l'antre, et cette odeur :
    Il n'étoit ambre, il n'étoit fleur
Qui ne fût ail au prix. Sa sotte flatterie
Eut un mauvais succès, et fut encor punie :
    Ce Monseigneur du Lion-là
    Fut parent de Caligula.
Le Renard étant proche : « Or çà, lui dit le Sire,
Que sens-tu? dis-le-moi : parle sans déguiser. »
    L'autre aussitôt de s'excuser,
Alléguant un grand rhume : il ne pouvoit que dire
    Sans odorat. Bref, il s'en tire.

    Ceci vous sert d'enseignement :
Ne soyez à la cour, si vous voulez y plaire,
Ni fade adulateur, ni parleur trop sincère,
Et tâchez quelquefois de répondre en Normand.

VIII

LES VAUTOURS ET LES PIGEONS

Mars autrefois mit tout l'air en émute.
Certain sujet fit naître la dispute
Chez les oiseaux, non ceux que le Printemps
Mène à sa cour, et qui, sous la feuillée,
Par leur exemple et leurs sons éclatants,
Font que Vénus est en nous réveillée;
Ni ceux encor que la mère d'Amour

Met à son char; mais le peuple vautour,
Au bec retors, à la tranchante serre,
Pour un chien mort se fit, dit-on, la guerre.
Il plut du sang : je n'exagère point.
Si je voulois conter de point en point
Tout le détail, je manquerois d'haleine.
Maint chef périt, maint héros expira;
Et sur son roc Prométhée espéra
De voir bientôt une fin à sa peine.
C'étoit plaisir d'observer leurs efforts;
C'étoit pitié de voir tomber les morts.
Valeur, adresse, et ruses, et surprises,
Tout s'employa. Les deux troupes, éprises
D'ardent courroux, n'épargnoient nuls moyens
De peupler l'air que respirent les Ombres;
Tout élément remplit de citoyens
Le vaste enclos qu'ont les royaumes sombres.
Cette fureur mit la compassion
Dans les esprits d'une autre nation
Au col changeant, au cœur tendre et fidèle.
Elle employa sa méditation
Pour accorder une telle querelle :
Ambassadeurs par le peuple pigeon
Furent choisis, et si bien travaillèrent,
Que les Vautours plus ne se chamaillèrent.
Ils firent trêve; et la paix s'ensuivit.
Hélas! ce fut aux dépens de la race
A qui la leur auroit dû rendre grâce.
La gent maudite aussitôt poursuivit
Tous les Pigeons, en fit ample carnage,
En dépeupla les bourgades, les champs.
Peu de prudence eurent les pauvres gens
D'accommoder un peuple si sauvage.

Tenez toujours divisés les méchants :
La sûreté du reste de la terre

Dépend de là. Semez entre eux la guerre,
Ou vous n'aurez avec eux nulle paix.
Ceci soit dit en passant : je me tais.

IX

LE COCHE ET LA MOUCHE

Dans un chemin montant, sablonneux, malaisé,
Et de tous les côtés au soleil exposé,
   Six forts chevaux tiroient un coche.
Femmes, moine, vieillards, tout étoit descendu;
L'attelage suoit, souffloit, étoit rendu.
Une Mouche survient, et des chevaux s'approche,
Prétend les animer par son bourdonnement,
Pique l'un, pique l'autre, et pense à tout moment
   Qu'elle fait aller la machine,
S'assied sur le timon, sur le nez du cocher.
   Aussitôt que le char chemine,
   Et qu'elle voit les gens marcher,
Elle s'en attribue uniquement la gloire,
Va, vient, fait l'empressée : il semble que ce soit
Un sergent de bataille allant en chaque endroit
Faire avancer ses gens et hâter la victoire.
   La Mouche, en ce commun besoin,
Se plaint qu'elle agit seule, et qu'elle a tout le soin;
Qu'aucun n'aide aux chevaux à se tirer d'affaire.
   Le moine disoit son bréviaire :
Il prenoit bien son temps! une femme chantoit :
C'étoit bien de chansons qu'alors il s'agissoit!
Dame Mouche s'en va chanter à leurs oreilles,
   Et fait cent sottises pareilles.
Après bien du travail, le Coche arrive au haut :
« Respirons maintenant! dit la Mouche aussitôt :

J'ai tant fait que nos gens sont enfin dans la plaine.
Çà, Messieurs les Chevaux, payez-moi de ma peine. »
Ainsi certaines gens, faisant les empressés,
      S'introduisent dans les affaires :
      Ils font partout les nécessaires,
Et, partout importuns, devroient être chassés.

          x

    LA LAITIÈRE ET LE POT AU LAIT

Perrette, sur sa tête ayant un pot au lait
      Bien posé sur un coussinet,
Prétendoit arriver sans encombre à la ville.
Légère et court vêtue, elle alloit à grands pas,
Ayant mis ce jour-là, pour être plus agile,
      Cotillon simple et souliers plats.
      Notre laitière ainsi troussée
      Comptoit déjà dans sa pensée
Tout le prix de son lait, en employoit l'argent;
Achetoit un cent d'œufs, faisoit triple couvée :
La chose alloit à bien par son soin diligent.
      « Il m'est, disoit-elle, facile
D'élever des poulets autour de ma maison;
      Le renard sera bien habile
S'il ne m'en laisse assez pour avoir un cochon.
Le porc à s'engraisser coûtera peu de son;
Il étoit, quand je l'eus, de grosseur raisonnable :
J'aurai, le revendant, de l'argent bel et bon.
Et qui m'empêchera de mettre en notre étable,
Vu le prix dont il est, une vache et son veau,
Que je verrai sauter au milieu du troupeau? »
Perrette là-dessus saute aussi, transportée;
Le lait tombe : adieu veau, vache, cochon, couvée.

La dame de ces biens, quittant d'un œil marri
    Sa fortune ainsi répandue,
    Va s'excuser à son mari,
    En grand danger d'être battue.
    Le récit en farce en fut fait;
    On l'appela *le Pot au lait*.

    Quel esprit ne bat la campagne?
    Qui ne fait châteaux en Espagne?
Picrochole, Pyrrhus, la Laitière, enfin tous,
    Autant les sages que les fous.
Chacun songe en veillant; il n'est rien de plus doux :
Une flatteuse erreur emporte alors nos âmes;
    Tout le bien du monde est à nous,
    Tous les honneurs, toutes les femmes.
Quand je suis seul, je fais au plus brave un défi;
Je m'écarte, je vais détrôner le Sophi;
    On m'élit roi, mon peuple m'aime;
Les diadèmes vont sur ma tête pleuvant :
Quelque accident fait-il que je rentre en moi-même,
    Je suis gros Jean comme devant.

        XI

LE CURÉ ET LE MORT

    Un mort s'en alloit tristement
    S'emparer de son dernier gîte;
    Un Curé s'en alloit gaiement
    Enterrer ce mort au plus vite.
Notre défunt étoit en carrosse porté,
    Bien et dûment empaqueté,
Et vêtu d'une robe, hélas! qu'on nomme bière,
    Robe d'hiver, robe d'été,

Que les morts ne dépouillent guère.
Le Pasteur étoit à côté,
Et récitoit, à l'ordinaire,
Maintes dévotes oraisons,
Et des psaumes et des leçons,
Et des versets et des répons :
« Monsieur le Mort, laissez-nous faire,
On vous en donnera de toutes les façons;
Il ne s'agit que du salaire. »
Messire Jean Chouart couvoit des yeux son mort,
Comme si l'on eût dû lui ravir ce trésor,
Et des regards sembloit lui dire :
« Monsieur le Mort, j'aurai de vous
Tant en argent, et tant en cire,
Et tant en autres menus coûts. »
Il fondoit là-dessus l'achat d'une feuillette
Du meilleur vin des environs;
Certaine nièce assez propette
Et sa chambrière Pâquette
Devoient avoir des cotillons.
Sur cette agréable pensée,
Un heurt survient : adieu le char.
Voilà Messire Jean Chouart
Qui du choc de son mort a la tête cassée :
Le paroissien en plomb entraîne son pasteur;
Notre Curé suit son seigneur;
Tous deux s'en vont de compagnie.

Proprement toute notre vie
Est le curé Chouart, qui sur son mort comptoit,
Et la fable du *Pot au lait*.

XII

L'HOMME QUI COURT APRÈS LA FORTUNE,
ET L'HOMME QUI L'ATTEND DANS SON LIT

Qui ne court après la Fortune?
Je voudrois être en lieu d'où je pusse aisément
Contempler la foule importune
De ceux qui cherchent vainement
Cette fille du Sort de royaume en royaume,
Fidèles courtisans d'un volage fantôme.
Quand ils sont près du bon moment,
L'inconstante aussitôt à leurs desirs échappe :
Pauvres gens! je les plains; car on a pour les fous
Plus de pitié que de courroux.
« Cet homme, disent-ils, étoit planteur de choux,
Et le voilà devenu pape :
Ne le valons-nous pas? — Vous valez cent fois mieux;
Mais que vous sert votre mérite?
La Fortune a-t-elle des yeux?
Et puis la papauté vaut-elle ce qu'on quitte,
Le repos, le repos, trésor si précieux
Qu'on en faisoit jadis le partage des Dieux?
Rarement la Fortune à ses hôtes le laisse.
Ne cherchez point cette déesse,
Elle vous cherchera : son sexe en use ainsi. »

Certain couple d'amis, en un bourg établi,
Possédoit quelque bien. L'un soupiroit sans cesse
Pour la Fortune; il dit à l'autre un jour :
« Si nous quittions notre séjour?
Vous savez que nul n'est prophète
En son pays : cherchons notre aventure ailleurs.
— Cherchez, dit l'autre ami : pour moi je ne souhaite

Ni climats ni destins meilleurs.
Contentez-vous; suivez votre humeur inquiète :
Vous reviendrez bientôt. Je fais vœu cependant
    De dormir en vous attendant. »
  L'ambitieux, ou, si l'on veut, l'avare,
    S'en va par voie et par chemin.
    Il arriva le lendemain
En un lieu que devoit la déesse bizarre
Fréquenter sur tout autre; et ce lieu, c'est la cour.
Là donc pour quelque temps il fixe son séjour,
Se trouvant au coucher, au lever, à ces heures
    Que l'on sait être les meilleures,
Bref, se trouvant à tout, et n'arrivant à rien.
« Qu'est ceci? ce dit-il, cherchons ailleurs du bien.
La Fortune pourtant habite ces demeures;
Je la vois tous les jours entrer chez celui-ci,
    Chez celui-là : d'où vient qu'aussi
Je ne puis héberger cette capricieuse?
On me l'avoit bien dit, que des gens de ce lieu
L'on n'aime pas toujours l'humeur ambitieuse.
Adieu, Messieurs de cour; Messieurs de cour, adieu :
Suivez jusques au bout une ombre qui vous flatte.
La Fortune a, dit-on, des temples à Surate :
Allons là. » Ce fut un de dire et s'embarquer.
Ames de bronze, humains, celui-là fut sans doute
Armé de diamant, qui tenta cette route,
Et le premier osa l'abîme défier.
    Celui-ci, pendant son voyage,
    Tourna les yeux vers son village
   Plus d'une fois, essuyant les dangers
Des pirates, des vents, du calme et des rochers,
Ministres de la Mort : avec beaucoup de peines
On s'en va la chercher en des rives lointaines,
La trouvant assez tôt sans quitter la maison.
L'homme arrive au Mogol : on lui dit qu'au Japon
La Fortune pour lors distribuoit ses grâces.

Il y court. Les mers étoient lasses
De le porter; et tout le fruit
Qu'il tira de ses longs voyages,
Ce fut cette leçon que donnent les sauvages :
« Demeure en ton pays, par la nature instruit. »
Le Japon ne fut pas plus heureux à cet homme
Que le Mogol l'avoit été :
Ce qui lui fit conclure en somme
Qu'il avoit à grand tort son village quitté.
Il renonce aux courses ingrates,
Revient en son pays, voit de loin ses pénates,
Pleure de joie, et dit : « Heureux qui vit chez soi,
De régler ses desirs faisant tout son emploi!
Il ne sait que par ouïr dire
Ce que c'est que la cour, la mer, et ton empire,
Fortune, qui nous fais passer devant les yeux
Des dignités, des biens, que jusqu'au bout du monde
On suit, sans que l'effet aux promesses réponde.
Désormais je ne bouge, et ferai cent fois mieux. »
En raisonnant de cette sorte,
Et contre la Fortune ayant pris ce conseil,
Il la trouve assise à la porte
De son ami, plongé dans un profond sommeil.

XIII

LES DEUX COQS

Deux Coqs vivoient en paix : une Poule survint,
Et voilà la guerre allumée.
Amour, tu perdis Troie; et c'est de toi que vint
Cette querelle envenimée
Où du sang des Dieux même on vit le Xanthe teint!
Longtemps entre nos Coqs le combat se maintint.

Le bruit s'en répandit par tout le voisinage :
La gent qui porte crête au spectacle accourut;
    Plus d'une Hélène au beau plumage
Fut le prix du vainqueur. Le vaincu disparut :
Il alla se cacher au fond de sa retraite,
    Pleura sa gloire et ses amours,
Ses amours qu'un rival, tout fier de sa défaite,
Possédoit à ses yeux. Il voyoit tous les jours
Cet objet rallumer sa haine et son courage;
Il aiguisoit son bec, battoit l'air et ses flancs,
    Et, s'exerçant contre les vents,
    S'armoit d'une jalouse rage.
Il n'en eut pas besoin. Son vainqueur sur les toits
  S'alla percher, et chanter sa victoire.
    Un Vautour entendit sa voix :
    Adieu les amours et la gloire;
Tout cet orgueil périt sous l'ongle du Vautour.
    Enfin, par un fatal retour,
    Son rival autour de la Poule
    S'en revint faire le coquet :
    Je laisse à penser quel caquet,
    Car il eut des femmes en foule.
La Fortune se plaît à faire de ces coups :
Tout vainqueur insolent à sa perte travaille.
Défions-nous du Sort, et prenons garde à nous
    Après le gain d'une bataille.

XIV

L'INGRATITUDE ET L'INJUSTICE
DES HOMMES ENVERS LA FORTUNE

Un trafiquant sur mer, par bonheur, s'enrichit.
Il triompha des vents pendant plus d'un voyage :
Gouffre, banc, ni rocher, n'exigea de péage

D'aucun de ses ballots; le Sort l'en affranchit.
Sur tous ses compagnons Atropos et Neptune
Recueillirent leur droit, tandis que la Fortune
Prenoit soin d'amener son marchand à bon port.
Facteurs, associés, chacun lui fut fidèle.
Il vendit son tabac, son sucre, sa canèle,
  Ce qu'il voulut, sa porcelaine encor :
Le luxe et la folie enflèrent son trésor;
  Bref, il plut dans son escarcelle.
On ne parloit chez lui que par doubles ducats;
Et mon homme d'avoir chiens, chevaux et carrosses :
  Ses jours de jeûne étoient des noces.
Un sien ami, voyant ces somptueux repas,
Lui dit : « Et d'où vient donc un si bon ordinaire?
— Et d'où me viendroit-il que de mon savoir-faire?
Je n'en dois rien qu'à moi, qu'à mes soins, qu'au talent
De risquer à propos, et bien placer l'argent. »
Le profit lui semblant une fort douce chose,
Il risqua de nouveau le gain qu'il avoit fait;
Mais rien, pour cette fois, ne lui vint à souhait.
  Son imprudence en fut la cause :
Un vaisseau mal frété périt au premier vent;
Un autre, mal pourvu des armes nécessaires,
  Fut enlevé par les corsaires;
  Un troisième au port arrivant,
Rien n'eut cours ni débit : le luxe et la folie
  N'étoient plus tels qu'auparavant.
  Enfin ses facteurs le trompant,
Et lui-même ayant fait grand fracas, chère lie,
Mis beaucoup en plaisirs, en bâtiments beaucoup,
  Il devint pauvre tout d'un coup.
Son ami, le voyant en mauvais équipage,
Lui dit : « D'où vient cela? — De la Fortune, hélas!
— Consolez-vous, dit l'autre; et s'il ne lui plaît pas
Que vous soyez heureux, tout au moins soyez sage. »

Je ne sais s'il crut ce conseil;
Mais je sais que chacun impute, en cas pareil,
        Son bonheur à son industrie;
Et si de quelque échec notre faute est suivie,
        Nous disons injures au Sort.
        Chose n'est ici plus commune :
Le bien, nous le faisons; le mal, c'est la Fortune;
On a toujours raison, le Destin toujours tort.

xv

LES DEVINERESSES

C'est souvent du hasard que naît l'opinion,
Et c'est l'opinion qui fait toujours la vogue.
        Je pourrois fonder ce prologue
Sur gens de tous états : tout est prévention,
Cabale, entêtement; point ou peu de justice.
C'est un torrent : qu'y faire? Il faut qu'il ait son cours.
        Cela fut et sera toujours.
Une femme, à Paris, faisoit la pythonisse;
On l'alloit consulter sur chaque événement :
Perdoit-on un chiffon, avoit-on un amant,
Un mari vivant trop, au gré de son épouse,
Une mère fâcheuse, une femme jalouse,
        Chez la Devineuse on couroit
Pour se faire annoncer ce que l'on désiroit.
        Son fait consistoit en adresse :
Quelques termes de l'art, beaucoup de hardiesse,
Du hasard quelquefois, tout cela concouroit,
Tout cela bien souvent faisoit crier miracle.
Enfin, quoique ignorante à vingt et trois carats,
        Elle passoit pour un oracle.
L'oracle étoit logé dedans un galetas;

Là cette femme emplit sa bourse,
Et, sans avoir d'autre ressource,
Gagne de quoi donner un rang à son mari;
Elle achète un office, une maison aussi.
Voilà le galetas rempli
D'une nouvelle hôtesse, à qui toute la ville,
Femmes, filles, valets, gros Messieurs, tout enfin,
Alloit, comme autrefois, demander son destin :
Le galetas devint l'antre de la Sibylle.
L'autre femelle avoit achalandé ce lieu.
Cette dernière femme eut beau faire, eut beau dire,
« Moi devine! on se moque : eh! Messieurs, sais-je lire?
Je n'ai jamais appris que ma croix de par Dieu; »
Point de raison : fallut deviner et prédire,
Mettre à part force bons ducats,
Et gagner malgré soi plus que deux avocats.
Le meuble et l'équipage aidoient fort à la chose :
Quatre sièges boiteux, un manche de balai,
Tout sentoit son sabbat et sa métamorphose.
Quand cette femme auroit dit vrai
Dans une chambre tapissée,
On s'en seroit moqué : la vogue étoit passée
Au galetas; il avoit le crédit.
L'autre femme se morfondit.

L'enseigne fait la chalandise.
J'ai vu dans le Palais une robe mal mise
Gagner gros : les gens l'avoient prise
Pour maître tel, qui traînoit après soi
Force écoutants. Demandez-moi pourquoi.

XVI

LE CHAT, LA BELETTE ET LE PETIT LAPIN

Du palais d'un jeune Lapin
Dame Belette, un beau matin,
S'empara : c'est une rusée.
Le maître étant absent, ce lui fut chose aisée.
Elle porta chez lui ses pénates, un jour
Qu'il étoit allé faire à l'Aurore sa cour
Parmi le thym et la rosée.
Après qu'il eut brouté, trotté, fait tous ses tours,
Janot Lapin retourne aux souterrains séjours.
La Belette avoit mis le nez à la fenêtre.
« O Dieux hospitaliers! que vois-je ici paroître? »
Dit l'animal chassé du paternel logis.
O là, Madame la Belette,
Que l'on déloge sans trompette,
Ou je vais avertir tous les Rats du pays. »
La dame au nez pointu répondit que la terre
Étoit au premier occupant.
« C'étoit un beau sujet de guerre,
Qu'un logis où lui-même il n'entroit qu'en rampant.
Et quand ce seroit un royaume,
Je voudrois bien savoir, dit-elle, quelle loi
En a pour toujours fait l'octroi
A Jean, fils ou neveu de Pierre ou de Guillaume,
Plutôt qu'à Paul, plutôt qu'à moi. »
Jean Lapin allégua la coutume et l'usage :
« Ce sont, dit-il, leurs lois qui m'ont de ce logis
Rendu maître et seigneur, et qui, de père en fils,
L'ont de Pierre à Simon, puis à moi Jean, transmis.
« Le premier occupant », est-ce une loi plus sage?
— Or bien, sans crier davantage,

Rapportons-nous, dit-elle, à Raminagrobis. »
C'étoit un Chat vivant comme un dévot ermite,
    Un Chat faisant la chattemite,
Un saint homme de Chat, bien fourré, gros et gras,
    Arbitre expert sur tous les cas.
    Jean Lapin pour juge l'agrée.
    Les voilà tous deux arrivés
    Devant sa majesté fourrée.
Grippeminaud leur dit : « Mes enfants, approchez,
Approchez, je suis sourd, les ans en sont la cause. »
L'un et l'autre approcha, ne craignant nulle chose.
Aussitôt qu'à portée il vit les contestants,
    Grippeminaud, le bon apôtre,
Jetant des deux côtés la griffe en même temps,
Mit les plaideurs d'accord en croquant l'un et l'autre.

Ceci ressemble fort aux débats qu'ont parfois
Les petits souverains se rapportants aux rois.

XVII

LA TÊTE ET LA QUEUE DU SERPENT

    Le serpent a deux parties
    Du genre humain ennemies,
    Tête et Queue; et toutes deux
    Ont acquis un nom fameux
    Auprès des Parques cruelles :
    Si bien qu'autrefois entre elles
    Il survint de grands débats
        Pour le pas.
La Tête avoit toujours marché devant la Queue.
    La Queue au Ciel se plaignit,
        Et lui dit :

« Je fais mainte et mainte lieue
Comme il plaît à celle-ci :
Croit-elle que toujours j'en veuille user ainsi?
Je suis son humble servante.
On m'a faite, Dieu merci,
Sa sœur et non sa suivante.
Toutes deux de même sang,
Traitez-nous de même sorte :
Aussi bien qu'elle je porte
Un poison prompt et puissant.
Enfin voilà ma requête :
C'est à vous de commander,
Qu'on me laisse précéder
A mon tour ma sœur la Tête.
Je la conduirai si bien
Qu'on ne se plaindra de rien. »
Le Ciel eut pour ces vœux une bonté cruelle.
Souvent sa complaisance a de méchants effets.
Il devroit être sourd aux aveugles souhaits.
Il ne le fut pas lors; et la guide nouvelle,
Qui ne voyoit, au grand jour,
Pas plus clair que dans un four,
Donnoit tantôt contre un marbre,
Contre un passant, contre un arbre :
Droit aux ondes du Styx elle mena sa sœur.

Malheureux les États tombés dans son erreur!

XVIII

UN ANIMAL DANS LA LUNE

Pendant qu'un philosophe assure
Que toujours par leurs sens les hommes sont dupés,

Un autre philosophe jure
Qu'ils ne nous ont jamais trompés.
Tous les deux ont raison; et la philosophie
Dit vrai quand elle dit que les sens tromperont
Tant que sur leur rapport les hommes jugeront;
Mais aussi, si l'on rectifie
L'image de l'objet sur son éloignement,
Sur le milieu qui l'environne,
Sur l'organe et sur l'instrument,
Les sens ne tromperont personne.
La Nature ordonna ces choses sagement :
J'en dirai quelque jour les raisons amplement.
J'aperçois le soleil : quelle en est la figure?
Ici-bas ce grand corps n'a que trois pieds de tour;
Mais si je le voyois là-haut dans son séjour,
Que seroit-ce à mes yeux que l'œil de la Nature?
Sa distance me fait juger de sa grandeur;
Sur l'angle et les côtés ma main la détermine.
L'ignorant le croit plat : j'épaissis sa rondeur;
Je le rends immobile, et la terre chemine.
Bref, je démens mes yeux en toute sa machine :
Ce sens ne me nuit point par son illusion.
Mon âme, en toute occasion,
Développe le vrai caché sous l'apparence;
Je ne suis point d'intelligence
Avecque mes regards, peut-être un peu trop prompts,
Ni mon oreille, lente à m'apporter les sons.
Quand l'eau courbe un bâton, ma raison le redresse :
La raison décide en maîtresse.
Mes yeux, moyennant ce secours,
Ne me trompent jamais, en me mentant toujours.
Si je crois leur rapport, erreur assez commune,
Une tête de femme est au corps de la lune.
Y peut-elle être? Non. D'où vient donc cet objet?
Quelques lieux inégaux font de loin cet effet.
La lune nulle part n'a sa surface unie :

Montueuse en des lieux, en d'autres aplanie,
L'ombre avec la lumière y peut tracer souvent
     Un homme, un bœuf, un éléphant.
Naguère l'Angleterre y vit chose pareille.
La lunette placée, un animal nouveau
     Parut dans cet astre si beau;
     Et chacun de crier merveille.
Il étoit arrivé là-haut un changement
Qui présageoit sans doute un grand événement.
Savoit-on si la guerre entre tant de puissances
N'en étoit point l'effet? Le Monarque accourut :
Il favorise en roi ces hautes connoissances.
Le monstre dans la lune à son tour lui parut
C'étoit une souris cachée entre les verres :
Dans la lunette étoit la source de ces guerres.
On en rit. Peuple heureux! quand pourront les François
Se donner, comme vous, entiers à ces emplois?
Mars nous fait recueillir d'amples moissons de gloire :
C'est à nos ennemis de craindre les combats,
A nous de les chercher, certains que la Victoire,
Amante de Louis, suivra partout ses pas.
Ses lauriers nous rendront célèbres dans l'histoire.
     Même les Filles de Mémoire
Ne nous ont point quittés; nous goûtons des plaisirs :
La paix fait nos souhaits et non point nos soupirs.
Charles en sait jouir : il sauroit dans la guerre
Signaler sa valeur, et mener l'Angleterre
A ces jeux qu'en repos elle voit aujourd'hui.
Cependant, s'il pouvoit apaiser la querelle,
Que d'encens! est-il rien de plus digne de lui?
La carrière d'Auguste a-t-elle été moins belle
Que les fameux exploits du premier des Césars?
O peuple trop heureux! quand la paix viendra-t-elle
Nous rendre, comme vous, tout entiers aux beaux-arts?

LIVRE HUITIÈME

I

LA MORT ET LE MOURANT

La Mort ne surprend point le sage;
        Il est toujours prêt à partir,
        S'étant su lui-même avertir
Du temps où l'on se doit résoudre à ce passage.
    Ce temps, hélas! embrasse tous les temps :
Qu'on le partage en jours, en heures, en moments,
        Il n'en est point qu'il ne comprenne
Dans le fatal tribut; tous sont de son domaine;
Et le premier instant où les enfants des rois
            Ouvrent les yeux à la lumière
            Est celui qui vient quelquefois
            Fermer pour toujours leur paupière.
        Défendez-vous par la grandeur,
Alléguez la beauté, la vertu, la jeunesse :
            La Mort ravit tout sans pudeur;
Un jour le monde entier accroîtra sa richesse.
            Il n'est rien de moins ignoré,
            Et puisqu'il faut que je le die,
            Rien où l'on soit moins préparé.

Un Mourant, qui comptoit plus de cent ans de vie,
Se plaignoit à la Mort que précipitamment
Elle le contraignoit de partir tout à l'heure,
            Sans qu'il eût fait son testament,
Sans l'avertir au moîns. « Est-il juste qu'on meure
Au pied levé? dit-il; attendez quelque peu :

Ma femme ne veut pas que je parte sans elle;
Il me reste à pourvoir un arrière-neveu;
Souffrez qu'à mon logis j'ajoute encore une aile.
Que vous êtes pressante, ô Déesse cruelle!
— Vieillard, lui dit la Mort, je ne t'ai point surpris;
Tu te plains sans raison de mon impatience :
Eh! n'as-tu pas cent ans? Trouve-moi dans Paris
Deux mortels aussi vieux; trouve-m'en dix en France.
Je devois, ce dis-tu, te donner quelque avis
            Qui te disposât à la chose :
        J'aurois trouvé ton testament tout fait,
Ton petit-fils pourvu, ton bâtiment parfait.
Ne te donna-t-on pas des avis, quand la cause
            Du marcher et du mouvement,
            Quand les esprits, le sentiment,
Quand tout faillit en toi. Plus de goût, plus d'ouïe;
Toute chose pour toi semble être évanouie;
Pour toi l'astre du jour prend des soins superflus;
Tu regrettes des biens qui ne te touchent plus.
            Je t'ai fait voir tes camarades
            Ou morts, ou mourants, ou malades :
Qu'est-ce que tout cela, qu'un avertissement?
            Allons, vieillard, et sans réplique.
            Il n'importe à la République
            Que tu fasses ton testament. »

La Mort avoit raison. Je voudrois qu'à cet âge
On sortît de la vie ainsi que d'un banquet,
Remerciant son hôte, et qu'on fît son paquet;
Car de combien peut-on retarder le voyage?
Tu murmures, vieillard! Vois ces jeunes mourir,
            Vois-les marcher, vois-les courir
A des morts, il est vrai, glorieuses et belles,
Mais sûres cependant, et quelquefois cruelles.
J'ai beau te le crier; mon zèle est indiscret :
Le plus semblable aux morts meurt le plus à regret.

II

LE SAVETIER ET LE FINANCIER

Un Savetier chantoit du matin jusqu'au soir;
    C'étoit merveilles de le voir,
Merveilles de l'ouïr; il faisoit des passages,
    Plus content qu'aucun des sept sages.
Son voisin, au contraire, étant tout cousu d'or,
    Chantoit peu, dormoit moins encor;
    C'étoit un homme de finance.
Si, sur le point du jour, parfois il sommeilloit,
Le Savetier alors en chantant l'éveilloit;
    Et le Financier se plaignoit
    Que les soins de la Providence
N'eussent pas au marché fait vendre le dormir,
    Comme le manger et le boire.
    En son hôtel il fait venir
Le chanteur, et lui dit : « Or çà, sire Grégoire,
Que gagnez-vous par an? — Par an? Ma foi, Monsieur,
    Dit, avec un ton de rieur,
Le gaillard Savetier, ce n'est point ma manière
De compter de la sorte; et je n'entasse guère
    Un jour sur l'autre : il suffit qu'à la fin
    J'attrape le bout de l'année;
    Chaque jour amène son pain.
— Eh bien, que gagnez-vous, dites-moi, par journée?
— Tantôt plus, tantôt moins : le mal est que toujours
(Et sans cela nos gains seroient assez honnêtes),
Le mal est que dans l'an s'entremêlent des jours
    Qu'il faut chommer; on nous ruine en fêtes;
L'une fait tort à l'autre; et Monsieur le curé
De quelque nouveau saint charge toujours son prône. »

Le Financier, riant de sa naïveté,
Lui dit : « Je vous veux mettre aujourd'hui sur le trône.
Prenez ces cent écus; gardez-les avec soin,
      Pour vous en servir au besoin. »
Le Savetier crut voir tout l'argent que la terre
      Avoit, depuis plus de cent ans,
      Produit pour l'usage des gens.
Il retourne chez lui; dans sa cave il enserre
      L'argent, et sa joie à la fois.
      Plus de chant : il perdit la voix,
Du moment qu'il gagna ce qui cause nos peines.
      Le sommeil quitta son logis;
      Il eut pour hôtes les soucis,
      Les soupçons, les alarmes vaines;
Tout le jour, il avoit l'œil au guet; et la nuit,
      Si quelque chat faisoit du bruit,
Le chat prenoit l'argent. A la fin le pauvre homme
S'en courut chez celui qu'il ne réveilloit plus :
« Rendez-moi, lui dit-il, mes chansons et mon somme,
      Et reprenez vos cent écus. »

III

LE LION, LE LOUP ET LE RENARD

Un Lion, décrépit, goutteux, n'en pouvant plus,
Vouloit que l'on trouvât remède à la vieillesse.
Alléguer l'impossible aux rois, c'est un abus.
      Celui-ci parmi chaque espèce
Manda des médecins; il en est de tous arts.
Médecins au Lion viennent de toutes parts;
De tous côtés lui vient des donneurs de recettes.
      Dans les visites qui sont faites,
Le Renard se dispense et se tient clos et coi.

Le Loup en fait sa cour, daube, au coucher du Roi,
Son camarade absent. Le Prince tout à l'heure
Veut qu'on aille enfumer Renard dans sa demeure,
Qu'on le fasse venir. Il vient, est présenté ;
Et, sachant que le Loup lui faisoit cette affaire :
« Je crains, Sire, dit-il, qu'un rapport peu sincère
         Ne m'ait à mépris imputé
         D'avoir différé cet hommage ;
         Mais j'étois en pèlerinage,
Et m'acquittois d'un vœu fait pour votre santé.
         Même j'ai vu dans mon voyage
Gens experts et savants, leur ai dit la langueur
Dont Votre Majesté craint, à bon droit, la suite.
         Vous ne manquez que de chaleur ;
         Le long âge en vous l'a détruite.
D'un loup écorché vif appliquez-vous la peau
         Toute chaude et toute fumante ;
         Le secret sans doute en est beau *
         Pour la nature défaillante.
         Messire Loup vous servira,
         S'il vous plaît, de robe de chambre. »
         Le Roi goûte cet avis-là :
         On écorche, on taille, on démembre
    Messire Loup. Le Monarque en soupa,
         Et de sa peau s'enveloppa.

Messieurs les courtisans, cessez de vous détruire ;
Faites, si vous pouvez, votre cour sans vous nuire.
Le mal se rend chez vous au quadruple du bien.
Les daubeurs ont leur tour d'une ou d'autre manière :
         Vous êtes dans une carrière
         Où l'on ne se pardonne rien.

IV

LE POUVOIR DES FABLES

A M. DE BARRILLON

La qualité d'ambassadeur
Peut-elle s'abaisser à des contes vulgaires?
Vous puis-je offrir mes vers et leurs grâces légères?
S'ils osent quelquefois prendre un air de grandeur,
Seront-ils point traités par vous de téméraires?
Vous avez bien d'autres affaires
A démêler que les débats
Du Lapin et de la Belette.
Lisez-les, ne les lisez pas;
Mais empêchez qu'on ne nous mette
Toute l'Europe sur les bras.
Que de mille endroits de la terre
Il nous vienne des ennemis,
J'y consens; mais que l'Angleterre
Veuille que nos deux rois se lassent d'être amis,
J'ai peine à digérer la chose.
N'est-il point encor temps que Louis se repose?
Quel autre Hercule enfin ne se trouveroit las
De combattre cette hydre? et faut-il qu'elle oppose
Une nouvelle tête aux efforts de son bras?
Si votre esprit plein de souplesse,
Par éloquence et par adresse,
Peut adoucir les cœurs et détourner ce coup,
Je vous sacrifierai cent moutons : c'est beaucoup
Pour un habitant du Parnasse;
Cependant faites-moi la grâce
De prendre en don ce peu d'encens;

Prenez en gré mes vœux ardents,
Et le récit en vers qu'ici je vous dédie.
Son sujet vous convient, je n'en dirai pas plus :
Sur les éloges que l'envie
Doit avouer qui vous sont dus,
Vous ne voulez pas qu'on appuie.

Dans Athène autrefois, peuple vain et léger,
Un Orateur, voyant sa patrie en danger,
Courut à la tribune; et d'un art tyrannique,
Voulant forcer les cœurs dans une république,
Il parla fortement sur le commun salut.
On ne l'écoutoit pas. L'Orateur recourut
A ces figures violentes
Qui savent exciter les âmes les plus lentes :
Il fit parler les morts, tonna, dit ce qu'il put.
Le vent emporta tout, personne ne s'émut;
L'animal aux têtes frivoles,
Étant fait à ces traits, ne daignoit l'écouter;
Tous regardoient ailleurs; il en vit s'arrêter
A des combats d'enfants, et point à ses paroles.
Que fit le harangueur ? Il prit un autre tour.
« Cérès, commença-t-il, faisoit voyage un jour
Avec l'Anguille et l'Hirondelle;
Un fleuve les arrête; et l'Anguille en nageant,
Comme l'Hirondelle en volant,
Le traversa bientôt. » L'assemblée à l'instant
Cria tout d'une voix : « et Cérès, que fit-elle ?
— Ce qu'elle fit ? Un prompt courroux
L'anima d'abord contre vous.
Quoi ? de contes d'enfants son peuple s'embarrasse !
Et du péril qui le menace
Lui seul entre les Grecs il néglige l'effet !
Que ne demandez-vous ce que Philippe fait ? »
A ce reproche l'assemblée,
Par l'apologue réveillée,

Se donne entière à l'Orateur :
Un trait de fable en eut l'honneur.

Nous sommes tous d'Athène en ce point; et moi-même,
Au moment que je fais cette moralité,
    Si *Peau d'âne* m'étoit conté,
      J'y prendrois un plaisir extrême.
Le monde est vieux, dit-on : je le crois; cependant
Il le faut amuser encor comme un enfant.

V

L'HOMME ET LA PUCE

Par des vœux importuns nous fatiguons les Dieux,
Souvent pour des sujets même indignes des hommes :
Il semble que le Ciel sur tous tant que nous sommes
Soit obligé d'avoir incessamment les yeux,
Et que le plus petit de la race mortelle,
A chaque pas qu'il fait, à chaque bagatelle,
Doive intriguer l'Olympe et tous ses citoyens,
Comme s'il s'agissoit des Grecs et des Troyens.

Un Sot par une Puce eut l'épaule mordue;
Dans les plis de ses draps elle alla se loger.
« Hercule, ce dit-il, tu devois bien purger
La terre de cette hydre au printemps revenue.
Que fais-tu, Jupiter, que du haut de la nue
Tu n'en perdes la race afin de me venger? »
Pour tuer une puce, il vouloit obliger
Ces Dieux à lui prêter leur foudre et leur massue.

VI

LES FEMMES ET LE SECRET

Rien ne pèse tant qu'un secret :
Le porter loin est difficile aux dames;
Et je sais même sur ce fait
Bon nombre d'hommes qui sont femmes.

Pour éprouver la sienne un Mari s'écria,
La nuit, étant près d'elle : « O Dieux! qu'est-ce cela?
Je n'en puis plus! on me déchire!
Quoi? j'accouche d'un œuf! — D'un œuf? — Oui, le voilà,
Frais et nouveau pondu. Gardez bien de le dire :
On m'appelleroit poule; enfin n'en parlez pas. »
La Femme, neuve sur ce cas,
Ainsi que sur mainte autre affaire,
Crut la chose, et promit ses grands dieux de se taire;
Mais ce serment s'évanouit
Avec les ombres de la nuit.
L'Épouse, indiscrète et peu fine,
Sort du lit quand le jour fut à peine levé;
Et de courir chez sa voisine.
« Ma commère, dit-elle, un cas est arrivé;
N'en dites rien surtout, car vous me feriez battre :
Mon mari vient de pondre un œuf gros comme quatre.
Au nom de Dieu, gardez-vous bien
D'aller publier ce mystère.
— Vous moquez-vous? dit l'autre : ah! vous ne savez guère
Quelle je suis. Allez, ne craignez rien. »
La Femme du pondeur s'en retourne chez elle.
L'autre grille déjà de conter la nouvelle;
Elle va la répandre en plus de dix endroits;

> Au lieu d'un œuf, elle en dit trois.
Ce n'est pas encor tout; car une autre commère
En dit quatre, et raconte à l'oreille le fait :
>> Précaution peu nécessaire,
>> Car ne n'étoit plus un secret.
Comme le nombre d'œufs, grâce à la renommée,
>> De bouche en bouche alloit croissant,
>> Avant la fin de la journée
>> Ils se montoient à plus d'un cent.

VII

LE CHIEN QUI PORTE A SON COU LE DINÉ
DE SON MAITRE

Nous n'avons pas les yeux à l'épreuve des belles,
>> Ni les mains à celle de l'or :
>> Peu de gens gardent un trésor
>> Avec des soins assez fidèles.

Certain Chien, qui portoit la pitance au logis,
S'étoit fait un collier du dîné de son maître.
Il étoit tempérant, plus qu'il n'eût voulu l'être
>> Quand il voyoit un mets exquis;
Mais enfin il l'étoit; et tous tant que nous sommes
Nous nous laissons tenter à l'approche des biens.
Chose étrange : on apprend la tempérance aux chiens,
>> Et l'on ne peut l'apprendre aux hommes!
Ce Chien-ci donc étant de la sorte atourné,
Un Mâtin passe, et veut lui prendre le dîné.
>> Il n'en eut pas toute la joie
Qu'il espéroit d'abord : le Chien mit bas la proie
Pour la défendre mieux n'en étant plus chargé;
>> Grand combat; d'autres chiens arrivent;

Ils étoient de ceux-là qui vivent
Sur le public, et craignent peu les coups.
Notre Chien se voyant trop foible contre eux tous,
Et que la chair couroit un danger manifeste,
Voulut avoir sa part; et, lui sage, il leur dit :
« Point de courroux, Messieurs, mon lopin me suffit;
Faites votre profit du reste. »
A ces mots, le premier, il vous happe un morceau;
Et chacun de tirer, le Mâtin, la canaille,
A qui mieux mieux. Ils firent tous ripaille,
Chacun d'eux eut part au gâteau.

Je crois voir en ceci l'image d'une ville
Où l'on met les deniers à la merci des gens.
Échevins, prévôt des marchands,
Tout fait sa main; le plus habile
Donne aux autres l'exemple, et c'est un passe-temps
De leur voir nettoyer un monceau de pistoles.
Si quelque scrupuleux, par des raisons frivoles,
Veut défendre l'argent, et dit le moindre mot,
On lui fait voir qu'il est un sot.
Il n'a pas de peine à se rendre :
C'est bientôt le premier à prendre.

VIII

LE RIEUR ET LES POISSONS

On cherche les rieurs, et moi je les évite.
Cet art veut, sur tout autre, un suprême mérite :
Dieu ne créa que pour les sots
Les méchants diseurs de bons mots.
J'en vais peut-être en une fable
Introduire un; peut-être aussi
Que quelqu'un trouvera que j'aurai réussi.

Un Rieur étoit à la table
   D'un Financier, et n'avoit en son coin
Que de petits Poissons : tous les gros étoient loin.
Il prend donc les menus, puis leur parle à l'oreille,
      Et puis il feint, à la pareille,
D'écouter leur réponse. On demeura surpris;
      Cela suspendit les esprits.
      Le Rieur alors, d'un ton sage,
      Dit qu'il craignoit qu'un sien ami,
      Pour les grandes Indes parti,
      N'eût depuis un an fait naufrage;
Il s'en informoit donc à ce menu fretin;
Mais tous lui répondoient qu'ils n'étoient pas d'un âge
      A savoir au vrai son destin;
      Les gros en sauroient davantage.
« N'en puis-je donc, Messieurs, un gros interroger? »
      De dire si la compagnie
      Prit goût à sa plaisanterie,
J'en doute, mais enfin il les sut engager
A lui servir d'un monstre assez vieux pour lui dire
Tous les noms des chercheurs de mondes inconnus
      Qui n'en étoient pas revenus,
Et que, depuis cent ans, sous l'abîme avoient vus
      Les anciens du vaste empire.

                          IX

              LE RAT ET L'HUITRE

Un Rat, hôte d'un champ, rat de peu de cervelle,
Des lares paternels un jour se trouva sou.
Il laisse là le champ, le grain, et la javelle,
Va courir le pays, abandonne son trou.
      Sitôt qu'il fut hors de la case :

« Que le monde, dit-il, est grand et spacieux!
Voilà les Apennins, et voici le Caucase. »
La moindre taupinée étoit mont à ses yeux.
Au bout de quelques jours, le voyageur arrive
En un certain canton où Téthys sur la rive
Avoit laissé mainte huître; et notre Rat d'abord
Crut voir, en les voyant, des vaisseaux de haut bord.
« Certes, dit-il, mon père étoit un pauvre sire :
Il n'osoit voyager, craintif au dernier point.
Pour moi, j'ai déjà vu le maritime empire;
J'ai passé les déserts, mais nous n'y bûmes point. »
D'un certain magister le Rat tenoit ces choses,
            Et les disoit à travers champs,
N'étant pas de ces rats qui, les livres rongeants,
            Se font savants jusques aux dents.
            Parmi tant d'huîtres toutes closes
Une s'étoit ouverte; et, bâillant au soleil,
            Par un doux zéphir réjouie,
Humoit l'air, respiroit, étoit épanouie,
Blanche, grasse, et d'un goût, à la voir, nompareil.
D'aussi loin que le Rat voit cette Huître qui bâille :
« Qu'aperçois-je? dit-il, c'est quelque victuaille;
Et, si je ne me trompe à la couleur du mets,
Je dois faire aujourd'hui bonne chère, ou jamais. »
Là-dessus, maître Rat, plein de belle espérance,
Approche de l'écaille, allonge un peu le cou,
Se sent pris comme aux lacs; car l'Huître tout d'un coup
Se referme : et voilà ce que fait l'ignorance.

Cette fable contient plus d'un enseignement :
            Nous y voyons premièrement
Que ceux qui n'ont du monde aucune expérience
Sont, aux moindres objets, frappés d'étonnement;
            Et puis nous y pouvons apprendre
            Que tel est pris qui croyoit prendre.

x

L'OURS ET L'AMATEUR DES JARDINS

Certain Ours montagnard, Ours à demi léché,
Confiné par le Sort dans un bois solitaire,
Nouveau Bellérophon vivoit seul et caché.
Il fût devenu fou : la raison d'ordinaire
N'habite pas longtemps chez les gens séquestrés.
Il est bon de parler, et meilleur de se taire;
Mais tous deux sont mauvais alors qu'ils sont outrés.
      Nul animal n'avoit affaire
      Dans les lieux que l'Ours habitoit :
      Si bien que, tout ours qu'il étoit,
Il vint à s'ennuyer de cette triste vie.
Pendant qu'il se livroit à la mélancolie,
      Non loin de là certain Vieillard
      S'ennuyoit aussi de sa part.
Il aimoit les jardins, étoit prêtre de Flore,
      Il l'étoit de Pomone encore.
Ces deux emplois sont beaux; mais je voudrois parmi
      Quelque doux et discret ami :
Les jardins parlent peu, si ce n'est dans mon livre :
      De façon que, lassé de vivre
Avec des gens muets, notre homme, un beau matin,
Va chercher compagnie, et se met en campagne.
      L'Ours, porté d'un même dessein,
      Venoit de quitter sa montagne.
      Tous deux, par un cas surprenant,
      Se rencontrent en un tournant.
L'Homme eut peur; mais comment esquiver? et que
Se tirer en Gascon d'une semblable affaire   [faire?
Est le mieux : il sut donc dissimuler sa peur.

L'Ours, très-mauvais complimenteur,
Lui dit : « Viens-t'en me voir. » L'autre reprit : « Sei-
[gneur,
Vous voyez mon logis; si vous me vouliez faire
Tant d'honneur que d'y prendre un champêtre repas,
J'ai des fruits, j'ai du lait : ce n'est peut-être pas
De Nosseigneurs les Ours le manger ordinaire;
Mais j'offre ce que j'ai. » L'Ours l'accepte; et d'aller.
Les voilà bons amis avant que d'arriver;
Arrivés, les voilà se trouvant bien ensemble;
        Et, bien qu'on soit, à ce qu'il semble,
        Beaucoup mieux seul qu'avec des sots,
Comme l'Ours en un jour ne disoit pas deux mots,
L'Homme pouvoit sans bruit vaquer à son ouvrage.
L'Ours alloit à la chasse, apportoit du gibier,
        Faisoit son principal métier
D'être bon émoucheur, écartoit du visage
De son ami dormant ce parasite ailé
        Que nous avons mouche appelé.
Un jour que le Vieillard dormoit d'un profond somme,
Sur le bout de son nez une allant se placer,
Mit l'Ours au désespoir; il eut beau la chasser.
« Je t'attraperai bien, dit-il; et voici comme. »
Aussitôt fait que dit : le fidèle émoucheur
Vous empoigne un pavé, le lance avec roideur,
Casse la tête à l'Homme en écrasant la mouche,
Et non moins bon archer que mauvais raisonneur,
Roide mort étendu sur la place il le couche.

Rien n'est si dangereux qu'un ignorant ami;
        Mieux vaudroit un sage ennemi.

XI

LES DEUX AMIS

Deux vrais Amis vivoient au Monomotapa :
L'un ne possédoit rien qui n'appartînt à l'autre.
   Les amis de ce pays-là
   Valent bien, dit-on, ceux du nôtre.
Une nuit que chacun s'occupoit au sommeil,
Et mettoit à profit l'absence du soleil,
Un de nos deux Amis sort du lit en alarme;
Il court chez son intime, éveille les valets :
Morphée avoit touché le seuil de ce palais.
L'Ami couché s'étonne; il prend sa bourse, il s'arme,
Vient trouver l'autre, et dit : « Il vous arrive peu
De courir quand on dort; vous me paroissiez homme
A mieux user du temps destiné pour le somme :
N'auriez-vous point perdu tout votre argent au jeu?
En voici. S'il vous est venu quelque querelle,
J'ai mon épée, allons. Vous ennuyez-vous point
De coucher toujours seul? Une esclave assez belle
Étoit à mes côtés : voulez-vous qu'on l'appelle?
— Non, dit l'Ami, ce n'est ni l'un ni l'autre point :
   Je vous rends grâce de ce zèle.
Vous m'êtes, en dormant, un peu triste apparu;
J'ai craint qu'il ne fût vrai; je suis vite accouru
   Ce maudit songe en est la cause. »

Qui d'eux aimoit le mieux? Que t'en semble, lecteur?
Cette difficulté vaut bien qu'on la propose.
Qu'un ami véritable est une douce chose!
Il cherche vos besoins au fond de votre cœur;
   Il vous épargne la pudeur

De les lui découvrir vous-même;
Un songe, un rien, tout lui fait peur
Quand il s'agit de ce qu'il aime.

XII

LE COCHON, LA CHÈVRE ET LE MOUTON

Une Chèvre, un Mouton, avec un Cochon gras,
Montés sur même char, s'en alloient à la foire.
Leur divertissement ne les y portoit pas;
On s'en alloit les vendre, à ce que dit l'histoire :
  Le Charton n'avoit pas dessein
  De les mener voir Tabarin.
  Dom Pourceau crioit en chemin
Comme s'il avoit eu cent bouchers à ses trousses :
C'étoit une clameur à rendre les gens sourds.
Les autres animaux, créatures plus douces,
Bonnes gens, s'étonnoient qu'il criât au secours :
  Ils ne voyoient nul mal à craindre.
Le Charton dit au Porc : « Qu'as-tu tant à te plaindre?
Tu nous étourdis tous : que ne te tiens-tu coi?
Ces deux personnes-ci, plus honnêtes que toi,
Devroient t'apprendre à vivre, ou du moins à te taire :
Regarde ce Mouton; a-t-il dit un seul mot?
  Il est sage. — Il est un sot,
Repartit le Cochon : s'il savoit son affaire,
Il crieroit comme moi, du haut de son gosier;
  Et cette autre personne honnête
  Crieroit tout du haut de sa tête.
Ils pensent qu'on les veut seulement décharger,
La Chèvre de son lait, le Mouton de sa laine :
  Je ne sais pas s'ils ont raison;
  Mais quant à moi, qui ne suis bon

Qu'à manger, ma mort est certaine.
Adieu mon toit et ma maison. »

Dom Pourceau raisonnoit en subtil personnage :
Mais que lui servoit-il? Quand le mal est certain,
La plainte ni la peur ne changent le destin;
Et le moins prévoyant est toujours le plus sage.

XIII

TIRCIS ET AMARANTE

POUR MADEMOISELLE DE SILLERY

J'avois Ésope quitté
Pour être tout à Boccace;
Mais une divinité
Veut revoir sur le Parnasse
Des fables de ma façon.
Or d'aller lui dire : « Non »,
Sans quelque valable excuse,
Ce n'est pas comme on en use
Avec des divinités,
Surtout quand ce sont de celles
Que la qualité de belles
Fait reines des volontés.
Car, afin que l'on le sache,
C'est Sillery qui s'attache
A vouloir que, de nouveau,
Sire Loup, sire Corbeau,
Chez moi se parlent en rime.
Qui dit Sillery dit tout :
Peu de gens en leur estime
Lui refusent le haut bout;

Comment le pourroit-on faire?
Pour venir à notre affaire,
Mes contes, à son avis,
Sont obscurs : les beaux esprits
N'entendent pas toute chose.
Faisons donc quelques récits
Qu'elle déchiffre sans glose :
Amenons des bergers; et puis nous rimerons
Ce que disent entre eux les Loups et les Moutons.

Tircis disoit un jour à la jeune Amarante :
« Ah! si vous connoissiez, comme moi, certain mal
Qui nous plaît et qui nous enchante!
Il n'est bien sous le ciel qui vous parût égal.
Souffrez qu'on vous le communique;
Croyez-moi, n'ayez point de peur :
Voudrois-je vous tromper, vous pour qui je me pique
Des plus doux sentiments que puisse avoir un cœur? »
Amarante aussitôt réplique :
« Comment l'appelez-vous, ce mal? quel est son nom?
— L'amour. — Ce mot est beau; dites-moi quelques
[marques
A quoi je le pourrai connoître : que sent-on?
— Des peines près de qui le plaisir des monarques
Est ennuyeux et fade : on s'oublie, on se plaît
Toute seule en une forêt.
Se mire-t-on près un rivage,
Ce n'est pas soi qu'on voit; on ne voit qu'une image
Qui sans cesse revient, et qui suit en tous lieux :
Pour tout le reste on est sans yeux.
Il est un berger du village
Dont l'abord, dont la voix, dont le nom fait rougir :
On soupire à son souvenir;
On ne sait pas pourquoi, cependant on soupire;
On a peur de le voir, encor qu'on le desire. »
Amarante dit à l'instant :

« Oh! oh! c'est là ce mal que vous me prêchez tant?
Il ne m'est pas nouveau : je pense le connoître. »
           Tircis à son but croyoit être,
Quand la belle ajouta : « Voilà tout justement
           Ce que je sens pour Clidamant. »
L'autre pensa mourir de dépit et de honte.

           Il est force gens comme lui,
Qui prétendent n'agir que pour leur propre compte,
           Et qui font le marché d'autrui.

                         XIV

         LES OBSÈQUES DE LA LIONNE

         La femme du Lion mourut;
         Aussitôt chacun accourut
         Pour s'acquitter envers le Prince
De certains compliments de consolation,
         Qui sont surcroît d'affliction.
         Il fit avertir sa province
         Que les obsèques se feroient
Un tel jour, en tel lieu; ses prévôts y seroient
         Pour régler la cérémonie,
         Et pour placer la compagnie.
         Jugez si chacun s'y trouva.
         Le Prince aux cris s'abandonna,
         Et tout son antre en résonna :
         Les Lions n'ont point d'autre temple.
         On entendit, à son exemple,
Rugir en leurs patois Messieurs les courtisans.
Je définis la cour un pays où les gens,
Tristes, gais, prêts à tout, à tout indifférents,
Sont ce qu'il plaît au Prince, ou, s'ils ne peuvent l'être,
         Tâchent au moins de le parêtre :

Peuple caméléon, peuple singe du maître;
On diroit qu'un esprit anime mille corps :
C'est bien là que les gens sont de simples ressorts.
      Pour revenir à notre affaire,
Le Cerf ne pleura point. Comment eût-il pu faire?
Cette mort le vengeoit : la Reine avoit jadis
      Étranglé sa femme et son fils.
Bref, il ne pleura point. Un flatteur l'alla dire,
      Et soutint qu'il l'avoit vu rire.
La colère du Roi, comme dit Salomon,
Est terrible, et surtout celle du roi Lion;
Mais ce Cerf n'avoit pas accoutumé de lire.
Le Monarque lui dit : « Chétif hôte des bois,
Tu ris, tu ne suis pas ces gémissantes voix.
Nous n'appliquerons point sur tes membres profanes
      Nos sacrés ongles : venez, Loups,
      Vengez la Reine; immolez tous
      Ce traître à ses augustes mânes. »
Le Cerf reprit alors : « Sire, le temps de pleurs
Est passé; la douleur est ici superflue.
Votre digne moitié, couchée entre des fleurs,
      Tout près d'ici m'est apparue;
      Et je l'ai d'abord reconnue.
« Ami, m'a-t-elle dit, garde que ce convoi,
« Quand je vais chez les Dieux, ne t'oblige à des larmes.
« Aux Champs Élysiens j'ai goûté mille charmes,
« Conversant avec ceux qui sont saints comme moi.
« Laisse agir quelque temps le désespoir du Roi :
« J'y prends plaisir. » A peine on eut ouï la chose,
Qu'on se mit à crier : « Miracle! Apothéose! »
Le Cerf eut un présent, bien loin d'être puni.

      Amusez les rois par des songes,
Flattez-les, payez-les d'agréables mensonges :
Quelque indignation dont leur cœur soit rempli,
Ils goberont l'appât; vous serez leur ami.

XV

LE RAT ET L'ÉLÉPHANT

Se croire un personnage est fort commun en France :
    On y fait l'homme d'importance,
    Et l'on n'est souvent qu'un bourgeois.
    C'est proprement le mal françois :
La sotte vanité nous est particulière.
Les Espagnols sont vains, mais d'une autre manière :
    Leur orgueil me semble, en un mot,
    Beaucoup plus fou, mais pas si sot.
    Donnons quelque image du nôtre,
    Qui sans doute en vaut bien un autre.

Un Rat des plus petits voyoit un Éléphant
Des plus gros, et railloit le marcher un peu lent
    De la bête de haut parage,
    Qui marchoit à gros équipage.
    Sur l'animal à triple étage
    Une sultane de renom,
    Son chien, son chat et sa guenon,
Son perroquet, sa vieille, et toute sa maison,
    S'en alloit en pèlerinage.
    Le Rat s'étonnoit que les gens
Fussent touchés de voir cette pesante masse :
« Comme si d'occuper ou plus ou moins de place
Nous rendoit, disoit-il, plus ou moins importants!
Mais qu'admirez-vous tant en lui, vous autres hommes?
Seroit-ce ce grand corps qui fait peur aux enfants?
Nous ne nous prisons pas, tout petits que nous som-
    D'un grain moins que les Éléphants. »   [mes,

Il en auroit dit davantage :
Mais le Chat, sortant de sa cage,
Lui fit voir, en moins d'un instant,
Qu'un Rat n'est pas un Éléphant.

XVI

L'HOROSCOPE

On rencontre sa destinée
Souvent par des chemins qu'on prend pour l'éviter.

Un Père eut pour toute lignée
Un Fils qu'il aima trop, jusques à consulter
Sur le sort de sa géniture
Les diseurs de bonne aventure.
Un de ces gens lui dit que des lions surtout
Il éloignât l'Enfant jusques à certain âge;
Jusqu'à vingt ans, point davantage.
Le Père, pour venir à bout
D'une précaution sur qui rouloit la vie
De celui qu'il aimoit, défendit que jamais
On lui laissât passer le seuil de son palais.
Il pouvoit, sans sortir, contenter son envie,
Avec ses compagnons tout le jour badiner,
Sauter, courir, se promener.
Quand il fut en l'âge où la chasse
Plaît le plus aux jeunes esprits,
Cet exercice avec mépris
Lui fut dépeint; mais, quoi qu'on fasse,
Propos, conseil, enseignement,
Rien ne change un tempérament.
Le jeune homme, inquiet, ardent, plein de courage,
A peine se sentit des bouillons d'un tel âge,

Qu'il soupira pour ce plaisir.
Plus l'obstacle étoit grand, plus fort fut le désir.
Il savoit le sujet des fatales défenses;
Et comme ce logis, plein de magnificences,
      Abondoit partout en tableaux,
      Et que la laine et les pinceaux
Traçoient de tous côtés chasses et paysages,
      En cet endroit des animaux,
      En cet autre des personnages,
Le jeune homme s'émut, voyant peint un Lion :
« Ah! monstre, cria-t-il, c'est toi qui me fais vivre
Dans l'ombre et dans les fers! » À ces mots, il se livre
Aux transports violents de l'indignation,
      Porte le poing sur l'innocente bête.
Sous la tapisserie un clou se rencontra :
      Ce clou le blesse; il pénétra
Jusqu'aux ressorts de l'âme; et cette chère tête,
Pour qui l'art d'Esculape en vain fit ce qu'il put,
Dut sa perte à ces soins qu'on prit pour son salut.
Même précaution nuisit au poëte Eschyle.
      Quelque devin le menaça, dit-on,
      De la chute d'une maison.
      Aussitôt il quitta la ville,
Mit son lit en plein champ, loin des toits, sous les cieux.
Un aigle, qui portoit en l'air une tortue,
Passa par là, vit l'homme, et sur sa tête nue,
Qui parut un morceau de rocher à ses yeux,
      Étant de cheveux dépourvue,
Laissa tomber sa proie, afin de la casser :
Le pauvre Eschyle ainsi sut ses jours avancer.

      De ces exemples il résulte
Que cet art, s'il est vrai, fait tomber dans les maux
      Que craint celui qui le consulte;
Mais je l'en justifie, et maintiens qu'il est faux.
      Je ne crois point que la Nature

Se soit lié les mains, et nous les lie encor
Jusqu'au point de marquer dans les cieux notre sort :
   Il dépend d'une conjoncture
   De lieux, de personnes, de temps,
Non des conjonctions de tous ces charlatans.
Ce berger et ce roi sont sous même planète;
L'un d'eux porte le sceptre, et l'autre la houlette :
   Jupiter le vouloit ainsi.
Qu'est-ce que Jupiter? un corps sans connoissance.
   D'où vient donc que son influence
Agit différemment sur ces deux hommes-ci?
Puis comment pénétrer jusques à notre monde?
Comment percer des airs la campagne profonde?
Percer Mars, le Soleil, et des vuides sans fin?
Un atome la peut détourner en chemin :
Où l'iront retrouver les faiseurs d'horoscope?
   L'état où nous voyons l'Europe
Mérite que du moins quelqu'un d'eux l'ait prévu :
Que ne l'a-t-il donc dit? Mais nul d'eux ne l'a su.
L'immense éloignement, le point, et sa vitesse,
   Celle aussi de nos passions,
   Permettent-ils à leur foiblesse
De suivre pas à pas toutes nos actions?
Notre sort en dépend : sa course entre-suivie
Ne va, non plus que nous, jamais d'un même pas;
   Et ces gens veulent au compas
   Tracer le cours de notre vie!
   Il ne se faut point arrêter
Aux deux faits ambigus que je viens de conter.
Ce Fils par trop chéri, ni le bonhomme Eschyle,
N'y font rien : tout aveugle et menteur qu'est cet art,
Il peut frapper au but une fois entre mille;
   Ce sont des effets du hasard.

XVII

L'ANE ET LE CHIEN

Il se faut entr'aider; c'est la loi de nature.
    L'Ane un jour pourtant s'en moqua :
    Et ne sais comme il y manqua;
    Car il est bonne créature.
Il alloit par pays, accompagné du Chien,
    Gravement, sans songer à rien,
    Tous deux suivis d'un commun maître.
Ce maître s'endormit : l'Ane se mit à paître :
    Il étoit alors dans un pré
    Dont l'herbe étoit fort à son gré.
Point de chardons pourtant; il s'en passa pour l'heure :
Il ne faut pas toujours être si délicat;
    Et faute de servir ce plat,
    Rarement un festin demeure.
    Notre Baudet s'en sut enfin
Passer pour cette fois. Le Chien, mourant de faim,
Lui dit : « Cher compagnon, baisse-toi, je te prie :
Je prendrai mon dîné dans le panier au pain. »
Point de réponse, mot : le Roussin d'Arcadie
    Craignit qu'en perdant un moment
    Il ne perdît un coup de dent.
    Il fit longtemps la sourde oreille;
Enfin il répondit : « Ami, je te conseille
D'attendre que ton maître ait fini son sommeil;
Car il te donnera, sans faute, à son réveil,
    Ta portion accoutumée :
    Il ne sauroit tarder beaucoup. »
    Sur ces entrefaites, un Loup
Sort du bois, et s'en vient : autre bête affamée.

L'Ane appelle aussitôt le Chien à son secours.
Le Chien ne bouge, et dit : « Ami, je te conseille
De fuir, en attendant que ton maître s'éveille;
Il ne sauroit tarder : détale vite, et cours.
Que si ce Loup t'atteint, casse-lui la mâchoire :
On t'a ferré de neuf; et, si tu me veux croire,
Tu l'étendras tout plat. » Pendant ce beau discours,
Seigneur Loup étrangla le Baudet sans remède.

    Je conclus qu'il faut qu'on s'entr'aide.

                        XVIII

            LE BASSA ET LE MARCHAND

Un Marchand grec en certaine contrée
Faisoit trafic. Un Bassa l'appuyoit;
De quoi le Grec en Bassa le payoit,
Non en Marchand : tant c'est chère denrée
Qu'un protecteur. Celui-ci coûtoit tant,
Que notre Grec s'alloit partout plaignant.
Trois autres Turcs, d'un rang moindre en puissance,
Lui vont offrir leur support en commun.
Eux trois vouloient moins de reconnoissance
Qu'à ce Marchand il n'en coûtoit pour un.
Le Grec écoute; avec eux il s'engage;
Et le Bassa du tout est averti :
Même on lui dit qu'il jouera, s'il est sage,
A ces gens-là quelque méchant parti,
Les prévenant, les chargeant d'un message
Pour Mahomet, droit en son paradis,
Et sans tarder; sinon ces gens unis
Le préviendront, bien certains qu'à la ronde
Il a des gens tout prêts pour le venger :

Quelque poison l'envoira protéger
Les trafiquants qui sont en l'autre monde.
Sur cet avis le Turc se comporta
Comme Alexandre; et, plein de confiance,
Chez le Marchand tout droit il s'en alla,
Se mit à table. On vit tant d'assurance
En ses discours et dans tout son maintien,
Qu'on ne crut point qu'il se doutât de rien.
« Ami, dit-il, je sais que tu me quittes;
Même l'on veut que j'en craigne les suites;
Mais je te crois un trop homme de bien;
Tu n'as point l'air d'un donneur de breuvage.
Je n'en dis pas là-dessus davantage.
Quant à ces gens qui pensent t'appuyer,
Écoute-moi : sans tant de dialogue
Et de raisons qui pourroient t'ennuyer,
Je ne te veux conter qu'un apologue.

Il étoit un Berger, son Chien et son troupeau.
Quelqu'un lui demanda ce qu'il prétendoit faire
            D'un Dogue de qui l'ordinaire
Étoit un pain entier. Il falloit bien et beau
Donner cet animal au seigneur du village.
            Lui, Berger, pour plus de ménage,
            Auroit deux ou trois mâtineaux,
Qui, lui dépensant moins, veilleroient aux troupeaux
            Bien mieux que cette bête seule.
Il mangeoit plus que trois; mais on ne disoit pas
            Qu'il avoit aussi triple gueule
            Quand les loups livroient des combats.
Le Berger s'en défait; il prend trois chiens de taille
A lui dépenser moins, mais à fuir la bataille.
Le troupeau s'en sentit; et tu te sentiras
            Du choix de semblable canaille.
        Si tu fais bien, tu reviendras à moi. »
        Le Grec le crut.

Ceci montre aux provinces
Que, tout compté, mieux vaut, en bonne foi,
S'abandonner à quelque puissant roi,
Que s'appuyer de plusieurs petits princes.

XIX

L'AVANTAGE DE LA SCIENCE

Entre deux Bourgeois d'une ville
S'émut jadis un différend :
L'un étoit pauvre, mais habile;
L'autre riche, mais ignorant.
Celui-ci sur son concurrent
Vouloit emporter l'avantage,
Prétendoit que tout homme sage
Étoit tenu de l'honorer.
C'étoit un homme sot; car pourquoi révérer
Des biens dépourvus de mérite?
La raison m'en semble petite.
« Mon ami, disoit-il souvent
                Au savant,
Vous vous croyez considérable;
Mais, dites-moi, tenez-vous table?
Que sert à vos pareils de lire incessamment?
Ils sont toujours logés à la troisième chambre,
Vêtus au mois de juin comme au mois de décembre,
Ayant pour tout laquais leur ombre seulement.
La République a bien affaire
De gens qui ne dépensent rien!
Je ne sais d'homme nécessaire
Que celui dont le luxe épand beaucoup de bien.
Nous en usons, Dieu sait! notre plaisir occupe
L'artisan, le vendeur, celui qui fait la jupe,

Et celle qui la porte, et vous, qui dédiez
    A Messieurs les gens de finance
    De méchants livres bien payés. »
    Ces mots remplis d'impertinence
    Eurent le sort qu'ils méritoient.
L'homme lettré se tut, il avoit trop à dire.
La guerre le vengea bien mieux qu'une satire.
Mars détruisit le lieu que nos gens habitoient :
    L'un et l'autre quitta sa ville.
    L'ignorant resta sans asile :
    Il reçut partout des mépris;
L'autre reçut partout quelque faveur nouvelle :
    Cela décida leur querelle.

Laissez dire les sots : le savoir a son prix.

              XX

JUPITER ET LES TONNERRES

    Jupiter, voyant nos fautes,
    Dit un jour, du haut des airs :
    « Remplissons de nouveaux hôtes
    Les cantons de l'univers
    Habités par cette race
    Qui m'importune et me lasse.
    Va-t'en, Mercure, aux Enfers;
    Amène-moi la Furie
    La plus cruelle des trois.
    Race que j'ai trop chérie,
    Tu périras cette fois. »
    Jupiter ne tarda guère
    A modérer son transport.
    O vous, Rois, qu'il voulut faire

Arbitres de notre sort,
Laissez, entre la colère
Et l'orage qui la suit,
L'intervalle d'une nuit.
Le Dieu dont l'aile est légère,
Et la langue a des douceurs,
Alla voir les noires Sœurs.
A Tisiphone et Mégère
Il préféra, ce dit-on,
L'impitoyable Alecton.
Ce choix la rendit si fière,
Qu'elle jura par Pluton
Que toute l'engeance humaine
Seroit bientôt du domaine
Des déités de là-bas.
Jupiter n'approuva pas
Le serment de l'Euménide.
Il la renvoie; et pourtant
Il lance un foudre à l'instant
Sur certain peuple perfide.
Le Tonnerre, ayant pour guide
Le père même de ceux
Qu'il menaçoit de ses feux,
Se contenta de leur crainte;
Il n'embrasa que l'enceinte
D'un désert inhabité :
Tout père frappe à côté.
Qu'arriva-t-il? Notre engeance
Prit pied sur cette indulgence.
Tout l'Olympe s'en plaignit;
Et l'assembleur de nuages
Jura le Styx, et promit
De former d'autres orages :
Ils seroient sûrs. On sourit;
On lui dit qu'il étoit père,
Et qu'il laissât, pour le mieux,

　　　A quelqu'un des autres dieux
　　　D'autres tonnerres à faire.
　　　Vulcain entreprit l'affaire.
　　　Ce dieu remplit ses fourneaux
　　　De deux sortes de carreaux :
　　　L'un jamais ne se fourvoie;
　　　Et c'est celui que toujours
　　　L'Olympe en corps nous envoie;
　　　L'autre s'écarte en son cours :
　　　Ce n'est qu'aux monts qu'il en coûte;
　　　Bien souvent même il se perd;
　　　Et ce dernier en sa route
　　　Nous vient du seul Jupiter.

XXI

LE FAUCON ET LE CHAPON

Une traîtresse voix bien souvent vous appelle;
　　　Ne vous pressez donc nullement :
Ce n'étoit pas un sot, non, non, et croyez-m'en,
　　　Que le chien de Jean de Nivelle.
Un citoyen du Mans, chapon de son métier,
　　　Étoit sommé de comparaître
　　　Par-devant les lares du maître,
Au pied d'un tribunal que nous nommons foyer.
Tous les gens lui crioient, pour déguiser la chose,
« Petit, petit, petit! » mais, loin de s'y fier,
Le Normand et demi laissoit les gens crier.
« Serviteur, disoit-il; votre appât est grossier :
　　　On ne m'y tient pas, et pour cause. »
Cependant un Faucon sur sa perche voyoit
　　　Notre Manceau qui s'enfuyoit.
Les chapons ont en nous fort peu de confiance,

Soit instinct, soit expérience.
Celui-ci, qui né fut qu'avec peine attrapé,
Devoit, le lendemain, être d'un grand soupé,
Fort à l'aise en un plat, honneur dont la volaille
  Se seroit passée aisément.
L'Oiseau chasseur lui dit : « Ton peu d'entendement
Me rend tout étonné. Vous n'êtes que racaille,
Gens grossiers, sans esprit, à qui l'on n'apprend rien.
Pour moi, je sais chasser, et revenir au maître.
  Le vois-tu pas à la fenêtre ?
Il t'attend : es-tu sourd ? — Je n'entends que trop bien,
Repartit le Chapon ; mais que me veut-il dire ?
Et ce beau cuisinier armé d'un grand couteau ?
  Reviendrois-tu pour cet appeau ?
  Laisse-moi fuir ; cesse de rire
De l'indocilité qui me fait envoler
Lorsque d'un ton si doux on s'en vient m'appeler.
  Si tu voyois mettre à la broche
  Tous les jours autant de faucons
  Que j'y vois mettre de chapons,
Tu ne me ferois pas un semblable reproche. »

XXII

LE CHAT ET LE RAT

Quatre animaux divers, le Chat Grippe-fromage,
Triste-oiseau le Hibou, Ronge-maille le Rat,
  Dame Belette au long corsage,
  Toutes gens d'esprit scélérat,
Hantoient le tronc pourri d'un pin vieux et sauvage.
Tant y furent, qu'un soir à l'entour de ce pin
L'Homme tendit ses rets. Le Chat, de grand matin,
  Sort pour aller chercher sa proie.

Les derniers traits de l'ombre empêchent qu'il ne voie
Le filet : il y tombe, en danger de mourir;
Et mon Chat de crier; et le Rat d'accourir,
L'un plein de désespoir, et l'autre plein de joie;
Il voyoit dans les lacs son mortel ennemi.
　　　　Le pauvre Chat dit : « Cher ami,
　　　　Les marques de ta bienveillance
　　　　Sont communes en mon endroit;
Viens m'aider à sortir du piége où l'ignorance
　　　　M'a fait tomber. C'est à bon droit
Que, seul entre les tiens, par amour singulière,
Je t'ai toujours choyé, t'aimant comme mes yeux.
Je n'en ai point regret, et j'en rends grâce aux Dieux
　　　　J'allois leur faire ma prière,
Comme tout dévot Chat en use les matins.
Ce réseau me retient : ma vie est en tes mains;
Viens dissoudre ces nœuds. — Et quelle récompense
　　　　En aurai-je? reprit le Rat.
　　　　— Je jure éternelle alliance
　　　　Avec toi, repartit le Chat.
Dispose de ma griffe, et sois en assurance :
Envers et contre tous je te protégerai,
　　　　Et la Belette mangerai
　　　　Avec l'époux de la Chouette :
Ils t'en veulent tous deux. » Le Rat dit : « Idiot!
Moi ton libérateur? je ne suis pas si sot. »
　　　　Puis il s'en va vers sa retraite.
　　　　La Belette étoit près du trou.
Le Rat grimpe plus haut; il y voit le Hibou :
Dangers de toutes parts; le plus pressant l'emporte.
Ronge-maille retourne au Chat, et fait en sorte
Qu'il détache un chaînon, puis un autre, et puis tant
　　　　Qu'il dégage enfin l'hypocrite.
　　　　L'Homme paroît en cet instant;
Les nouveaux alliés prennent tous deux la fuite.
A quelque temps de là, notre Chat vit de loin

Son Rat qui se tenoit à l'erte et sur ses gardes :
« Ah! mon frère, dit-il, viens m'embrasser; ton soin
      Me fait injure : tu regardes
      Comme ennemi ton allié.
      Penses-tu que j'aie oublié
      Qu'après Dieu je te dois la vie?
— Et moi, reprit le Rat, penses-tu que j'oublie
      Ton naturel? Aucun traité
Peut-il forcer un Chat à la reconnoissance?
      S'assure-t-on sur l'alliance
      Qu'a faite la nécessité? »

XXIII

LE TORRENT ET LA RIVIÈRE

      Avec grand bruit et grand fracas
      Un Torrent tomboit des montagnes :
Tout fuyoit devant lui; l'horreur suivoit ses pas;
      Il faisoit trembler les campagnes.
      Nul voyageur n'osoit passer
      Une barrière si puissante :
Un seul vit des voleurs; et, se sentant presser,
Il mit entre eux et lui cette onde menaçante.
Ce n'étoit que menace et bruit sans profondeur :
      Notre homme enfin n'eut que la peur.
      Ce succès lui donnant courage,
Et les mêmes voleurs le poursuivant toujours,
      Il rencontra sur son passage
      Une Rivière dont le cours,
Image d'un sommeil doux, paisible, et tranquille,
Lui fit croire d'abord ce trajet fort facile :
Point de bords escarpés, un sable pur et net.
      Il entre; et son cheval le met

A couvert des voleurs, mais non de l'onde noire :
        Tous deux au Styx allèrent boire;
        Tous deux, à nager malheureux,
Allèrent traverser, au séjour ténébreux,
        Bien d'autres fleuves que les nôtres.

        Les gens sans bruit sont dangereux :
        Il n'en est pas ainsi des autres.

XXIV

L'ÉDUCATION

Laridon et César, frères dont l'origine
Venoit de chiens fameux, beaux, bien faits, et hardis,
A deux maîtres divers échus au temps jadis,
Hantoient, l'un les forêts, et l'autre la cuisine.
Ils avoient eu d'abord chacun un autre nom;
        Mais la diverse nourriture
Fortifiant en l'un cette heureuse nature,
En l'autre l'altérant, un certain marmiton
        Nomma celui-ci Laridon.
Son frère, ayant couru mainte haute aventure,
Mis maint cerf aux abois, maint sanglier abattu,
Fut le premier César que la gent chienne ait eu.
On eut soin d'empêcher qu'une indigne maîtresse
Ne fît en ses enfants dégénérer son sang.
Laridon négligé témoignoit sa tendresse
        A l'objet le premier passant.
        Il peupla tout de son engeance :
Tournebroches par lui rendus communs en France
Y font un corps à part, gens fuyants les hasards,
        Peuple antipode des Césars.
On ne suit pas toujours ses aïeux ni son père :

Le peu de soin, le temps, tout fait qu'on dégénère :
Faute de cultiver la nature et ses dons,
Oh! combien de Césars deviendront Laridons!

XXV

LES DEUX CHIENS ET L'ANE MORT

    Les vertus devroient être sœurs,
      Ainsi que les vices sont frères.
Dès que l'un de ceux-ci s'empare de nos cœurs,
Tous viennent à la file; il ne s'en manque guères :
    J'entends de ceux qui, n'étant pas contraires,
      Peuvent loger sous même toit.
A l'égard des vertus, rarement on les voit
Toutes en un sujet éminemment placées
Se tenir par la main sans être dispersées.
L'un est vaillant, mais prompt; l'autre est prudent, mais
                     [froid.
Parmi les animaux, le chien se pique d'être
      Soigneux, et fidèle à son maître;
      Mais il est sot, il est gourmand :
Témoin ces deux mâtins qui, dans l'éloignement,
Virent un Ane mort qui flottoit sur les ondes.
Le vent de plus en plus l'éloignoit de nos Chiens.
« Ami, dit l'un, tes yeux sont meilleurs que les miens :
Porte un peu tes regards sur ces plaines profondes;
J'y crois voir quelque chose. Est-ce un bœuf, un cheval?
    — Hé! qu'importe quel animal?
Dit l'un de ces mâtins; voilà toujours curée.
Le point est de l'avoir; car le trajet est grand,
Et, de plus, il nous faut nager contre le vent.
Buvons toute cette eau; notre gorge altérée
En viendra bien à bout : ce corps demeurera

Bientôt à sec, et ce sera
Provision pour la semaine. »
Voilà mes Chiens à boire : ils perdirent l'haleine,
Et puis la vie; ils firent tant
Qu'on les vit crever à l'instant.

L'homme est ainsi bâti : quand un sujet l'enflamme,
L'impossibilité disparoît à son âme.
Combien fait-il de vœux, combien perd-il de pas,
S'outrant pour acquérir des biens ou de la gloire!
        « Si j'arrondissois mes États!
Si je pouvois remplir mes coffres de ducats!
Si j'apprenois l'hébreu, les sciences, l'histoire! »
        Tout cela, c'est la mer à boire;
        Mais rien à l'homme ne suffit.
Pour fournir aux projets que forme un seul esprit,
Il faudroit quatre corps; encor, loin d'y suffire,
A mi-chemin je crois que tous demeureroient :
Quatre Mathusalems bout à bout ne pourroient
        Mettre à fin ce qu'un seul desire.

XXVI

DÉMOCRITE ET LES ABDÉRITAINS

Que j'ai toujours haï les pensers du vulgaire!
Qu'il me semble profane, injuste, et téméraire,
Mettant de faux milieux entre la chose et lui,
Et mesurant par soi ce qu'il voit en autrui!
Le maître d'Épicure en fit l'apprentissage.
Son pays le crut fou : petits esprits! Mais quoi?
        Aucun n'est prophète chez soi.
Ces gens étoient les fous, Démocrite, le sage.
L'erreur alla si loin qu'Abdère députa

Vers Hippocrate et l'invita,
    Par lettres et par ambassade,
A venir rétablir la raison du malade :
« Notre concitoyen, disoient-ils en pleurant,
Perd l'esprit : la lecture a gâté Démocrite;
Nous l'estimerions plus s'il étoit ignorant.
« Aucun nombre, dit-il, les mondes ne limite :
    « Peut-être même ils sont remplis
    « De Démocrites infinis. »
Non content de ce songe, il y joint les atomes,
Enfants d'un cerveau creux, invisibles fantômes;
Et, mesurant les cieux sans bouger d'ici-bas,
Il connoît l'univers, et ne se connoît pas.
Un temps fut qu'il savoit accorder les débats :
    Maintenant il parle à lui-même.
Venez, divin mortel; sa folie est extrême. »
Hippocrate n'eut pas trop de foi pour ces gens;
Cependant il partit. Et voyez, je vous prie,
    Quelles rencontres dans la vie
Le sort cause! Hippocrate arriva dans le temps
Que celui qu'on disoit n'avoir raison ni sens
    Cherchoit dans l'homme et dans la bête
Quel siége a la raison, soit le cœur, soit la tête.
Sous un ombrage épais, assis près d'un ruisseau,
    Les labyrinthes d'un cerveau
L'occupoient. Il avoit à ses pieds maint volume,
Et ne vit presque pas son ami s'avancer,
    Attaché selon sa coutume.
Leur compliment fut court, ainsi qu'on peut penser :
Le sage est ménager du temps et des paroles.
Ayant donc mis à part les entretiens frivoles,
Et beaucoup raisonné sur l'homme et sur l'esprit,
    Ils tombèrent sur la morale.
    Il n'est pas besoin que j'étale
    Tout ce que l'un et l'autre dit.
    Le récit précédent suffit

Pour montrer que le peuple est juge récusable.
　　　En quel sens est donc véritable
　　　Ce que j'ai lu dans certain lieu,
　　　Que sa voix est la voix de Dieu?

XXVII

LE LOUP ET LE CHASSEUR

Fureur d'accumuler, monstre de qui les yeux
Regardent comme un point tous les bienfaits des Dieux,
Te combattrai-je en vain sans cesse en cet ouvrage?
Quel temps demandes-tu pour suivre mes leçons?
L'homme, sourd à ma voix comme à celle du sage,
Ne dira-t-il jamais : « C'est assez, jouissons? »
— Hâte-toi, mon ami, tu n'as pas tant à vivre.
Je te rebats ce mot, car il vaut tout un livre :
Jouis. — Je le ferai. — Mais quand donc? — Dès demain.
— Eh! mon ami, la mort te peut prendre en chemin :
Jouis dès aujourd'hui; redoute un sort semblable
A celui du Chasseur et du Loup de ma fable.

Le premier, de son arc, avoit mis bas un daim.
Un faon de biche passe, et le voilà soudain
Compagnon du défunt : tous deux gisent sur l'herbe.
La proie étoit honnête, un daim avec un faon;
Tout modeste chasseur en eût été content :
Cependant un sanglier, monstre énorme et superbe,
Tente encor notre Archer, friand de tels morceaux.
Autre habitant du Styx : la Parque et ses ciseaux
Avec peine y mordoient; la déesse infernale
Reprit à plusieurs fois l'heure au monstre fatale.
De la force du coup pourtant il s'abattit.
C'étoit assez de biens. Mais quoi? rien ne remplit

Les vastes appétits d'un faiseur de conquêtes.
Dans le temps que le porc revient à soi, l'Archer
Voit le long d'un sillon une perdrix marcher,
        Surcroît chétif aux autres têtes :
De son arc toutefois il bande les ressorts.
Le sanglier, rappelant les restes de sa vie,
Vient à lui, le découd, meurt vengé sur son corps,
        Et la perdrix le remercie.

Cette part du récit s'adresse au convoiteux :
L'avare aura pour lui le reste de l'exemple.

Un Loup vit, en passant, ce spectacle piteux :
« O Fortune! dit-il, je te promets un temple.
Quatre corps étendus! que de biens! mais pourtant
Il faut les ménager, ces rencontres sont rares.
        (Ainsi s'excusent les avares.)
J'en aurai, dit le Loup, pour un mois, pour autant :
Un, deux, trois, quatre corps, ce sont quatre semaines,
        Si je sais compter, toutes pleines.
Commençons dans deux jours; et mangeons cependant
La corde de cet arc : il faut que l'on l'ait faite
De vrai boyau; l'odeur me le témoigne assez. »
        En disant ces mots, il se jette
Sur l'arc qui se détend, et fait de la sagette
Un nouveau mort : mon Loup a les boyaux percés.

Je reviens à mon texte. Il faut que l'on jouisse;
Témoin ces deux gloutons punis d'un sort commun :
        La convoitise perdit l'un;
        L'autre périt par l'avarice.

LIVRE NEUVIÈME

I

LE DÉPOSITAIRE INFIDÈLE

Grâce aux Filles de Mémoire,
J'ai chanté des animaux;
Peut-être d'autres héros
M'auroient acquis moins de gloire.
Le Loup, en langue des Dieux,
Parle au Chien dans mes ouvrages;
Les bêtes, à qui mieux mieux,
Y font divers personnages,
Les uns fous, les autres sages :
De telle sorte pourtant
Que les fous vont l'emportant;
La mesure en est plus pleine.
Je mets aussi sur la scène
Des trompeurs, des scélérats,
Des tyrans et des ingrats,
Mainte imprudente pécore,
Force sots, force flatteurs;
Je pourrois y joindre encore
Des légions de menteurs :
Tout homme ment, dit le Sage.
S'il n'y mettoit seulement
Que les gens du bas étage,
On pourroit aucunement
Souffrir ce défaut aux hommes;
Mais que tous tant que nous sommes

Nous mentions, grand et petit,
Si quelque autre l'avoit dit,
Je soutiendrois le contraire.
Et même qui mentiroit
Comme Ésope et comme Homère,
Un vrai menteur ne seroit :
Le doux charme de maint songe
Par leur bel art inventé,
Sous les habits du mensonge
Nous offre la vérité.
L'un et l'autre a fait un livre
Que je tiens digne de vivre
Sans fin, et plus, s'il se peut.
Comme eux ne ment pas qui veut.
Mais mentir comme sut faire
Un certain dépositaire,
Payé par son propre mot,
Est d'un méchant et d'un sot.
Voici le fait :

Un Trafiquant de Perse,
Chez son Voisin, s'en allant en commerce,
Mit en dépôt un cent de fer un jour.
« Mon fer ? dit-il, quand il fut de retour.
— Votre fer ? il n'est plus : j'ai regret de vous dire
Qu'un rat l'a mangé tout entier.
J'en ai grondé mes gens; mais qu'y faire ? un grenier
A toujours quelque trou. » Le Trafiquant admire
Un tel prodige, et feint de le croire pourtant.
Au bout de quelques jours il détourne l'enfant
Du perfide Voisin; puis à souper convie
Le Père, qui s'excuse, et lui dit en pleurant :
« Dispensez-moi, je vous supplie;
Tous plaisirs pour moi sont perdus.
J'aimois un fils plus que ma vie;
Je n'ai que lui; que dis-je ? hélas! je ne l'ai plus.

On me l'a dérobé : plaignez mon infortune. »
Le Marchand repartit : « Hier au soir, sur la brune,
Un chat-huant s'en vint votre fils enlever;
Vers un vieux bâtiment je le lui vis porter. »
Le Père dit : « Comment voulez-vous que je croie
Qu'un hibou pût jamais emporter cette proie?
Mon fils en un besoin eût pris le chat-huant.
— Je ne vous dirai point, reprit l'autre, comment;
Mais enfin je l'ai vu, vu de mes yeux, vous dis-je,
          Et ne vois rien qui vous oblige
D'en douter un moment après ce que je dis.
          Faut-il que vous trouviez étrange
          Que les chats-huants d'un pays
Où le quintal de fer par un seul rat se mange,
Enlèvent un garçon pesant un demi-cent? »
L'autre vit où tendoit cette feinte aventure :
          Il rendit le fer au Marchand,
          Qui lui rendit sa géniture.

Même dispute avint entre deux voyageurs.
          L'un d'eux étoit de ces conteurs
Qui n'ont jamais rien vu qu'avec un microscope;
Tout est géant chez eux : écoutez-les, l'Europe,
Comme l'Afrique, aura des monstres à foison.
Celui-ci se croyoit l'hyperbole permise.
« J'ai vu, dit-il, un chou plus grand qu'une maison.
— Et moi, dit l'autre, un pot aussi grand qu'une église. »
Le premier se moquant, l'autre reprit : « Tout doux;
          On le fit pour cuire vos choux. »

L'homme au pot fut plaisant; l'homme au fer fut habile.
Quand l'absurde est outré, l'on lui fait trop d'honneur
De vouloir par raison combattre son erreur :
Enchérir est plus court, sans s'échauffer la bile.

II

LES DEUX PIGEONS

Deux Pigeons s'aimoient d'amour tendre :
L'un d'eux, s'ennuyant au logis,
Fut assez fou pour entreprendre
Un voyage en lointain pays.
L'autre lui dit : « Qu'allez-vous faire?
Voulez-vous quitter votre frère?
L'absence est le plus grand des maux :
Non pas pour vous, cruel! Au moins, que les travaux,
Les dangers, les soins du voyage,
Changent un peu votre courage.
Encor, si la saison s'avançoit davantage!
Attendez les zéphyrs : qui vous presse? un corbeau
Tout à l'heure annonçoit malheur à quelque oiseau.
Je ne songerai plus que rencontre funeste,
Que faucons, que réseaux. « Hélas! dirai-je, il pleut :
« Mon frère a-t-il tout ce qu'il veut,
« Bon soupé, bon gîte, et le reste? »
Ce discours ébranla le cœur
De notre imprudent voyageur;
Mais le desir de voir et l'humeur inquiète
L'emportèrent enfin. Il dit : « Ne pleurez point;
Trois jours au plus rendront mon âme satisfaite;
Je reviendrai dans peu conter de point en point
Mes aventures à mon frère;
Je le désennuierai. Quiconque ne voit guère
N'a guère à dire aussi. Mon voyage dépeint
Vous sera d'un plaisir extrême.
Je dirai : « J'étois là; telle chose m'avint »;
Vous y croirez être vous-même. »

A ces mots, en pleurant, ils se dirent adieu.
Le voyageur s'éloigne; et voilà qu'un nuage
L'oblige de chercher retraite en quelque lieu.
Un seul arbre s'offrit, tel encor que l'orage
Maltraita le Pigeon en dépit du feuillage.
L'air devenu serein, il part tout morfondu,
Sèche du mieux qu'il peut son corps chargé de pluie,
Dans un champ à l'écart voit du blé répandu,
Voit un pigeon auprès : cela lui donne envie;
Il y vole, il est pris : ce blé couvroit d'un las
   Les menteurs et traîtres appas.
    Le las étoit usé : si bien que, de son aile,
De ses pieds, de son bec, l'oiseau le rompt enfin;
Quelque plume y périt; et le pis du destin
Fut qu'un certain vautour, à la serre cruelle,
Vit notre malheureux, qui, traînant la ficelle
Et les morceaux du las qui l'avoit attrapé,
   Sembloit un forçat échappé.
Le vautour s'en alloit le lier, quand des nues
Fond à son tour un aigle aux ailes étendues.
Le Pigeon profita du conflit des voleurs,
S'envola, s'abattit auprès d'une masure,
   Crut, pour ce coup, que ses malheurs
   Finiroient par cette aventure;
Mais un fripon d'enfant (cet âge est sans pitié)
Prit sa fronde et, du coup, tua plus d'à moitié
   La volatile malheureuse,
  Qui, maudissant sa curiosité,
   Traînant l'aile et tirant le pié,
   Demi-morte et demi-boiteuse,
   Droit au logis s'en retourna :
    Que bien, que mal, elle arriva
    Sans autre aventure fâcheuse.
Voilà nos gens rejoints; et je laisse à juger
De combien de plaisirs ils payèrent leurs peines.
Amants, heureux amants, voulez-vous voyager?

Que ce soit aux rives prochaines.
Soyez-vous l'un à l'autre un monde toujours beau,
          Toujours divers, toujours nouveau;
Tenez-vous lieu de tout, comptez pour rien le reste.
J'ai quelquefois aimé : je n'aurois pas alors
          Contre le Louvre et ses trésors,
Contre le firmament et sa voûte céleste,
          Changé les bois, changé les lieux
Honorés par les pas, éclairés par les yeux
          De l'aimable et jeune Bergère
          Pour qui, sous le fils de Cythère,
Je servis, engagé par mes premiers serments.
Hélas! quand reviendront de semblables moments?
Faut-il que tant d'objets si doux et si charmants
Me laissent vivre au gré de mon âme inquiète?
Ah! si mon cœur osoit encor se renflammer!
Ne sentirai-je plus de charme qui m'arrête?
          Ai-je passé le temps d'aimer?

III

LE SINGE ET LE LÉOPARD

     Le Singe avec le Léopard
     Gagnoient de l'argent à la foire.
     Ils affichoient chacun à part.
L'un d'eux disoit : « Messieurs, mon mérite et ma gloire
Sont connus en bon lieu. Le Roi m'a voulu voir;
     Et, si je meurs, il veut avoir
Un manchon de ma peau : tant elle est bigarrée,
     Pleine de taches, marquetée,
     Et vergetée, et mouchetée! »
La bigarrure plaît. Partant chacun le vit;
Mais ce fut bientôt fait; bientôt chacun sortit.

Le Singe, de sa part, disoit : « Venez, de grâce;
Venez, Messieurs, je fais cent tours de passe-passe.
Cette diversité dont on vous parle tant,
Mon voisin Léopard l'a sur soi seulement;
Moi, je l'ai dans l'esprit. Votre serviteur Gille,
      Cousin et gendre de Bertrand,
      Singe du Pape en son vivant,
      Tout fraîchement en cette ville
Arrive en trois bateaux, exprès pour vous parler;
Car il parle, on l'entend : il sait danser, baller,
      Faire des tours de toute sorte,
Passer en des cerceaux; et le tout pour six blancs :
Non, Messieurs, pour un sou; si vous n'êtes contents,
Nous rendrons à chacun son argent à la porte. »
Le Singe avoit raison. Ce n'est pas sur l'habit
Que la diversité me plaît; c'est dans l'esprit :
L'une fournit toujours des choses agréables;
L'autre, en moins d'un moment, lasse les regardants.
Oh! que de grands seigneurs, au Léopard semblables,
      N'ont que l'habit pour tous talents!

        IV

LE GLAND ET LA CITROUILLE

Dieu fait bien ce qu'il fait. Sans en chercher la preuve
En tout cet univers, et l'aller parcourant,
      Dans les citrouilles je la treuve.
      Un Villageois, considérant
Combien ce fruit est gros et sa tige menue :
« A quoi songeoit, dit-il, l'auteur de tout cela?
Il a bien mal placé cette citrouille-là!
      Hé parbleu! je l'aurois pendue
      A l'un des chênes que voilà;

C'eût été justement l'affaire :
Tel fruit, tel arbre, pour bien faire.
C'est dommage, Garo, que tu n'es point entré
Au conseil de celui que prêche ton curé :
Tout en eût été mieux; car pourquoi, par exemple,
Le Gland, qui n'est pas gros comme mon petit doigt,
        Ne pend-il pas en cet endroit?
        Dieu s'est mépris : plus je contemple
Ces fruits ainsi placés, plus il semble à Garo
        Que l'on a fait un quiproquo. »
Cette réflexion embarrassant notre homme :
« On ne dort point, dit-il, quand on a tant d'esprit. »
Sous un chêne aussitôt il va prendre son somme.
Un Gland tombe : le nez du dormeur en pâtit.
Il s'éveille; et, portant la main sur son visage,
Il trouve encor le Gland pris au poil du menton.
Son nez meurtri le force à changer de langage.
« Oh! oh! dit-il, je saigne! et que seroit-ce donc
S'il fût tombé de l'arbre une masse plus lourde,
        Et que ce Gland eût été gourde?
Dieu ne l'a pas voulu : sans doute il eut raison;
        J'en vois bien à présent la cause. »
        En louant Dieu de toute chose,
        Garo retourne à la maison.

V

L'ÉCOLIER, LE PÉDANT ET LE MAITRE D'UN JARDIN

Certain Enfant qui sentoit son collége,
Doublement sot et doublement fripon
Par le jeune âge et par le privilége
Qu'ont les pédants de gâter la raison,

Chez un voisin déroboit, ce dit-on,
Et fleurs et fruits. Ce voisin, en automne,
Des plus beaux dons que nous offre Pomone
Avoit la fleur, les autres le rebut.
Chaque saison apportoit son tribut;
Car au printemps il jouissoit encore
Des plus beaux dons que nous présente Flore.
Un jour, dans son jardin il vit notre Écolier
Qui, grimpant, sans égard, sur un arbre fruitier,
Gâtoit jusqu'aux boutons, douce et frêle espérance,
Avant-coureurs des biens que promet l'abondance :
Même il ébranchoit l'arbre; et fit tant, à la fin,
      Que le possesseur du jardin
Envoya faire plainte au maître de la classe.
Celui-ci vint suivi d'un cortége d'enfants :
      Voilà le verger plein de gens
Pires que le premier. Le Pédant, de sa grâce,
      Accrut le mal en amenant
      Cette jeunesse mal instruite :
Le tout, à ce qu'il dit, pour faire un châtiment
Qui pût servir d'exemple, et dont toute sa suite
Se souvînt à jamais, comme d'une leçon.
Là-dessus, il cita Virgile et Cicéron,
      Avec force traits de science.
Son discours dura tant que la maudite engeance
Eut le temps de gâter en cent lieux le jardin.

      Je hais les pièces d'éloquence
      Hors de leur place, et qui n'ont point de fin;
      Et ne sais bête au monde pire
      Que l'Écolier, si ce n'est le Pédant.
Le meilleur de ces deux pour voisin, à vrai dire,
      Ne me plairoit aucunement.

VI

LE STATUAIRE ET LA STATUE DE JUPITER

Un bloc de marbre étoit si beau
Qu'un Statuaire en fit l'emplette.
« Qu'en fera, dit-il, mon ciseau?
Sera-t-il dieu, table ou cuvette?

Il sera dieu : même je veux
Qu'il ait en sa main un tonnerre.
Tremblez, humains! faites des vœux :
Voilà le maître de la terre. »

L'artisan exprima si bien
Le caractère de l'idole,
Qu'on trouva qu'il ne manquoit rien
A Jupiter que la parole.

Même l'on dit que l'ouvrier
Eut à peine achevé l'image,
Qu'on le vit frémir le premier,
Et redouter son propre ouvrage.

A la foiblesse du sculpteur
Le poëte autrefois n'en dut guère,
Des dieux dont il fut l'inventeur
Craignant la haine et la colère.

Il étoit enfant en ceci;
Les enfants n'ont l'âme occupée
Que du continuel souci
Qu'on ne fâche point leur poupée.

Le cœur suit aisément l'esprit :
De cette source est descendue
L'erreur païenne, qui se vit
Chez tant de peuples répandue.

Ils embrassoient violemment
Les intérêts de leur chimère :
Pygmalion devint amant
De la Vénus dont il fut père.

Chacun tourne en réalités,
Autant qu'il peut, ses propres songes :
L'homme est de glace aux vérités;
Il est de feu pour les mensonges.

VII

LA SOURIS MÉTAMORPHOSÉE EN FILLE

Une Souris tomba du bec d'un Chat-Huant :
    Je ne l'eusse pas ramassée;
Mais un Bramin le fit : je le crois aisément;
    Chaque pays a sa pensée.
    La Souris étoit fort froissée.
    De cette sorte de prochain
Nous nous soucions peu; mais le peuple bramin
    Le traite en frère. Ils ont en tête
    Que notre âme, au sortir d'un roi,
Entre dans un ciron, ou dans telle autre bête
Qu'il plaît au Sort; c'est là l'un des points de leur loi.
Pythagore chez eux a puisé ce mystère.
Sur un tel fondement, le Bramin crut bien faire
De prier un sorcier qu'il logeât la Souris
Dans un corps qu'elle eût eu pour hôte au temps jadis.

Le sorcier en fit une fille
De l'âge de quinze ans, et telle et si gentille,
Que le fils de Priam pour elle auroit tenté
Plus encor qu'il ne fit pour la grecque beauté.
Le Bramin fut surpris de chose si nouvelle.
      Il dit à cet objet si doux :
« Vous n'avez qu'à choisir; car chacun est jaloux
      De l'honneur d'être votre époux.
      — En ce cas je le donne, dit-elle,
      Ma voix au plus puissant de tous.
— Soleil, s'écria lors le Bramin à genoux,
      C'est toi qui seras notre gendre.
      — Non, dit-il, ce Nuage épais
Est plus puissant que moi, puisqu'il cache mes traits;
      Je vous conseille de le prendre.
— Eh bien! dit le Bramin au Nuage volant,
Es-tu né pour ma fille? — Hélas! non; car le Vent
Me chasse à son plaisir de contrée en contrée :
Je n'entreprendrai point sur les droits de Borée. »
      Le Bramin fâché s'écria :
      « O Vent donc, puisque vent y a,
      Viens dans les bras de notre Belle! »
Il accouroit; un Mont en chemin l'arrêta.
      L'éteuf passant à celui-là,
Il le renvoie, et dit : « J'aurois une querelle
      Avec le Rat; et l'offenser
Ce seroit être fou, lui qui peut me percer. »
      Au mot de Rat, la Damoiselle
      Ouvrit l'oreille : il fut l'époux.
      Un Rat! un Rat : c'est de ces coups
      Qu'Amour fait; témoin telle et telle :
      Mais ceci soit dit entre nous.
On tient toujours du lieu dont on vient. Cette fable
Prouve assez bien ce point; mais, à la voir de près,
Quelque peu de sophisme entre parmi ses traits :
Car quel époux n'est point au Soleil préférable,

En s'y prenant ainsi? Dirai-je qu'un géant
Est moins fort qu'une puce? elle le mord pourtant.
Le Rat devoit aussi renvoyer, pour bien faire,
        La Belle au Chat, le Chat au Chien,
        Le Chien au Loup. Par le moyen
        De cet argument circulaire,
Pilpay jusqu'au Soleil eût enfin remonté;
Le Soleil eût joui de la jeune beauté.
Revenons, s'il se peut, à la métempsycose :
Le sorcier du Bramin fit sans doute une chose
Qui, loin de la prouver, fait voir sa fausseté.
Je prends droit là-dessus contre le Bramin même;
        Car il faut, selon son système,
Que l'homme, la souris, le ver, enfin chacun
Aille puiser son âme en un trésor commun :
        Toutes sont donc de même trempe;
        Mais agissant diversement
        Selon l'organe seulement
        L'une s'élève, et l'autre rampe.
D'où vient donc que ce corps si bien organisé
        Ne put obliger son hôtesse
De s'unir au Soleil? Un Rat eut sa tendresse.

        Tout débattu, tout bien pesé,
Les âmes des souris et les âmes des belles
        Sont très-différentes entre elles;
Il en faut revenir toujours à son destin,
C'est-à-dire à la loi par le Ciel établie :
        Parlez au diable, employez la magie,
Vous ne détournerez nul être de sa fin.

VIII

LE FOU QUI VEND LA SAGESSE

Jamais auprès des fous ne te mets à portée :
Je ne te puis donner un plus sage conseil.
       Il n'est enseignement pareil
A celui-là de fuir une tête éventée.
          On en voit souvent dans les cours :
Le prince y prend plaisir; car ils donnent toujours
Quelque trait aux fripons, aux sots, aux ridicules.

Un Fol alloit criant par tous les carrefours
Qu'il vendoit la sagesse, et les mortels crédules
De courir à l'achat; chacun fut diligent.
          On essuyoit force grimaces;
          Puis on avoit pour son argent,
Avec un bon soufflet, un fil long de deux brasses.
La plupart s'en fâchoient; mais que leur servoit-il?
C'étoient les plus moqués : le mieux étoit de rire,
          Ou de s'en aller, sans rien dire,
          Avec son soufflet et son fil.
          De chercher du sens à la chose,
On se fût fait siffler ainsi qu'un ignorant.
          La raison est-elle garant
De ce que fait un fou? le hasard est la cause
De tout ce qui se passe en un cerveau blessé.
Du fil et du soufflet pourtant embarrassé,
Un des dupes un jour alla trouver un sage,
          Qui, sans hésiter davantage,
Lui dit : « Ce sont ici hiéroglyphes tout purs.
Les gens bien conseillés, et qui voudront bien faire,
Entre eux et les gens fous mettront, pour l'ordinaire,

La longueur de ce fil; sinon je les tiens sûrs
        De quelque semblable caresse.
Vous n'êtes point trompé : ce fou vend la sagesse. »

IX

L'HUITRE ET LES PLAIDEURS

Un jour deux Pèlerins sur le sable rencontrent
Une Huître, que le flot y venoit d'apporter;
Ils l'avalent des yeux, du doigt ils se la montrent;
A l'égard de la dent il fallut contester.
L'un se baissoit déjà pour amasser la proie;
L'autre le pousse, et dit : « Il est bon de savoir
        Qui de nous en aura la joie.
Celui qui le premier a pu l'apercevoir
En sera le gobeur; l'autre le verra faire.
        — Si par là l'on juge l'affaire,
Reprit son compagnon, j'ai l'œil bon, Dieu merci.
        — Je ne l'ai pas mauvais aussi,
Dit l'autre; et je l'ai vue avant vous, sur ma vie.
— Eh bien! vous l'avez vue; et moi je l'ai sentie. »
        Pendant tout ce bel incident,
Perrin Dandin arrive : ils le prennent pour juge.
Perrin, fort gravement, ouvre l'Huître, et la gruge,
        Nos deux Messieurs le regardant.
Ce repas fait, il dit d'un ton de président :
« Tenez, la cour vous donne à chacun une écaille
Sans dépens, et qu'en paix chacun chez soi s'en aille. »

Mettez ce qu'il en coûte à plaider aujourd'hui;
Comptez ce qu'il en reste à beaucoup de familles,
Vous verrez que Perrin tire l'argent à lui,
Et ne laisse aux plaideurs que le sac et les quilles.

X

LE LOUP ET LE CHIEN MAIGRE

Autrefois Carpillon fretin
Eut beau prêcher, il eut beau dire,
On le mit dans la poêle à frire.
Je fis voir que lâcher ce qu'on a dans la main,
Sous espoir de grosse aventure,
Est imprudence toute pure.
Le Pêcheur eut raison; Carpillon n'eût pas tort :
Chacun dit ce qu'il peut pour défendre sa vie.
Maintenant il faut que j'appuie
Ce que j'avançai lors, de quelque trait encor.

Certain Loup, aussi sot que le Pêcheur fut sage,
Trouvant un Chien hors du village,
S'en alloit l'emporter. Le Chien représenta
Sa maigreur : « Jà ne plaise à votre Seigneurie
De me prendre en cet état-là;
Attendez : mon maître marie
Sa fille unique, et vous jugez
Qu'étant de noce, il faut, malgré moi, que j'engraisse. »
Le Loup le croit, le Loup le laisse.
Le Loup, quelques jours écoulés,
Revient voir si son Chien n'est point meilleur à prendre;

Mais le drôle étoit au logis.
Il dit au Loup par un treillis :
« Ami, je vais sortir; et, si tu veux attendre,
Le portier du logis et moi
Nous serons tout à l'heure à toi. »
Ce portier du logis étoit un chien énorme,
Expédiant les loups en forme.

Celui-ci s'en douta. « Serviteur au portier »,
Dit-il; et de courir. Il étoit fort agile;
　　　Mais il n'étoit pas fort habile :
Ce Loup ne savoit pas encor bien son métier.

XI

RIEN DE TROP

　　　Je ne vois point de créature
　　　Se comporter modérément.
　　　Il est certain tempérament
　　　Que le maître de la nature
Veut que l'on garde en tout. Le fait-on? nullement.
Soit en bien, soit en mal, cela n'arrive guère.
Le blé, riche présent de la blonde Cérès,
Trop touffu bien souvent, épuise les guérets :
En superfluités s'épandant d'ordinaire,
　　　Et poussant trop abondamment,
　　　Il ôte à son fruit l'aliment.
L'arbre n'en fait pas moins : tant le luxe sait plaire!
Pour corriger le blé, Dieu permit aux moutons
De retrancher l'excès des prodigues moissons :
　　　Tout au travers ils se jetèrent,
　　　Gâtèrent tout, et tout broutèrent;
　　　Tant que le Ciel permit aux loups
D'en croquer quelques-uns : ils les croquèrent tous;
S'ils ne le firent pas, du moins ils y tâchèrent.
　　　Puis le Ciel permit aux humains
De punir ces derniers : les humains abusèrent
　　　A leur tour des ordres divins.
De tous les animaux, l'homme a le plus de pente
　　　A se porter dedans l'excès.
　　　Il faudroit faire le procès

Aux petits comme aux grands. Il n'est âme vivante
Qui ne pèche en ceci, Rien de trop est un point
Dont on parle sans cesse, et qu'on n'observe point.

XII

LE CIERGE

C'est du séjour des Dieux que les Abeilles viennent.
Les premières, dit-on, s'en allèrent loger
          Au mont Hymette, et se gorger
Des trésors qu'en ce lieu les zéphyrs entretiennent.
Quand on eut des palais de ces filles du Ciel
Enlevé l'ambroisie en leurs chambres enclose,
          Ou, pour dire en françois la chose,
          Après que les ruches sans miel
N'eurent plus que la cire, on fit mainte bougie;
          Maint cierge aussi fut façonné.
Un d'eux voyant la terre en brique au feu durcie
Vaincre l'effort des ans, il eut la même envie;
Et, nouvel Empédocle aux flammes condamné
          Par sa propre et pure folie,
Il se lança dedans.
                    Ce fut mal raisonné :
Ce Cierge ne savoit grain de philosophie.

Tout en tout est divers : ôtez-vous de l'esprit
Qu'aucun être ait été composé sur le vôtre.
L'Empédocle de cire au brasier se fondit :
          Il n'étoit pas plus fou que l'autre.

XIII

JUPITER ET LE PASSAGER

O ! combien le péril enrichiroit les Dieux,
Si nous nous souvenions des vœux qu'il nous fait faire !
Mais, le péril passé, l'on ne se souvient guère
      De ce qu'on a promis aux Cieux ;
On compte seulement ce qu'on doit à la terre.
« Jupiter, dit l'impie, est un bon créancier ;
      Il ne se sert jamais d'huissier.
     — Eh ! qu'est-ce donc que le tonnerre ?
Comment appelez-vous ces avertissements ? »

      Un Passager, pendant l'orage,
Avoit voué cent bœufs au vainqueur des Titans.
Il n'en avoit pas un : vouer cent éléphants
      N'auroit pas coûté davantage.
Il brûla quelques os quand il fut au rivage :
Au nez de Jupiter la fumée en monta.
« Sire Jupin, dit-il, prends mon vœu ; le voilà :
C'est un parfum de bœuf que ta grandeur respire.
La fumée est ta part : je ne te dois plus rien. »
      Jupiter fit semblant de rire ;
Mais, après quelques jours, le Dieu l'attrapa bien,
      Envoyant un songe lui dire
Qu'un tel trésor étoit en tel lieu. L'homme au vœu
      Courut au trésor comme au feu.
Il trouva des voleurs ; et, n'ayant dans sa bourse
      Qu'un écu pour toute ressource,
      Il leur promit cent talents d'or,
      Bien comptés, et d'un tel trésor :
On l'avoit enterré dedans telle bourgade.

L'endroit parut suspect aux voleurs, de façon
Qu'à notre prometteur l'un dit : « Mon camarade,
Tu te moques de nous; meurs, et va chez Pluton
      Porter tes cent talents en don. »

XIV

LE CHAT ET LE RENARD

Le Chat et le Renard, comme beaux petits saints,
      S'en alloient en pèlerinage.
C'étoient deux vrais tartufs, deux archipatelins,
Deux francs patte-pelus, qui, des frais du voyage,
Croquant mainte volaille, escroquant maint fromage,
      S'indemnisoient à qui mieux mieux.
Le chemin étant long, et partant ennuyeux,
      Pour l'accourcir ils disputèrent.
      La dispute est d'un grand secours :
      Sans elle on dormiroit toujours.
      Nos pèlerins s'égosillèrent.
Ayant bien disputé, l'on parla du prochain.
      Le Renard au Chat dit enfin :
      « Tu prétends être fort habile;
En sais-tu tant que moi? J'ai cent ruses au sac.
— Non, dit l'autre : je n'ai qu'un tour dans mon bissac;
      Mais je soutiens qu'il en vaut mille. »
Eux de recommencer la dispute à l'envi.
Sur le que si, que non, tous deux étant ainsi,
      Une meute apaisa la noise.
Le Chat dit au Renard : « Fouille en ton sac, ami;
      Cherche en ta cervelle matoise
Un stratagème sûr : pour moi, voici le mien. »
A ces mots, sur un arbre il grimpa bel et bien.
      L'autre fit cent tours inutiles,

Entra dans cent terriers, mit cent fois en défaut
      Tous les confrères de Brifaut.
      Partout il tenta des asiles;
      Et ce fut partout sans succès;
La fumée y pourvut, ainsi que les bassets.
Au sortir d'un terrier, deux chiens aux pieds agiles
      L'étranglèrent du premier bond.

Le trop d'expédients peut gâter une affaire :
On perd du temps au choix, on tente, on veut tout faire.
      N'en ayons qu'un, mais qu'il soit bon.

          XV

   LE MARI, LA FEMME ET LE VOLEUR

      Un Mari fort amoureux,
      Fort amoureux de sa Femme,
Bien qu'il fût jouissant, se croyoit malheureux.
      Jamais œillade de la dame,
      Propos flatteur et gracieux,
      Mot d'amitié, ni doux sourire,
      Déifiant le pauvre sire,
N'avoient fait soupçonner qu'il fût vraiment chéri.
      Je le crois : c'étoit un mari.
      Il ne tint point à l'hyménée
      Que, content de sa destinée,
      Il n'en remerciât les Dieux.
      Mais quoi? si l'amour n'assaisonne
      Les plaisirs que l'hymen nous donne,
      Je ne vois pas qu'on en soit mieux.
Notre Épouse étant donc de la sorte bâtie,
Et n'ayant caressé son mari de sa vie,
Il en faisoit sa plainte une nuit. Un Voleur

Interrompit la doléance.
La pauvre femme eut si grand'peur
Qu'elle chercha quelque assurance
Entre les bras de son époux.
« Ami Voleur, dit-il, sans toi ce bien si doux
Me seroit inconnu. Prends donc en récompense
Tout ce qui peut chez nous être à ta bienséance;
Prends le logis aussi. » Les voleurs ne sont pas
Gens honteux, ni fort délicats :
Celui-ci fit sa main.

J'infère de ce conte
Que la plus forte passion
C'est la peur : elle fait vaincre l'aversion,
Et l'amour quelquefois; quelquefois il la dompte;
J'en ai pour preuve cet amant
Qui brûla sa maison pour embrasser sa dame,
L'emportant à travers la flamme.
J'aime assez cet emportement;
Le conte m'en a plu toujours infiniment :
Il est bien d'une âme espagnole,
Et plus grande encore que folle.

XVI

LE TRÉSOR ET LES DEUX HOMMES

Un Homme n'ayant plus ni crédit ni ressource,
Et logeant le diable en sa bourse,
C'est-à-dire n'y logeant rien,
S'imagina qu'il feroit bien
De se pendre, et finir lui-même sa misère,
Puisque aussi bien sans lui la faim le viendroit faire :
Genre de mort qui ne duit pas

A gens peu curieux de goûter le trépas.
Dans cette intention, une vieille masure
Fut la scène où devoit se passer l'aventure.
Il y porte une corde, et veut avec un clou
Au haut d'un certain mur attacher le licou.
      La muraille, vieille et peu forte,
S'ébranle aux premiers coups, tombe avec un trésor.
Notre désespéré le ramasse, et l'emporte.
Laisse là le licou, s'en retourne avec l'or,
Sans compter : ronde ou non, la somme plut au sire.
Tandis que le galant à grands pas se retire,
L'Homme au trésor arrive, et trouve son argent
          Absent.
« Quoi, dit-il, sans mourir je perdrai cette somme?
Je ne me pendrai pas! Et vraiment si ferai,
      Ou de corde je manquerai. »
Le lacs étoit tout prêt; il n'y manquoit qu'un homme :
Celui-ci se l'attache, et se pend bien et beau.
      Ce qui le consola peut-être
Fut qu'un autre eût, pour lui, fait les frais du cordeau.
Aussi bien que l'argent le licou trouva maître.

L'avare rarement finit ses jours sans pleurs;
Il a le moins de part au trésor qu'il enserre,
      Thésaurisant pour les voleurs,
      Pour ses parents ou pour la terre.
Mais que dire du troc que la Fortune fit?
Ce sont là de ses traits; elle s'en divertit :
Plus le tour est bizarre, et plus elle est contente.
      Cette déesse inconstante
      Se mit alors en l'esprit
      De voir un homme se pendre;
      Et celui qui se pendit
      S'y devoit le moins attendre.

XVII

LE SINGE ET LE CHAT

Bertrand avec Raton, l'un singe et l'autre chat,
Commensaux d'un logis, avoient un commun maître.
D'animaux malfaisants c'étoit un très-bon plat :
Ils n'y craignoient tous deux aucun, quel qu'il pût
[être.
Trouvoit-on quelque chose au logis de gâté,
L'on ne s'en prenoit point aux gens du voisinage :
Bertrand déroboit tout; Raton, de son côté,
Étoit moins attentif aux souris qu'au fromage.
Un jour, au coin du feu, nos deux maîtres fripons
    Regardoient rôtir des marrons.
Les escroquer étoit une très-bonne affaire;
Nos galands y voyoient double profit à faire :
Leur bien premièrement, et puis le mal d'autrui.
Bertrand dit à Raton : « Frère, il faut aujourd'hui
    Que tu fasses un coup de maître;
Tire-moi ces marrons. Si Dieu m'avoit fait naître
    Propre à tirer marrons du feu,
    Certes, marrons verroient beau jeu. »
Aussitôt fait que dit : Raton, avec sa patte,
    D'une manière délicate,
Écarte un peu la cendre, et retire les doigts;
    Puis les reporte à plusieurs fois;
Tire un marron, puis deux, et puis trois en escroque :
    Et cependant Bertrand les croque.
Une servante vient : adieu mes gens. Raton
    N'étoit pas content, ce dit-on.

Aussi ne le sont pas la plupart de ces princes

Qui, flattés d'un pareil emploi,
Vont s'échauder en des provinces
Pour le profit de quelque roi.

XVIII

LE MILAN ET LE ROSSIGNOL

Après que le Milan, manifeste voleur,
Eut répandu l'alarme en tout le voisinage,
Et fait crier sur lui les enfants du village,
Un Rossignol tomba dans ses mains par malheur.
Le héraut du printemps lui·demande la vie.
« Aussi bien que manger en qui n'a que le son?
          Écoutez plutôt ma chanson :
Je vous raconterai Térée et son envie.
— Qui, Térée? est-ce un mets propre pour les milans?
— Non pas; c'étoit un roi dont les feux violents
Me firent ressentir leur ardeur criminelle.
Je m'en vais vous en dire une chanson si belle
Qu'elle vous ravira : mon chant plaît à chacun. »
          Le Milan alors lui réplique :
« Vraiment, nous voici bien, lorsque je suis à jeun,
          Tu me viens parler de musique.
— J'en parle bien aux rois. — Quand un roi te prendra,
          Tu peux lui conter ces merveilles.
          Pour un milan, il s'en rira :
          Ventre affamé n'a point d'oreilles. »

XIX

LE BERGER ET SON TROUPEAU

« Quoi? toujours il me manquera
Quelqu'un de ce peuple imbécile!
Toujours le Loup m'en gobera!
J'aurai beau les compter! ils étoient plus de mille,
Et m'ont laissé ravir notre pauvre Robin;
Robin mouton, qui par la ville
Me suivoit pour un peu de pain,
Et qui m'auroit suivi jusques au bout du monde.
Hélas! de ma musette il entendoit le son;
Il me sentoit venir de cent pas à la ronde.
Ah! le pauvre Robin mouton! »
Quand Guillot eut fini cette oraison funèbre,
Et rendu de Robin la mémoire célèbre,
Il harangua tout le troupeau,
Les chefs, la multitude, et jusqu'au moindre agneau,
Les conjurant de tenir ferme :
Cela seul suffiroit pour écarter les Loups.
Foi de peuple d'honneur, ils lui promirent tous
De ne bouger non plus qu'un terme.
« Nous voulons, dirent-ils, étouffer le glouton
Qui nous a pris Robin mouton. »
Chacun en répond sur sa tête.
Guillot les crut, et leur fit fête.
Cependant, devant qu'il fût nuit,
Il arriva nouvel encombre :
Un Loup parut; tout le troupeau s'enfuit.
Ce n'étoit pas un Loup, ce n'en étoit que l'ombre.

Haranguez de méchants soldats :
Ils promettront de faire rage;

Mais, au moindre danger, adieu tout leur courage;
Votre exemple et vos cris ne les retiendront pas.

DISCOURS A MADAME DE LA SABLIÈRE

Iris, je vous louerois : il n'est que trop aisé;
Mais vous avez cent fois notre encens refusé,
En cela peu semblable au reste des mortelles,
Qui veulent tous les jours des louanges nouvelles.
Pas une ne s'endort à ce bruit si flatteur,
Je ne les blâme point; je souffre cette humeur :
Elle est commune aux Dieux, aux monarques, aux bel-
[les.

Ce breuvage vanté par le peuple rimeur,
Le nectar que l'on sert au maître du tonnerre,
Et dont nous enivrons tous les dieux de la terre,
C'est la louange, Iris. Vous ne la goûtez point;
D'autres propos chez vous récompensent ce point :
        Propos, agréables commerces,
Où le hasard fournit cent matières diverses,
        Jusque-là qu'en votre entretien
La bagatelle a part : le monde n'en croit rien.
        Laissons le monde et sa croyance.
        La bagatelle, la science,
Les chimères, le rien, tout est bon; je soutiens
        Qu'il faut de tout aux entretiens :
        C'est un parterre où Flore épand ses biens;
Sur différentes fleurs l'abeille s'y repose,
        Et fait du miel de toute chose.
Ce fondement posé, ne trouvez pas mauvais
Qu'en ces fables aussi j'entremêle des traits
        De certaine philosophie,
        Subtile, engageante, et hardie.
On l'appelle nouvelle : en avez-vous ou non

Ouï parler? Ils disent donc
Que la bête est une machine;
Qu'en elle tout se fait sans choix et par ressorts :
Nul sentiment, point d'âme; en elle tout est corps.
Telle est la montre qui chemine
A pas toujours égaux, aveugle et sans dessein.
Ouvrez-la, lisez dans son sein :
Mainte roue y tient lieu de tout l'esprit du monde;
La première y meut la seconde;
Une troisième suit : elle sonne à la fin.
Au dire de ces gens, la bête est toute telle :
« L'objet la frappe en un endroit;
Ce lieu frappé s'en va tout droit,
Selon nous, au voisin en porter la nouvelle.
Le sens de proche en proche aussitôt la reçoit.
L'impression se fait. » Mais comment se fait-elle?
Selon eux, par nécessité,
Sans passion, sans volonté :
L'animal se sent agité
De mouvements que le vulgaire appelle
Tristesse, joie, amour, plaisir, douleur cruelle,
Ou quelque autre de ces états.
Mais ce n'est point cela : ne vous y trompez pas. —
Qu'est-ce donc? — Une montre. — Et nous? — C'est autre
Voici de la façon que Descartes l'expose,   [chose.
Descartes, ce mortel dont on eût fait un dieu
Chez les païens, et qui tient le milieu
Entre l'homme et l'esprit, comme entre l'huître et
                                          [l'homme
Le tient tel de nos gens, franche bête de somme :
Voici, dis-je comment raisonne cet auteur :
« Sur tous les animaux, enfants du Créateur,
J'ai le don de penser; et je sais que je pense; »
Or vous savez, Iris, de certaine science,
Que, quand la bête penseroit,
La bête ne réfléchiroit

Sur l'objet ni sur sa pensée.
Descartes va plus loin, et soutient nettement
Qu'elle ne pense nullement.
Vous n'êtes point embarrassée
De le croire; ni moi.
Cependant, quand aux bois
Le bruit des cors, celui des voix,
N'a donné nul relâche à la fuyante proie,
Qu'en vain elle a mis ses efforts
A confondre et brouiller la voie,
L'animal chargé d'ans, vieux cerf, et de dix cors,
En suppose un plus jeune, et l'oblige par force
A présenter aux chiens une nouvelle amorce.
Que de raisonnements pour conserver ses jours!
Le retour sur ses pas, les malices, les tours,
Et le change, et cent stratagèmes
Dignes des plus grands chefs, dignes d'un meilleur sort!
On le déchire après sa mort :
Ce sont tous ses honneurs suprêmes.

Quand la Perdrix
Voit ses petits
En danger, et n'ayant qu'une plume nouvelle
Qui ne peut fuir encor par les airs le trépas,
Elle fait la blessée, et va, traînant de l'aile,
Attirant le Chasseur et le Chien sur ses pas,
Détourne le danger, sauve ainsi sa famille;
Et puis, quand le Chasseur croit que son Chien la pille,
Elle lui dit adieu, prend sa volée, et rit
De l'Homme qui, confus, des yeux en vain la suit.

Non loin du Nord il est un monde
Où l'on sait que les habitants
Vivent, ainsi qu'aux premiers temps,
Dans une ignorance profonde :
Je parle des humains; car, quant aux animaux,

Ils y construisent des travaux
Qui des torrents grossis arrêtent le ravage
Et font communiquer l'un et l'autre rivage,
L'édifice résiste, et dure en son entier :
Après un lit de bois est un lit de mortier.
Chaque castor agit : commune en est la tâche;
Le vieux y fait marcher le jeune sans relâche;
Maint maître d'œuvre y court, et tient haut le bâton.
          La république de Platon
          Ne seroit rien que l'apprentie
          De cette famille amphibie.
Ils savent en hiver élever leurs maisons,
          Passent les étangs sur des ponts,
          Fruit de leur art, savant ouvrage;
          Et nos pareils ont beau le voir,
          Jusqu'à présent tout leur savoir
          Est de passer l'onde à la nage.
Que ces castors ne soient qu'un corps vuide d'esprit,
Jamais on ne pourra m'obliger à le croire;
Mais voici beaucoup plus; écoutez ce récit,
          Que je tiens d'un roi plein de gloire.
Le défenseur du Nord vous sera mon garant :
Je vais citer un prince aimé de la Victoire;
Son nom seul est un mur à l'empire ottoman :
C'est le roi polonois. Jamais un roi ne ment.
          Il dit donc que, sur sa frontière,
Des animaux entre eux ont guerre de tout temps :
Le sang qui se transmet des pères aux enfants
          En renouvelle la matière.
Ces animaux, dit-il, sont germains du renard.
          Jamais la guerre avec tant d'art
          Ne s'est faite parmi les hommes,
     .   Non pas même au siècle où nous sommes.
Corps de garde avancé, vedettes, espions,
Embuscades, partis, et mille inventions
D'une pernicieuse et maudite science,

Fille du Styx, et mère des héros,
    Exercent de ces animaux
    Le bon sens et l'expérience.
Pour chanter leurs combats, l'Achéron nous devroit
    Rendre Homère. Ah! s'il le rendoit,
Et qu'il rendît aussi le rival d'Épicure,
Que diroit ce dernier sur ces exemples-ci?
Ce que j'ai déjà dit : qu'aux bêtes la nature
Peut par les seuls ressorts opérer tout ceci;
    Que la mémoire est corporelle;
Et que, pour en venir aux exemples divers
    Que j'ai mis en jour dans ces vers,
    L'animal n'a besoin que d'elle.
L'objet, lorsqu'il revient, va dans son magasin
    Chercher, par le même chemin,
    L'image auparavant tracée,
Qui sur les mêmes pas revient pareillement,
    Sans le secours de la pensée,
    Causer un même événement.
    Nous agissons tout autrement :
    La volonté nous détermine,
Non l'objet, ni l'instinct. Je parle, je chemine :
    Je sens en moi certain agent;
    Tout obéit dans ma machine
    A ce principe intelligent.
Il est distinct du corps, se conçoit nettement,
    Se conçoit mieux que le corps même :
De tous nos mouvements c'est l'arbitre suprême.
    Mais comment le corps l'entend-il?
    C'est là le point. Je vois l'outil
Obéir à la main; mais la main, qui la guide?
Eh! qui guide les cieux et leur course rapide?
Quelque ange est attaché peut-être à ces grands corps.
Un esprit vit en nous, et meut tous nos ressorts;
L'impression se fait : le moyen, je l'ignore :
On ne l'apprend qu'au sein de la Divinité;

Et, s'il faut en parler avec sincérité,
     Descartes l'ignoroit encore.
Nous et lui là-dessus nous sommes tous égaux :
Ce que je sais, Iris, c'est qu'en ces animaux
     Dont je viens de citer l'exemple,
Cet esprit n'agit pas : l'homme seul est son temple.
Aussi faut-il donner à l'animal un point,
     Que la plante, après tout, n'a point :
     Cependant la plante respire.
Mais que répondra-t-on à ce que je vais dire?

LES DEUX RATS, LE RENARD ET L'ŒUF

Deux Rats cherchoient leur vie; ils trouvèrent un œuf.
Le dîné suffisoit à gens de cette espèce :
Il n'étoit pas besoin qu'ils trouvassent un bœuf.
     Pleins d'appétit et d'allégresse,
Ils alloient de leur œuf manger chacun sa part,
Quand un quidam parut : c'étoit maître Renard.
     Rencontre incommode et fâcheuse :
Car comment sauver l'œuf? Le bien empaqueter,
Puis des pieds de devant ensemble le porter,
     Ou le rouler, ou le traîner :
C'étoit chose impossible autant que hasardeuse.
     Nécessité l'ingénieuse
     Leur fournit une invention.
Comme ils pouvoient gagner leur habitation,
L'écornifleur étant à demi-quart de lieue,
L'un se mit sur le dos, prit l'œuf entre ses bras,
Puis, malgré quelques heurts et quelques mauvais pas,
     L'autre le traîna par la queue.
Qu'on m'aille soutenir, après un tel récit,
     Que les bêtes n'ont point d'esprit!

     Pour moi, si j'en étois le maître,
Je leur en donnerois aussi bien qu'aux enfants.
Ceux-ci pensent-ils pas dès leurs plus jeunes ans?

Quelqu'un peut donc penser ne se pouvant connoître.
      Par un exemple tout égal,
      J'attribuerois à l'animal,
Non point une raison selon notre manière,
Mais beaucoup plus aussi qu'un aveugle ressort :
Je subtiliserois un morceau de matière,
Que l'on ne pourroit plus concevoir sans effort,
Quintessence d'atome, extrait de la lumière,
Je ne sais quoi plus vif et plus mobile encor
Que le feu; car enfin, si le bois fait la flamme,
La flamme, en s'épurant, peut-elle pas de l'âme
Nous donner quelque idée? et sort-il pas de l'or
Des entrailles du plomb? Je rendrois mon ouvrage
Capable de sentir, juger, rien davantage,
      Et juger imparfaitement,
Sans qu'un singe jamais fît le moindre argument.
      A l'égard de nous autres hommes,
Je ferois notre lot infiniment plus fort;
      Nous aurions un double trésor :
L'un, cette âme pareille en tous tant que nous sommes,
      Sages, fous, enfants, idiots,
Hôtes de l'univers, sous le nom d'animaux;
L'autre, encore une autre âme, entre nous et les anges
      Commune en un certain degré :
      Et ce trésor à part créé
Suivroit parmi les airs les célestes phalanges,
Entreroit dans un point sans en être pressé,
Ne finiroit jamais, quoique ayant commencé :
      Choses réelles, quoique étranges.
      Tant que l'enfance dureroit,
Cette fille du Ciel en nous ne paroîtroit
      Qu'une tendre et foible lumière :
L'organe étant plus fort, la raison perceroit
      Les ténèbres de la matière,
      Qui toujours envelopperoit
      L'autre âme imparfaite et grossière.

LIVRE DIXIÈME

I

L'HOMME ET LA COULEUVRE

Un Homme vit une couleuvre :
« Ah! méchante, dit-il, je m'en vais faire une œuvre
        Agréable à tout l'univers! »
        A ces mots, l'animal pervers
        (C'est le Serpent que je veux dire,
Et non l'Homme : on pourroit aisément s'y tromper),
A ces mots, le Serpent, se laissant attraper,
Est pris, mis en un sac; et, ce qui fut le pire,
On résolut sa mort, fût-il coupable ou non.
Afin de le payer toutefois de raison,
        L'autre lui fit cette harangue :
« Symbole des ingrats! être bon aux méchants,
C'est être sot, meurs donc : ta colère et tes dents
Ne me nuiront jamais. » Le Serpent, en sa langue,
Reprit du mieux qu'il put : « S'il falloit condamner
        Tous les ingrats qui sont au monde,
        A qui pourroit-on pardonner?
Toi-même tu te fais ton procès : je me fonde
Sur tes propres leçons; jette les yeux sur toi.
Mes jours sont en tes mains, tranche-les; ta justice,
C'est ton utilité, ton plaisir, ton caprice :
        Selon ces lois, condamne-moi;
        Mais trouve bon qu'avec franchise
        En mourant au moins je te dise
        Que le symbole des ingrats

Ce n'est point le Serpent, c'est l'Homme. » Ces paroles
Firent arrêter l'autre; il recula d'un pas.
Enfin il repartit : « Tes raisons sont frivoles.
Je pourrois décider, car ce droit m'appartient;
Mais rapportons-nous-en. — Soit fait », dit le Reptile.
Une Vache étoit là : l'on l'appelle; elle vient :
Le cas est proposé. « C'étoit chose facile :
Falloit-il pour cela, dit-elle, m'appeler?
La Couleuvre a raison : pourquoi dissimuler?
Je nourris celui-ci depuis longues années;
Il n'a sans mes bienfaits passé nulles journées :
Tout n'est que pour·lui seul; mon lait et mes enfants
Le font à la maison revenir les mains pleines :
Même j'ai rétabli sa santé, que les ans
          Avoient altérée; et mes peines
Ont pour but son plaisir ainsi que son besoin.
Enfin me voilà vieille; il me laisse en un coin
Sans herbe : s'il vouloit encor me laisser paître!
Mais je suis attachée; et si j'eusse eu pour maître
Un Serpent, eût-il su jamais pousser si loin
L'ingratitude? Adieu : j'ai dit ce que je pense. »
L'Homme, tout étonné d'une telle sentence,
Dit au Serpent : « Faut-il croire ce qu'elle dit?
C'est une radoteuse; elle a perdu l'esprit.
Croyons ce Bœuf. — Croyons », dit la rampante bête.
Ainsi dit, ainsi fait. Le Bœuf vient à pas lents.
Quand il eut ruminé tout le cas en sa tête,
          Il dit que du labeur des ans
Pour nous seuls il portoit les soins les plus pesants,
Parcourant sans cesser ce long cercle de peines
Qui, revenant sur soi, ramenoit dans nos plaines
Ce que Cérès nous donne, et vend aux animaux;
          Que cette suite de travaux
Pour récompense avoit, de tous tant que nous sommes,
Force coups, peu de gré; puis, quand il étoit vieux,
On croyoit l'honorer chaque fois que les hommes

Achetoient de son sang l'indulgence des Dieux.
Ainsi parla le Bœuf. L'Homme dit : « Faisons taire
     Cet ennuyeux déclamateur;
Il cherche de grands mots, et vient ici se faire,
     Au lieu d'arbitre, accusateur.
Je le récuse aussi. » L'Arbre étant pris pour juge,
Ce fut bien pis encore. Il servoit de refuge
Contre le chaud, la pluie, et la fureur des vents;
Pour nous seuls il ornoit les jardins et les champs;
L'ombrage n'étoit pas le seul bien qu'il sût faire :
Il courboit sous les fruits. Cependant pour salaire
Un rustre l'abattoit : c'étoit là son loyer;
Quoique, pendant tout l'an, libéral il nous donne,
Ou des fleurs au printemps, ou du fruit en automne,
L'ombre l'été, l'hiver les plaisirs du foyer.
Que ne l'émondoit-on, sans prendre la cognée?
De son tempérament, il eût encor vécu.
L'Homme, trouvant mauvais que l'on l'eût convaincu,
Voulut à toute force avoir cause gagnée.
« Je suis bien bon, dit-il, d'écouter ces gens-là! »
Du sac et du Serpent aussitôt il donna
     Contre les murs, tant qu'il tua la bête.

     On en use ainsi chez les grands :
La raison les offense; ils se mettent en tête
Que tout est né pour eux, quadrupèdes et gens,
     Et serpents.
     Si quelqu'un desserre les dents,
C'est un sot. — J'en conviens : mais que faut-il donc faire?
     — Parler de loin, ou bien se taire.

II

LA TORTUE ET LES DEUX CANARDS

Une Tortue étoit, à la tête légère,
Qui, lasse de son trou, voulut voir le pays.
Volontiers on fait cas d'une terre étrangère;
Volontiers gens boiteux haïssent le logis.
    Deux Canards, à qui la commère
    Communiqua ce beau dessein,
Lui dirent qu'ils avoient de quoi la satisfaire.
    « Voyez-vous ce large chemin?
Nous vous voiturerons, par l'air, en Amérique :
    Vous verrez mainte république,
Maint royaume, maint peuple; et vous profiterez
Des différentes mœurs que vous remarquerez.
Ulysse en fit autant. » On ne s'attendoit guère
    De voir Ulysse en cette affaire.
La Tortue écouta la proposition.
Marché fait, les Oiseaux forgent une machine
    Pour transporter la pèlerine.
Dans la gueule, en travers, on lui passe un bâton.
« Serrez bien, dirent-ils, gardez de lâcher prise. »
Puis chaque Canard prend ce bâton par un bout.
La Tortue enlevée, on s'étonne partout
    De voir aller en cette guise
    L'animal lent et sa maison,
Justement au milieu de l'un et l'autre Oison.
« Miracle! crioit-on : venez voir dans les nues
    Passer la reine des tortues.
— La reine! vraiment oui : je la suis en effet;
Ne vous en moquez point. » Elle eût beaucoup mieux
De passer son chemin sans dire aucune chose;   [fait
Car, lâchant le bâton en desserrant les dents,
Elle tombe, elle crève aux pieds des regardants.

Son indiscrétion de sa perte fut cause.

Imprudence, babil, et sotte vanité,
     Et vaine curiosité,
     Ont ensemble étroit parentage.
     Ce sont enfants tous d'un lignage.

III

LES POISSONS ET LE CORMORAN

Il n'étoit point d'étang dans tout le voisinage
Qu'un Cormoran n'eût mis à contribution :
Viviers et réservoirs lui payoient pension.
Sa cuisine alloit bien : mais, lorsque le long âge
     Eut glacé le pauvre animal,
     La même cuisine alla mal.
Tout Cormoran se sert de pourvoyeur lui-même.
Le nôtre, un peu trop vieux pour voir au fond des eaux,
     N'ayant ni filets ni réseaux,
     Souffroit une disette extrême.
Que fit-il? Le besoin, docteur en stratagème,
Lui fournit celui-ci. Sur le bord d'un étang
     Cormoran vit une Écrevisse.
« Ma commère, dit-il, allez tout à l'instant
     Porter un avis important
     A ce peuple : il faut qu'il périsse;
Le maître de ce lieu dans huit jours pêchera. »
     L'Écrevisse en hâte s'en va
     Conter le cas. Grande est l'émeute;
     On court, on s'assemble, on députe
     A l'Oiseau : « Seigneur Cormoran,
D'où vous vient cet avis? Quel est votre garant?
     Êtes-vous sûr de cette affaire?
N'y savez-vous remède? Et qu'est-il bon de faire?

— Changer de lieu, dit-il. — Comment le ferons-nous ?
— N'en soyez point en soin : je vous porterai tous,
      L'un après l'autre, en ma retraite.
Nul que Dieu seul et moi n'en connoît les chemins :
      Il n'est demeure plus secrète.
Un vivier que Nature y creusa de ses mains,
      Inconnu des traîtres humains,
      Sauvera votre république. »
      On le crut. Le peuple aquatique
      L'un après l'autre fut porté
      Sous ce rocher peu fréquenté.
      Là, Cormoran, le bon apôtre,
      Les ayant mis en un endroit
      Transparent, peu creux, fort étroit,
Vous les prenoit sans peine, un jour l'un, un jour l'au-
                             [tre ;
      Il leur apprit à leurs dépens
Que l'on ne doit jamais avoir de confiance
      En ceux qui sont mangeurs de gens.
Ils y perdirent peu, puisque l'humaine engeance
En auroit aussi bien croqué sa bonne part.

Qu'importe qui vous mange ? Homme ou loup, toute
      Me paroît une à cet égard ;   [panse
      Un jour plus tôt, un jour plus tard,
      Ce n'est pas grande différence.

IV

L'ENFOUISSEUR ET SON COMPÈRE

      Un Pincemaille avoit tant amassé
      Qu'il ne savoit où loger sa finance.
L'avarice, compagne et sœur de l'ignorance,
      Le rendoit fort embarrassé

Dans le choix d'un dépositaire :
Car il en vouloit un, et voici sa raison :
« L'objet tente; il faudra que ce monceau s'altère
        Si je le laisse à la maison :
Moi-même de mon bien je serai le larron.
— Le larron? Quoi? jouir, c'est se voler soi-même?
Mon ami, j'ai pitié de ton erreur extrême.
        Apprends de moi cette leçon :
Le bien n'est bien qu'en tant que l'on s'en peut défaire;
Sans cela, c'est un mal. Veux-tu le réserver
Pour un âge et des temps qui n'en ont plus que faire?
La peine d'acquérir, le soin de conserver,
Otent le prix à l'or, qu'on croit ni nécessaire. »
        Pour se décharger d'un tel soin,
Notre homme eût pu trouver des gens sûrs au besoin.
Il aima mieux la terre; et, prenant son compère,
Celui-ci l'aide. Ils vont enfouir le trésor.
Au bout de quelque temps, l'homme va voir son or;
        Il ne retrouva que le gîte.
Soupçonnant, à bon droit, le compère, il va vite
Lui dire : « Apprêtez-vous; car il me reste encor
Quelques deniers : je veux les joindre à l'autre masse. »
Le compère aussitôt va remettre en sa place
        L'argent volé, prétendant bien
Tout reprendre à la fois, sans qu'il y manquât rien.
        Mais, pour ce coup, l'autre fut sage :
Il retint tout chez lui, résolu de jouir,
        Plus n'entasser, plus n'enfouir;
Et le pauvre voleur, ne trouvant plus son gage,
        Pensa tomber de sa hauteur.

Il n'est pas malaisé de tromper un trompeur.

V

LE LOUP ET LES BERGERS

Un Loup rempli d'humanité
(S'il en est de tels dans le monde)
Fit un jour sur sa cruauté,
Quoiqu'il ne l'exerçât que par nécessité,
Une réflexion profonde.
« Je suis haï, dit-il; et de qui? de chacun.
Le Loup est l'ennemi commun :
Chiens, chasseurs, villageois, s'assemblent pour sa perte;
Jupiter est là-haut étourdi de leurs cris :
C'est par là que de loups l'Angleterre est déserte,
On y mit notre tête à prix.
Il n'est hobereau qui ne fasse
Contre nous tels bans publier;
Il n'est marmot osant crier
Que du Loup aussitôt sa mère ne menace.
Le tout pour un âne rogneux,
Pour un mouton pourri, pour quelque chien hargneux,
Dont j'aurai passé mon envie.
Et bien! ne mangeons plus de chose ayant eu vie :
Paissons l'herbe, broutons, mourons de faim plutôt.
Est-ce une chose si cruelle?
Vaut-il mieux s'attirer la haine universelle? »
Disant ces mots, il vit des Bergers, pour leur rôt,
Mangeants un agneau cuit en broche.
« Oh! oh! dit-il, je me reproche
Le sang de cette gent : voilà ses gardiens
S'en repaissants eux et leurs chiens;
Et moi, Loup, j'en ferai scrupule?
Non, par tous les Dieux! non; je serois ridicule :
Thibaut l'agnelet passera,

Sans qu'à la broche je le mette;
Et non-seulement lui, mais la mère qu'il tette,
     Et le père qui l'engendra. »
Ce Loup avoit raison. Est-il dit qu'on nous voie
     Faire festin de toute proie,
Manger les animaux; et nous les réduirons
Aux mets de l'âge d'or autant que nous pourrons?
     Ils n'auront ni croc ni marmite?
     Bergers, bergers! le Loup n'a tort
     Que quand il n'est pas le plus fort :
     Voulez-vous qu'il vive en ermite?

VI

L'ARAIGNÉE ET L'HIRONDELLE

« O Jupiter, qui sus de ton cerveau,
Par un secret d'accouchement nouveau,
Tirer Pallas, jadis mon ennemie,
Entends ma plainte une fois en ta vie!
Progné me vient enlever les morceaux;
Caracolant, frisant l'air et les eaux,
Elle me prend mes mouches à ma porte :
Miennes je puis les dire; et mon réseau
     En seroit plein sans ce maudit oiseau :
Je l'ai tissu de matière assez forte. »
     Ainsi, d'un discours insolent,
Se plaignoit l'Araignée autrefois tapissière,
     Et qui, lors étant filandière,
Prétendoit enlacer tout insecte volant.
La sœur de Philomèle, attentive à sa proie,
Malgré le bestion happoit mouches dans l'air,
Pour ses petits, pour elle, impitoyable joie,

Que ses enfants gloutons, d'un bec toujours ouvert,
D'un ton demi-formé, bégayante couvée,
Demandoient par des cris encor mal entendus.
        La pauvre Aragne n'ayant plus
Que la tête et les pieds, artisans superflus,
        Se vit elle-même enlevée :
L'Hirondelle, en passant, emporta toile, et tout,
        Et l'animal pendant au bout.
Jupin pour chaque état mit deux tables au monde :
L'adroit, le vigilant, et le fort sont assis
        A la première; et les petits
        Mangent leur reste à la seconde.

                        VII

            LA PERDRIX ET LES COQS

Parmi de certains Coqs, incivils, peu galants,
        Toujours en noise, et turbulents,
        Une Perdrix étoit nourrie.
        Son sexe, et l'hospitalité,
De la part de ces Coqs, peuple à l'amour porté,
Lui faisoient espérer beaucoup d'honnêteté :
Ils feroient les honneurs de la ménagerie.
Ce peuple cependant, fort souvent en furie,
Pour la dame étrangère ayant peu de respec,
Lui donnoit fort souvent d'horribles coups de bec.
        D'abord elle en fut affligée;
Mais, sitôt qu'elle eut vu cette troupe enragée
S'entre-battre elle-même et se percer les flancs,
Elle se consola. « Ce sont leurs mœurs, dit-elle;
Ne les accusons point, plaignons plutôt ces gens :
        Jupiter sur un seul modèle
        N'a pas formé tous les esprits;

Il est des naturels de coqs et de perdrix.
S'il dépendoit de moi, je passerois ma vie   .
     En plus honnête compagnie.
Le maître de ces lieux en ordonne autrement;
     Il nous prend avec des tonnelles,
Nous loge avec des coqs, et nous coupe les ailes :
C'est de l'homme qu'il faut se plaindre seulement. »

VIII

LE CHIEN A QUI ON A COUPÉ LES OREILLES

    « Qu'ai-je fait, pour me voir ainsi
     Mutilé par mon propre maître?
     Le bel état où me voici!
Devant les autres Chiens oserai-je parêtre?
O rois des animaux, ou plutôt leurs tyrans,
     Qui vous feroit choses pareilles? »
Ainsi crioit Mouflar, jeune dogue; et les gens,
Peu touchés de ses cris douloureux et perçants,
Venoient de lui couper sans pitié les oreilles.
Mouflar y croyoit perdre. Il vit avec le temps
Qu'il y gagnoit beaucoup; car, étant de nature
A piller ses pareils, mainte mésaventure
     L'auroit fait retourner chez lui
Avec cette partie en cent lieux altérée :
Chien hargneux a toujours l'oreille déchirée.
Le moins qu'on peut laisser de prise aux dents d'autrui,
C'est le mieux. Quand on n'a qu'un endroit à défendre,
     On le munit, de peur d'esclandre.
Témoin maître Mouflar armé d'un gorgerin;
Du reste ayant d'oreille autant que sur ma main :
     Un loup n'eût su par où le prendre.

IX

LE BERGER ET LE ROI

Deux démons à leur gré partagent notre vie,
Et de son patrimoine ont chassé la raison;
Je ne vois point de cœur qui ne leur sacrifie :
Si vous me demandez leur état et leur nom,
J'appelle l'un Amour, et l'autre Ambition.
Cette dernière étend le plus loin son empire;
      Car même elle entre dans l'amour.
Je le ferois bien voir; mais mon but est de dire
Comme un Roi fit venir un Berger à sa cour.
Le conte est du bon temps, non du siècle où nous
                           [sommes.
Ce Roi vit un troupeau qui couvroit tous les champs,
Bien broutant, en bon corps, rapportant tous les ans,
Grâce aux soins du Berger, de très-notables sommes.
Le Berger plut au Roi par ces soins diligents.
« Tu mérites, dit-il, d'être pasteur de gens :
Laisse là tes moutons, viens conduire des hommes;
      Je te fais juge souverain. »
Voilà notre Berger la balance à la main.
Quoiqu'il n'eût guère vu d'autres gens qu'un Ermite,
Son troupeau, ses mâtins, le loup, et puis c'est tout,
Il avoit du bon sens; le reste vient ensuite :
      Bref, il en vint fort bien à bout.
L'Ermite son voisin accourut pour lui dire :
« Veillé-je? et n'est-ce point un songe que je vois?
Vous, favori! vous, grand! Défiez-vous des rois;
Leur faveur est glissante : on s'y trompe; et le pire
C'est qu'il en coûte cher : de pareilles erreurs
Ne produisent jamais que d'illustres malheurs.
Vous ne connoissez pas l'attrait qui vous engage :

Je vous parle en ami; craignez tout. » L'autre rit,
  Et notre Ermite poursuivit :
« Voyez combien déjà la cour vous rend peu sage.
Je crois voir cet Aveugle à qui, dans un voyage,
  Un Serpent engourdi de froid
Vint s'offrir sous la main : il le prit pour un fouet;
Le sien s'étoit perdu, tombant de sa ceinture.
Il rendoit grâce au Ciel de l'heureuse aventure,
Quand un passant cria : « Que tenez-vous, ô Dieux!
« Jetez cet animal traître et pernicieux,
« Ce Serpent. — C'est un fouet. — C'est un Serpent, vous
            [dis-je.
« A me tant tourmenter quel intérêt m'oblige?
« Prétendez-vous garder ce trésor? — Pourquoi non?
« Mon fouet étoit usé; j'en retrouve un fort bon :
  « Vous n'en parlez que par envie. »
  L'Aveugle enfin ne le crut pas;
  Il en perdit bientôt la vie :
L'animal dégourdi piqua son homme au bras.
  Quant à vous, j'ose vous prédire
Qu'il vous arrivera quelque chose de pire.
— Eh! que me sauroit-il arriver que la mort?
— Mille dégoûts viendront », dit le prophète Ermite.
Il en vint en effet; l'Ermite n'eut pas tort.
Mainte peste de cour fit tant, par maint ressort,
Que la candeur du juge, ainsi que son mérite,
Furent suspects au Prince. On cabale, on suscite
Accusateurs, et gens grevés par ses arrêts :
« De nos biens, dirent-ils, il s'est fait un palais. »
Le Prince voulut voir ces richesses immenses.
Il ne trouva partout que médiocrité,
Louanges du désert et de la pauvreté :
  C'étoient là ses magnificences.
« Son fait, dit-on, consiste en des pierres de prix :
Un grand coffre en est plein, fermé de dix serrures. »
Lui-même ouvrit ce coffre, et rendit bien surpris

Tous les machineurs d'impostures.
Le coffre étant ouvert, on y vit des lambeaux,
          L'habit d'un gardeur de troupeaux,
Petit chapeau, jupon, panetière, houlette,
          Et, je pense, aussi sa musette.
« Doux trésors, ce dit-il, chers gages, qui jamais
N'attirâtes sur vous l'envie et le mensonge,
Je vous reprends : sortons de ces riches palais
          Comme l'on sortiroit d'un songe!
Sire, pardonnez-moi cette exclamation :
J'avois prévu ma chute en montant sur le faîte.
Je m'y suis trop complu; mais qui n'a dans la tête
          Un petit grain d'ambition? »

X

LES POISSONS ET LE BERGER QUI JOUE
DE LA FLUTE

          Tircis, qui pour la seule Annette
          Faisoit résonner les accords
          D'une voix et d'une musette
          Capables de toucher les morts,
          Chantoit un jour le long des bords
          D'une onde arrosant des prairies
Dont Zéphire habitoit les campagnes fleuries.
Annette cependant à la ligne pêchoit;
          Mais nul poisson ne s'approchoit;
          La Bergère perdoit ses peines.
          Le Berger, qui, par ses chansons,
          Eût attiré des inhumaines,
     Crut, et crut mal, attirer des poissons.
Il leur chanta ceci : « Citoyens de cette onde,
Laissez votre Naïade en sa grotte profonde;

Venez voir un objet mille fois plus charmant.
Ne craignez point d'entrer aux prisons de la Belle;
      Ce n'est qu'à nous qu'elle est cruelle.
      Vous serez traités doucement;
      On n'en veut point à votre vie :
Un vivier vous attend, plus clair que fin cristal;
Et, quand à quelques-uns l'appât seroit fatal,
Mourir des mains d'Annette est un sort que j'envie. »
Ce discours éloquent ne fit pas grand effet;
L'auditoire étoit sourd aussi bien que muet :
Tircis eut beau prêcher. Ses paroles miellées
      S'en étant aux vents envolées,
Il tendit un long rets. Voilà les poissons pris;
Voilà les poissons mis aux pieds de la Bergère.

O vous, pasteurs d'humains et non pas de brebis,
Rois, qui croyez gagner par raisons les esprits
      D'une multitude étrangère,
Ce n'est jamais par là que l'on en vient à bout.
      Il y faut une autre manière :
Servez-vous de vos rets; la puissance fait tout.

XI

LES DEUX PERROQUETS, LE ROI
ET SON FILS

    Deux Perroquets, l'un père et l'autre fils,
    Du rôt d'un Roi faisoient leur ordinaire;
    Deux demi-dieux, l'un fils et l'autre père,
    De ces oiseaux faisoient leurs favoris.
    L'âge lioit une amitié sincère
    Entre ces gens : les deux pères s'aimoient;
    Les deux enfants, malgré leur cœur frivole,

L'un avec l'autre aussi s'accoutumoient,
     Nourris ensemble, et compagnons d'école.
C'étoit beaucoup d'honneur au jeune Perroquet,
Car l'enfant étoit prince, et son père monarque.
Par le tempérament que lui donna la Parque,
Il aimoit les oiseaux. Un Moineau fort coquet,
Et le plus amoureux de toute la province,
Faisoit aussi sa part des délices du Prince.
Ces deux rivaux un jour ensemble se jouants,
          Comme il arrive aux jeunes gens,
          Le jeu devint une querelle.
          Le Passereau, peu circonspec,
          S'attira de tels coups de bec,
          Que, demi-mort et traînant l'aile,
          On crut qu'il n'en pourroit guérir.
          Le Prince indigné fit mourir
     Son Perroquet. Le bruit en vint au père.
L'infortuné vieillard crie et se désespère,
     Le tout en vain; ses cris sont superflus;
     L'Oiseau parleur est déjà dans la barque :
     Pour dire mieux, l'Oiseau ne parlant plus
     Fait qu'en fureur sur le fils du Monarque
Son père s'en va fondre, et lui crève les yeux.
Il se sauve aussitôt, et choisit pour asile
     Le haut d'un pin. Là, dans le sein des Dieux,
Il goûte sa vengeance en lieu sûr et tranquille.
Le Roi lui-même y court, et dit pour l'attirer :
« Ami, reviens chez moi; que nous sert de pleurer?
Haine, vengeance, et deuil, laissons tout à la porte.
          Je suis contraint de déclarer,
          Encor que ma douleur soit forte,
Que le tort vient de nous; mon fils fut l'agresseur :
Mon fils! non; c'est le Sort qui du coup est l'auteur.
La Parque avoit écrit de tout temps en son livre
Que l'un de nos enfants devoit cesser de vivre,
          L'autre de voir, par ce malheur.

Consolons-nous tous deux, et reviens dans ta cage. »
      Le Perroquet dit : « Sire Roi,
      Crois-tu qu'après un tel outrage
      Je me doive fier à toi?
Tu m'allègues le Sort : prétends-tu, par ta foi,
Me leurrer de l'appât d'un profane langage?
Mais, que la Providence, ou bien que le Destin
      Règle les affaires du monde,
Il est écrit là-haut qu'au faîte de ce pin,
      Ou dans quelque forêt profonde,
J'achèverai mes jours loin du fatal objet
      Qui doit t'être un juste sujet
De haine et de fureur. Je sais que la vengeance
Est un morceau de roi; car vous vivez en dieux.
      Tu veux oublier cette offense;
Je le crois : cependant il me faut, pour le mieux,
      Éviter ta main et tes yeux.
Sire Roi, mon ami, va-t'en, tu perds ta peine :
      Ne me parle point de retour;
L'absence est aussi bien un remède à la haine
      Qu'un appareil contre l'amour. »

XII

LA LIONNE ET L'OURSE

      Mère Lionne avoit perdu son fan :
Un chasseur l'avoit pris. La pauvre infortunée
      Poussoit un tel rugissement
Que toute la forêt étoit importunée.
      La nuit ni son obscurité,
      Son silence et ses autres charmes,
De la reine des bois n'arrêtoit les vacarmes :
Nul animal n'étoit du sommeil visité.

L'Ourse enfin lui dit : « Ma commère,
Un mot sans plus : tous les enfants
Qui sont passés entre vos dents
N'avoient-ils ni père ni mère?
— Ils en avoient. — S'il est ainsi,
Et qu'aucun de leur mort n'ait nos têtes rompues,
Si tant de mères se sont tues,
Que ne vous taisez-vous aussi?
— Moi, me taire! moi, malheureuse?
Ah! j'ai perdu mon fils! Il me faudra traîner
Une vieillesse douloureuse!
— Dites-moi, qui vous force à vous y condamner?
— Hélas! c'est le Destin qui me hait. » Ces paroles
Ont été de tout temps en la bouche de tous.

Misérables humains, ceci s'adresse à vous.
Je n'entends résonner que des plaintes frivoles.
Quiconque, en pareil cas, se croit haï des Cieux,
Qu'il considère Hécube, il rendra grâce aux Dieux.

XIII

LES DEUX AVENTURIERS ET LE TALISMAN

Aucun chemin de fleurs ne conduit à la gloire.
Je n'en veux pour témoin qu'Hercule et ses travaux :
          Ce dieu n'a guère de rivaux;
J'en vois peu dans la Fable, encor moins dans l'Histoire.
En voici pourtant un, que de vieux talismans
Firent chercher fortune au pays des romans.
          Il voyageoit de compagnie.
Son camarade et lui trouvèrent un poteau
          Ayant au haut cet écriteau :

SEIGNEUR AVENTURIER, S'IL TE PREND QUELQUE ENVIE
DE VOIR CE QUE N'A VU NUL CHEVALIER ERRANT,
      TU N'AS QU'A PASSER CE TORRENT;
  PUIS, PRENANT DANS TES BRAS UN ÉLÉPHANT DE PIERRE
      QUE TU VERRAS COUCHÉ PAR TERRE,
LE PORTER, D'UNE HALEINE, AU SOMMET DE CE MONT
QUI MENACE LES CIEUX DE SON SUPERBE FRONT.

L'un des deux chevaliers saigna du nez. « Si l'onde
      Est rapide autant que profonde,
Dit-il, et supposé qu'on la puisse passer,
Pourquoi de l'éléphant s'aller embarrasser?
      Quelle ridicule entreprise!
Le sage l'aura fait par tel art et de guise
Qu'on le pourra porter peut-être quatre pas :
Mais jusqu'au haut du mont! d'une haleine! il n'est pas
Au pouvoir d'un mortel; à moins que la figure
Ne soit d'un éléphant nain, pygmée, avorton,
      Propre à mettre au bout d'un bâton :
Auquel cas, où l'honneur d'une telle aventure?
On nous veut attraper dedans cette écriture;
Ce sera quelque énigme à tromper un enfant :
C'est pourquoi je vous laisse avec votre éléphant. »
Le raisonneur parti, l'aventureux se lance,
      Les yeux clos, à travers cette eau.
      Ni profondeur ni violence
Ne purent l'arrêter; et, selon l'écriteau,
Il vit son éléphant couché sur l'autre rive.
Il le prend, il l'emporte, au haut du mont arrive,
Rencontre une esplanade, et puis une cité.
Un cri par l'éléphant est aussitôt jeté :
      Le peuple aussitôt sort en armes.
Tout autre aventurier, au bruit de ces alarmes,
Auroit fui : celui-ci, loin de tourner le dos,
Veut vendre au moins sa vie, et mourir en héros.
Il fut tout étonné d'ouïr cette cohorte

Le proclamer monarque au lieu de son roi mort.
Il ne se fit prier que de la bonne sorte,
Encor que le fardeau fût, dit-il, un peu fort.
Sixte en disoit autant quand on le fit saint-père :
  (Seroit-ce bien une misère
   Que d'être pape ou d'être roi?)
On reconnut bientôt son peu de bonne foi.

Fortune aveugle suit aveugle hardiesse.
Le sage quelquefois fait bien d'exécuter
Avant que de donner le temps à la sagesse
D'envisager le fait, et sans la consulter.

XIV

LES LAPINS

DISCOURS A M. LE DUC DE LA ROCHEFOUCAULD

Je me suis souvent dit, voyant de quelle sorte
  L'homme agit, et qu'il se comporte,
En mille occasions, comme les animaux :
« Le Roi de ces gens-là n'a pas moins de défauts
  Que ses sujets, et la nature
   A mis dans chaque créature
Quelque grain d'une masse où puisent les esprits;
J'entends les esprits corps, et pétris de matière. »
  Je vais prouver ce que je dis.

A l'heure de l'affût, soit lorsque la lumière
Précipite ses traits dans l'humide séjour,
Soit lorsque le soleil rentre dans sa carrière,
Et que, n'étant plus nuit, il n'est pas encor jour,

Au bord de quelque bois sur un arbre je grimpe,
Et, nouveau Jupiter, du haut de cet Olympe,
        Je foudroie, à discrétion,
        Un lapin qui n'y pensoit guère.
Je vois fuir aussitôt toute la nation
        Des lapins, qui, sur la bruyère,
        L'œil éveillé, l'oreille au guet,
S'égayoient, et de thym parfumoient leur banquet.
        Le bruit du coup fait que la bande
        S'en va chercher sa sûreté
        Dans la souterraine cité :
Mais le danger s'oublie, et cette peur si grande
S'évanouit bientôt; je revois les lapins,
Plus gais qu'auparavant, revenir sous mes mains.
Ne reconnoît-on pas en cela les humains?
        Dispersés par quelque orage,
        A peine ils touchent le port
        Qu'ils vont hasarder encor
        Même vent, même naufrage;
        Vrais lapins, on les revoit
        Sous les mains de la Fortune.
Joignons à cet exemple une chose commune.
Quand des chiens étrangers passent par quelque endroit,
        Qui n'est pas de leur détroit,
        Je laisse à penser quelle fête!
        Les chiens du lieu, n'ayants en tête
Qu'un intérêt de gueule, à cris, à coups de dents,
        Vous accompagnent ces passants
        Jusqu'aux confins du territoire.
Un intérêt de biens, de grandeur, et de gloire,
Aux gouverneurs d'États, à certains courtisans,
A gens de tous métiers, en fait tout autant faire.
        On nous voit tous, pour l'ordinaire,
Piller le survenant, nous jeter sur sa peau.
La coquette et l'auteur sont de ce caractère :
        Malheur à l'écrivain nouveau!

Le moins de gens qu'on peut à l'entour du gâteau,
  C'est le droit du jeu, c'est l'affaire.
Cent exemples pourroient appuyer mon discours;
  Mais les ouvrages les plus courts
Sont toujours les meilleurs. En cela, j'ai pour guide
Tous les maîtres de l'art, et tiens qu'il faut laisser
Dans les plus beaux sujets quelque chose à penser :
  Ainsi ce discours doit cesser.

Vous qui m'avez donné ce qu'il a de solide,
Et dont la modestie égale la grandeur,
Qui ne pûtes jamais écouter sans pudeur
  La louange la plus permise,
  La plus juste et la mieux acquise;
Vous enfin, dont à peine ai-je encore obtenu
Que votre nom reçût ici quelques hommages,
Du temps et des censeurs défendant mes ouvrages,
Comme un nom qui, des ans et des peuples connu,
Fait honneur à la France, en grands noms plus féconde
  Qu'aucun climat de l'univers,
Permettez-moi du moins d'apprendre à tout le monde
Que vous m'avez donné le sujet de ces vers.

      XV

LE MARCHAND, LE GENTILHOMME, LE PÂTRE
ET LE FILS DE ROI

  Quatre chercheurs de nouveaux mondes,
Presque nus, échappés à la fureur des ondes,
Un Trafiquant, un Noble, un Pâtre, un Fils de roi,
  Réduits au sort de Bélisaire,
  Demandoient aux passants de quoi
  Pouvoir soulager leur misère.

De raconter quel sort les avoit assemblés,
Quoique sous divers points tous quatre ils fussent nés,
     C'est un récit de longue haleine.
Ils s'assirent enfin au bord d'une fontaine :
Là le conseil se tint entre les pauvres gens.
Le Prince s'étendit sur le malheur des grands.
Le Pâtre fut d'avis qu'éloignant la pensée
     De leur aventure passée,
Chacun fît de son mieux, et s'appliquât au soin
     De pourvoir au commun besoin.
« La plainte, ajouta-t-il, guérit-elle son homme?
Travaillons : c'est de quoi nous mener jusqu'à Rome. »
Un pâtre ainsi parler! Ainsi parler; croit-on
Que le Ciel n'ait donné qu'aux têtes couronnées
     De l'esprit et de la raison;
Et que de tout berger, comme de tout mouton,
     Les connoissances soient bornées?
L'avis de celui-ci fut d'abord trouvé bon
Par les trois échoués aux bords de l'Amérique.
L'un (c'étoit le Marchand) savoit l'arithmétique :
« A tant par mois, dit-il, j'en donnerai leçon.
     — J'enseignerai la politique »,
Reprit le Fils de roi. Le Noble poursuivit :
« Moi, je sais le blason; j'en veux tenir école. »
Comme si, devers l'Inde, on eût eu dans l'esprit
La sotte vanité de ce jargon frivole!
Le Pâtre dit : « Amis, vous parlez bien; mais quoi?
Le mois a trente jours : jusqu'à cette échéance
     Jeûnerons-nous, par votre foi?
     Vous me donnez une espérance
Belle, mais éloignée; et cependant j'ai faim.
Qui pourvoira de nous au dîner de demain?
     Ou plutôt sur quelle assurance
Fondez-vous, dites-moi, le souper d'aujourd'hui?
     Avant tout autre, c'est celui
     Dont il s'agit. Votre science

Est courte là-dessus : ma main y suppléera. »
        A ces mots, le Pâtre s'en va
Dans un bois : il y fit des fagots, dont la vente,
Pendant cette journée et pendant la suivante,
Empêcha qu'un long jeûne à la fin ne fît tant
Qu'ils allassent là-bas exercer leur talent.

        Je conclus de cette aventure
Qu'il ne faut pas tant d'art pour conserver ses jours;
        Et, grâce aux dons de la nature,
La main est le plus sûr et le plus prompt secours.

LIVRE ONZIÈME

LE LION

Sultan Léopard autrefois
  Eut, ce dit-on, par mainte aubaine,
Force bœufs dans ses prés, force cerfs dans ses bois,
  Force moutons parmi la plaine.
Il naquit un Lion dans la forêt prochaine.
Après les compliments et d'une et d'autre part,
  Comme entre grands il se pratique,
Le sultan fit venir son vizir le Renard,
  Vieux routier, et bon politique.
« Tu crains, ce lui dit-il, Lionceau mon voisin;
  Son père est mort; que peut-il faire?
  Plains plutôt le pauvre orphelin.
  Il a chez lui plus d'une affaire,
  Et devra beaucoup au Destin
S'il garde ce qu'il a, sans tenter de conquête. »
  Le Renard dit, branlant la tête :
« Tels orphelins, Seigneur, ne me font point pitié;
Il faut de celui-ci conserver l'amitié,
  Ou s'efforcer de le détruire
  Avant que la griffe et la dent
Lui soit crue, et qu'il soit en état de nous nuire.
  N'y perdez pas un seul moment.
J'ai fait son horoscope : il croîtra par la guerre;
  Ce sera le meilleur Lion,

Pour ses amis, qui soit sur terre :
Tâchez donc d'en être; sinon
Tâchez de l'affoiblir. » La harangue fut vaine.
Le Sultan dormoit lors; et dedans son domaine
Chacun dormoit aussi, bêtes, gens : tant qu'enfin
Le Lionceau devient vrai Lion. Le tocsin
Sonne aussitôt sur lui; l'alarme se promène
De toutes parts; et le Vizir,
Consulté là-dessus, dit avec un soupir :
« Pourquoi l'irritez-vous? La chose est sans remède.
En vain nous appelons mille gens à notre aide :
Plus ils sont, plus il coûte; et je ne les tiens bons
Qu'à manger leur part des moutons.
Apaisez le Lion : seul il passe en puissance
Ce monde d'alliés vivants sur notre bien.
Le Lion en a trois qui ne lui coûtent rien,
Son courage, sa force, avec sa vigilance.
Jetez-lui promptement sous la griffe un mouton;
S'il n'en est pas content, jetez-en davantage :
Joignez-y quelque bœuf; choisissez, pour ce don,
Tout le plus gras du pâturage.
Sauvez le reste ainsi. » Ce conseil ne plut pas.
Il en prit mal; et force États
Voisins du Sultan en pâtirent :
Nul n'y gagna, tous y perdirent.
Quoi que fît ce monde ennemi,
Celui qu'ils craignoient fut le maître.
Proposez-vous d'avoir le Lion pour ami,
Si vous voulez le laisser craître.

II

POUR MONSEIGNEUR LE DUC DU MAINE

Jupiter eut un fils, qui, se sentant du lieu
   Dont il tiroit son origine,
   Avoit l'âme toute divine.
L'enfance n'aime rien : celle du jeune dieu
   Faisoit sa principale affaire
   Des doux soins d'aimer et de plaire.
   En lui l'amour et la raison
Devancèrent le temps, dont les ailes légères
N'amènent que trop tôt, hélas! chaque saison.
Flore aux regards riants, aux charmantes manières,
Toucha d'abord le cœur du jeune Olympien.
Ce que la passion peut inspirer d'adresse,
Sentiments délicats et remplis de tendresse,
Pleurs, soupirs, tout en fut : bref, il n'oublia rien.
Le fils de Jupiter devoit, par sa naissance,
Avoir un autre esprit, et d'autres dons des Cieux,
   Que les enfants des autres Dieux :
Il sembloit qu'il n'agît que par réminiscence,
Et qu'il eût autrefois fait le métier d'amant,
   Tant il le fit parfaitement!
Jupiter cependant voulut le faire instruire.
Il assembla les Dieux, et dit : « J'ai su conduire
Seul et sans compagnon jusqu'ici l'univers;
   Mais il est des emplois divers
   Qu'aux nouveaux dieux je distribue.
Sur cet enfant chéri j'ai donc jeté la vue :
C'est mon sang; tout est plein déjà de ses autels.
Afin de mériter le rang des Immortels,
Il faut qu'il sache tout. » Le maître du tonnerre

Eut à peine achevé, que chacun applaudit.
Pour savoir tout, l'enfant n'avoit que trop d'esprit.
     « Je veux, dit le Dieu de la guerre,
     Lui montrer moi-même cet art
     Par qui maints héros ont eu part
Aux honneurs de l'Olympe, et grossi cet empire.
     — Je serai son maître de lyre,
     Dit le blond et docte Apollon.
— Et moi, reprit Hercule à la peau de lion,
     Son maître à surmonter les vices,
A dompter les transports, monstres empoisonneurs,
Comme hydres renaissants sans cesse dans les cœurs :
     Ennemi des molles délices,
Il apprendra de moi les sentiers peu battus
Qui mènent aux honneurs sur les pas des vertus. »
     Quand ce vint au Dieu de Cythère,
     Il dit qu'il lui montreroit tout.

L'Amour avoit raison : de quoi ne vient à bout
     L'esprit joint au desir de plaire?

III

LE FERMIER, LE CHIEN ET LE RENARD

Le Loup et le Renard sont d'étranges voisins :
Je ne bâtirai point autour de leur demeure.
     Ce dernier guettoit à toute heure
Les poules d'un Fermier; et, quoique des plus fins,
Il n'avoit pu donner d'atteinte à la volaille.
D'une part l'appétit, de l'autre le danger,
N'étoient pas au compère un embarras léger.
     « Hé quoi! dit-il, cette canaille
     Se moque impunément de moi?

Je vais, je viens, je me travaille,
J'imagine cent tours : le rustre, en paix chez soi,
Vous fait argent de tout, convertit en monnoie
Ses chapons, sa poulaille; il en a même au croc;
Et moi, maître passé, quand j'attrape un vieux coq,
Je suis au comble de la joie!
Pourquoi sire Jupin m'a-t-il donc appelé
Au métier de renard? Je jure les puissances
De l'Olympe et du Styx, il en sera parlé. »
       Roulant en son cœur ces vengeances,
Il choisit une nuit libérale en pavots :
Chacun étoit plongé dans un profond repos;
Le maître du logis, les valets, le chien même,
Poules, poulets, chapons, tout dormoit. Le Fermier,
       Laissant ouvert son poulailler,
       Commit une sottise extrême.
Le voleur tourne tant qu'il entre au lieu guetté,
Le dépeuple, remplit de meurtres la cité.
       Les marques de sa cruauté
Parurent avec l'aube : on vit un étalage
       De corps sanglants et de carnage.
       Peu s'en fallut que le Soleil
Ne rebroussât d'horreur vers le manoir liquide.
       Tel et d'un spectacle pareil,
Apollon irrité contre le fier Atride
Joncha son camp de morts : on vit presque détruit
L'ost des Grecs; et ce fut l'ouvrage d'une nuit.
       Tel encore autour de sa tente
       Ajax, à l'âme impatiente,
De moutons et de boucs fit un vaste débris,
Croyant tuer en eux son concurrent Ulysse
       Et les auteurs de l'injustice
       Par qui l'autre emporta le prix.
Le Renard, autre Ajax, aux volailles funeste,
Emporte ce qu'il peut, laisse étendu le reste.
Le maître ne trouva de recours qu'à crier

Contre ses gens, son chien : c'est l'ordinaire usage.
« Ah! maudit animal, qui n'es bon qu'à noyer,
Que n'avertissois-tu dès l'abord du carnage?
— Que ne l'évitiez-vous? c'eût été plus tôt fait :
Si vous, maître et fermier, à qui touche le fait,
Dormez sans avoir soin que la porte soit close,
Voulez-vous que moi, Chien, qui n'ai rien à la chose,
Sans aucun intérêt je perde le repos? »
   Ce Chien parloit très à propos :
   Son raisonnement pouvoit être
   Fort bon dans la bouche d'un maître,
   Mais, n'étant que d'un simple chien,
   On trouva qu'il ne valoit rien :
   On vous sangla le pauvre drille.

Toi donc, qui que tu sois, ô père de famille
(Et je né t'ai jamais envié cet honneur),
T'attendre aux yeux d'autrui quand tu dors, c'est erreur.
Couche-toi le dernier, et vois fermer ta porte.
   Que si quelque affaire t'importe,
   Ne la fais point par procureur.

      IV

  LE SONGE D'UN HABITANT DU MOGOL

Jadis certain Mogol vit en songe un Vizir
Aux Champs Élysiens possesseur d'un plaisir
Aussi pur qu'infini, tant en prix qu'en durée :
Le même songeur vit en une autre contrée
   Un Ermite entouré de feux,
Qui touchoit de pitié même les malheureux.
Le cas parut étrange, et contre l'ordinaire :
Minos en ces deux morts sembloit s'être mépris.

Le dormeur s'éveilla, tant il en fut surpris.
Dans ce songe pourtant soupçonnant du mystère,
      Il se fit expliquer l'affaire.
L'interprète lui dit : « Ne vous étonnez point;
Votre songe a du sens; et, si j'ai sur ce point
        Acquis tant soit peu d'habitude,
C'est un avis des Dieux. Pendant l'humain séjour,
Ce Vizir quelquefois cherchoit la solitude;
Cet Ermite aux Vizirs alloit faire sa cour. »

Si j'osois ajouter au mot de l'interprète,
J'inspirerois ici l'amour de la retraite :
Elle offre à ses amants des biens sans embarras,
Biens purs, présents du Ciel, qui naissent sous les pas.
Solitude, où je trouve une douceur secrète,
Lieux que j'aimai toujours, ne pourrai-je jamais,
Loin du monde et du bruit, goûter l'ombre et le frais?
Oh! qui m'arrêtera sous vos sombres asiles?
Quand pourront les neuf Sœurs, loin des cours et des
                                  [villes,
M'occuper tout entier, et m'apprendre des cieux
Les divers mouvements inconnus à nos yeux,
Les noms et les vertus de ces clartés errantes
Par qui sont nos destins et nos mœurs différentes!
Que si je ne suis né pour de si grands projets,
Du moins que les ruisseaux m'offrent de doux objets!
Que je peigne en mes vers quelque rive fleurie!
La Parque à filets d'or n'ourdira point ma vie,
Je ne dormirai point sous de riches lambris :
Mais voit-on que le somme en perde de son prix?
En est-il moins profond, et moins plein de délices?
Je lui voue au désert de nouveaux sacrifices.
Quand le moment viendra d'aller trouver les morts,
J'aurai vécu sans soins, et mourrai sans remords.

v

LE LION, LE SINGE ET LES DEUX ANES

Le Lion, pour bien gouverner,
Voulant apprendre la morale,
Se fit, un beau jour, amener
Le Singe, maître ès arts chez la gent animale.
La première leçon que donna le régent
Fut celle-ci : « Grand Roi, pour régner sagement,
Il faut que tout prince préfère
Le zèle de l'État à certain mouvement
Qu'on appelle communément
Amour-propre; car c'est le père,
C'est l'auteur de tous les défauts
Que l'on remarque aux animaux.
Vouloir que de tout point ce sentiment vous quitte,
Ce n'est pas chose si petite
Qu'on en vienne à bout en un jour :
C'est beaucoup de pouvoir modérer cet amour.
Par là, votre personne auguste
N'admettra jamais rien en soi
De ridicule ni d'injuste.
— Donne-moi, repartit le Roi,
Des exemples de l'un et l'autre.
— Toute espèce, dit le docteur,
Et je commence par la nôtre.
Toute profession s'estime dans son cœur,
Traite les autres d'ignorantes,
Les qualifie impertinentes;
Et semblables discours qui ne nous coûtent rien.
L'amour-propre, au rebours, fait qu'au degré suprême
On porte ses pareils; car c'est un bon moyen

De s'élever aussi soi-même.
De tout ce que dessus j'argumente très-bien
Qu'ici-bas maint talent n'est que pure grimace,
Cabale, et certain art de se faire valoir,
Mieux su des ignorants que des gens de savoir.

          L'autre jour, suivant à la trace
Deux Anes qui, prenant tour à tour l'encensoir,
Se louoient tour à tour, comme c'est la manière,
J'ouïs que l'un des deux disoit à son confrère :
« Seigneur, trouvez-vous pas bien injuste et bien sot
« L'homme, cet animal si parfait ? Il profane
          « Notre auguste nom, traitant d'*âne*
« Quiconque est ignorant, d'esprit lourd, idiot :
          « Il abuse encore d'un mot,
« Et traite notre rire et nos discours de *braire*.
« Les humains sont plaisants de prétendre exceller
« Par-dessus nous ! Non, non ; c'est à vous de parler,
          « A leurs orateurs de se taire :
« Voilà les vrais braillards. Mais laissons là ces gens :
          « Vous m'entendez, je vous entends ;
          « Il suffit. Et quant aux merveilles
« Dont votre divin chant vient frapper les oreilles,
« Philomèle est, au prix, novice dans cet art :
« Vous surpassez Lambert. » L'autre Baudet repart :
« Seigneur, j'admire en vous des qualités pareilles. »
Ces Anes, non contents de s'être ainsi grattés,
          S'en allèrent dans les cités
L'un l'autre se prôner : chacun d'eux croyoit faire,
En prisant ses pareils, une fort bonne affaire,
Prétendant que l'honneur en reviendroit sur lui.

          J'en connois beaucoup aujourd'hui,
Non parmi les baudets, mais parmi les puissances
Que le Ciel voulut mettre en de plus hauts degrés,
Qui changeroient entre eux les simples Excellences,

S'ils osoient, en des Majestés.
J'en dis peut-être plus qu'il ne faut, et suppose
Que Votre Majesté gardera le secret.
Elle avoit souhaité d'apprendre quelque trait
      Qui lui fît voir, entre autre chose,
L'amour-propre donnant du ridicule aux gens.
L'injuste aura son tour : il y faut plus de temps. »
Ainsi parla ce Singe. On ne m'a pas su dire
S'il traita l'autre point, car il est délicat;
Et notre maître ès arts, qui n'étoit pas un fat,
Regardoit ce Lion comme un terrible sire.

VI

LE LOUP ET LE RENARD

Mais d'où vient qu'au Renard Ésope accorde un point,
C'est d'exceller en tours pleins de matoiserie?
J'en cherche la raison, et ne la trouve point.
Quand le Loup a besoin de défendre sa vie,
      Ou d'attaquer celle d'autrui,
      N'en sait-il pas autant que lui?
Je crois qu'il en sait plus; et j'oserois peut-être
Avec quelque raison contredire mon maître.
Voici pourtant un cas où tout l'honneur échut
A l'hôte des terriers. Un soir il aperçut
La lune au fond d'un puits : l'orbiculaire image
      Lui parut un ample fromage
      Deux seaux alternativement
      Puisoient le liquide élément :
Notre Renard, pressé par une faim canine,
S'accommode en celui qu'au haut de la machine
      L'autre seau tenoit suspendu.
      Voilà l'animal descendu,

Tiré d'erreur, mais fort en peine,
Et voyant sa perte prochaine :
Car comment remonter, si quelque autre affamé,
De la même image charmé,
Et succédant à sa misère,
Par le même chemin ne le tiroit d'affaire?
Deux jours s'étoient passés sans qu'aucun vînt au puits.
Le temps, qui toujours marche, avoit, pendant deux nuits,
Échancré, selon l'ordinaire,
De l'astre au front d'argent la face circulaire.
Sire Renard étoit désespéré.
Compère Loup, le gosier altéré,
Passe par là. L'autre dit : « Camarade,
Je vous veux régaler : voyez-vous cet objet?
C'est un fromage exquis : le dieu Faune l'a fait;
La vache Io donna le lait.
Jupiter, s'il étoit malade,
Reprendroit l'appétit en tâtant d'un tel mets.
J'en ai mangé cette échancrure;
Le reste vous sera suffisante pâture.
Descendez dans un seau que j'ai là mis exprès. »
Bien qu'au moins mal qu'il pût il ajustât l'histoire,
Le Loup fut un sot de le croire;
Il descend, et son poids emportant l'autre part,
Reguinde en haut maître Renard.

Ne nous en moquons point : nous nous laissons séduire
Sur aussi peu de fondement;
Et chacun croit fort aisément
Ce qu'il craint et ce qu'il desire.

VII

LE PAYSAN DU DANUBE

Il ne faut point juger des gens sur l'apparence.
Le conseil en est bon, mais il n'est pas nouveau.
      Jadis l'erreur du Souriceau
Me servit à prouver le discours que j'avance :
      J'ai, pour le fonder à présent,
Le bon Socrate, Ésope, et certain paysan
Des rives du Danube, homme dont Marc-Aurèle
      Nous fait un portrait fort fidèle.
On connoît les premiers : quant à l'autre, voici
      Le personnage en raccourci.
Son menton nourissoit une barbe touffue;
      Toute sa personne velue
Représentoit un ours, mais un ours mal léché :
Sous un sourcil épais il avoit l'œil caché,
Le regard de travers, nez tortu, grosse lèvre,
      Portoit sayon de poil de chèvre,
      Et ceinture de joncs marins.
Cet homme ainsi bâti fut député des villes
Que lave le Danube. Il n'étoit point d'asiles
      Où l'avarice des Romains
Ne pénétrât alors, et ne portât les mains.
Le député vint donc, et fit cette harangue :
« Romains, et vous Sénat assis pour m'écouter,
Je supplie avant tout les Dieux de m'assister :
Veuillent les Immortels, conducteurs de ma langue,
Que je ne dise rien qui doive être repris!
Sans leur aide, il ne peut entrer dans les esprits
      Que tout mal et toute injustice :
Faute d'y recourir, on viole leurs lois.

Témoin nous que punit la romaine avarice :
Rome est, par nos forfaits, plus que par ses exploits,
    L'instrument de notre supplice.
Craignez, Romains, craignez que le Ciel quelque jour
Ne transporte chez vous les pleurs et la misère;
Et mettant en nos mains, par un juste retour,
Les armes dont se sert sa vengeance sévère,
    Il ne vous fasse, en sa colère,
    Nos esclaves à votre tour.
Et pourquoi sommes-nous les vôtres? Qu'on me die
En quoi vous valez mieux que cent peuples divers.
Quel droit vous a rendus maîtres de l'univers?
Pourquoi venir troubler une innocente vie?
Nous cultivions en paix d'heureux champs; et nos mains
Étoient propres aux arts, ainsi qu'au labourage.
    Qu'avez-vous appris aux Germains?
    Ils ont l'adresse et le courage :
    S'ils avoient eu l'avidité,
    Comme vous, et la violence,
Peut-être en votre place ils auroient la puissance,
Et sauroient en user sans inhumanité.
Celle que vos préteurs ont sur nous exercée
    N'entre qu'à peine en la pensée.
    La majesté de vos autels
    Elle-même en est offensée;
    Car sachez que les Immortels
Ont les regards sur nous. Grâces à vos exemples,
Ils n'ont devant les yeux que des objets d'horreur,
    De mépris d'eux et de leurs temples.
D'avarice qui va jusques à la fureur.
Rien ne suffit aux gens qui nous viennent de Rome :
    La terre et le travail de l'homme
Font pour les assouvir des efforts superflus.
    Retirez-les : on ne veut plus
    Cultiver pour eux les campagnes.
Nous quittons les cités, nous fuyons aux montagnes;

Nous laissons nos chères compagnes;
Nous ne conversons plus qu'avec des ours affreux,
Découragés de mettre au jour des malheureux,
Et de peupler pour Rome un pays qu'elle opprime.
        Quant à nos enfants déjà nés,
Nous souhaitons de voir leurs jours bientôt bornés :
Vos préteurs au malheur nous font joindre le crime.
        Retirez-les : ils ne nous apprendront
            Que la mollesse et que le vice;
            Les Germains comme eux deviendront
            Gens de rapine et d'avarice.
C'est tout ce que j'ai vu dans Rome à mon abord.
        N'a-t-on point de présent à faire,
Point de pourpre à donner : c'est en vain qu'on espère
Quelque refuge aux lois; encor leur ministère
A-t-il mille longueurs. Ce discours, un peu fort,
        Doit commencer à vous déplaire.
        Je finis. Punissez de mort
        Une plainte un peu trop sincère. »
A ces mots, il se couche; et chacun étonné
Admire le grand cœur, le bon sens, l'éloquence
        Du sauvage ainsi prosterné.
On le créa patrice; et ce fut la vengeance
Qu'on crut qu'un tel discours méritoit. On choisit
        D'autres préteurs; et par écrit
Le Sénat demanda ce qu'avoit dit cet homme,
Pour servir de modèle aux parleurs à venir.
        On ne sut pas longtemps à Rome
        Cette éloquence entretenir.

VIII

LE VIEILLARD ET LES TROIS JEUNES
HOMMES

Un octogénaire plantoit.
« Passe encor de bâtir; mais planter à cet âge!
Disoient trois jouvenceaux, enfants du voisinage;
Assurément, il radotoit.
Car, au nom des Dieux, je vous prie,
Quel fruit de ce labeur pouvez-vous recueillir?
Autant qu'un patriarche il vous faudroit vieillir.
A quoi bon charger votre vie
Des soins d'un avenir qui n'est pas fait pour vous?
Ne songez désormais qu'à vos erreurs passées;
Quittez le long espoir et les vastes pensées;
Tout cela ne convient qu'à nous.
— Il ne convient pas à vous-mêmes,
Repartit le Vieillard. Tout établissement
Vient tard, et dure peu. La main des Parques blêmes
De vos jours et des miens se joue également.
Nos termes sont pareils par leur courte durée.
Qui de nous des clartés de la voûte azurée
Doit jouir le dernier? Est-il aucun moment
Qui vous puisse assurer d'un second seulement?
Mes arrière-neveux me devront cet ombrage :
Eh bien! défendez-vous au sage
De se donner des soins pour le plaisir d'autrui?
Cela même est un fruit que je goûte aujourd'hui :
J'en puis jouir demain, et quelques jours encore;
Je puis enfin compter l'aurore
Plus d'une fois sur vos tombeaux. »
Le Vieillard eut raison : l'un des trois jouvenceaux

Se noya dès le port, allant à l'Amérique;
L'autre, afin de monter aux grandes dignités,
Dans les emplois de Mars servant la République,
Par un coup imprévu vit ses jours emportés;
     Le troisième tomba d'un arbre
     Que lui-même il voulut enter;
Et, pleurés du Vieillard, il grava sur leur marbre
     Ce que je viens de raconter.

IX

LES SOURIS ET LE CHAT-HUANT

     Il ne faut jamais dire aux gens :
« Écoutez un bon mot, oyez une merveille. »
     Savez-vous si les écoutants
En feront une estime à la vôtre pareille?
Voici pourtant un cas qui peut être excepté :
Je le maintiens prodige, et tel que d'une fable
Il a l'air et les traits, encor que véritable.

On abattit un pin pour son antiquité,
Vieux palais d'un Hibou, triste et sombre retraite
De l'oiseau qu'Atropos prend pour son interprète.
Dans son tronc caverneux, et miné par le temps,
     Logeoient, entre autres habitants,
Force Souris sans pieds, toutes rondes de graisse.
L'Oiseau les nourissoit parmi des tas de blé,
Et de son bec avoit leur troupeau mutilé.
Cet Oiseau raisonnoit : il faut qu'on le confesse.
En son temps, aux Souris le compagnon chassa :
Les premières qu'il prit du logis échappées,
Pour y remédier, le drôle estropia
Tout ce qu'il prit ensuite; et leurs jambes coupées

Firent qu'il les mangeoit à sa commodité,
        Aujourd'hui l'une, et demain l'autre.
Tout manger à la fois, l'impossibilité
S'y trouvoit, joint aussi le soin de sa santé.
Sa prévoyance alloit aussi loin que la nôtre :
        Elle alloit jusqu'à leur porter
        Vivres et grains pour subsister.
        Puis, qu'un Cartésien s'obstine
A traiter ce Hibou de montre et de machine ?
        Quel ressort lui pouvoit donner
Le conseil de tronquer un peuple mis en mue ?
        Si ce n'est pas là raisonner,
        La raison m'est chose inconnue.
        Voyez que d'arguments il fit :
        « Quand ce peuple est pris, il s'enfuit ;
Donc il faut le croquer aussitôt qu'on le happe.
Tout, il est impossible. Et puis, pour le besoin
N'en dois-je pas garder ? Donc il faut avoir soin
        De le nourrir sans qu'il échappe.
Mais comment ? Otons-lui les pieds. » Or, trouvez-moi
Chose par les humains à sa fin mieux conduite.
Quel autre art de penser Aristote et sa suite
        Enseignent-ils, par votre foi ?

Ceci n'est point une fable ; et la chose, quoique merveilleuse et
presque incroyable, est véritablement arrivée. J'ai peut-être porté
trop loin la prévoyance de ce Hibou ; car je ne prétends pas établir
dans les bêtes un progrès de raisonnement tel que celui-ci ; mais
ces exagérations sont permises à la poésie, surtout dans la manière
d'écrire dont je me sers.

ÉPILOGUE

C'est ainsi que ma Muse, aux bords d'une onde pure,
        Traduisoit en langue des Dieux
        Tout ce que disent sous les cieux
Tant d'êtres empruntants la voix de la nature.

Trucheman de peuples divers,
Je les faisois servir d'acteurs en mon ouvrage;
　　　　Car tout parle dans l'univers;
　　　　Il n'est rien qui n'ait son langage :
Plus éloquents chez eux qu'ils ne sont dans mes vers,
Si ceux que j'introduis me trouvent peu fidèle,
Si mon œuvre n'est pas un assez bon modèle,
　　　J'ai du moins ouvert le chemin :
D'autres pourront y mettre une dernière main.
Favoris des neuf Sœurs, achevez l'entreprise :
Donnez mainte leçon que j'ai sans doute omise;
Sous ces inventions, il faut l'envelopper.
Mais vous n'avez que trop de quoi vous occuper :
Pendant le doux emploi de ma Muse innocente,
Louis dompte l'Europe; et, d'une main puissante,
Il conduit à leur fin les plus nobles projets
　　　　Qu'ait jamais formés un monarque.
Favoris des neuf Sœurs, ce sont là des sujets
　　　Vainqueurs du temps et de la Parque.

LIVRE DOUZIÈME

LES COMPAGNONS D'ULYSSE

Prince, l'unique objet du soin des Immortels,
Souffrez que mon encens parfume vos autels.
Je vous offre un peu tard ces présents de ma Muse;
Les ans et les travaux me serviront d'excuse.
Mon esprit diminue, au lieu qu'à chaque instant
On aperçoit le vôtre aller en augmentant :
Il ne va pas, il court, il semble avoir des ailes.
Le héros dont il tient des qualités si belles
Dans le métier de Mars brûle d'en faire autant :
Il ne tient pas à lui que, forçant la victoire,
  Il ne marche à pas de géant
   Dans la carrière de la gloire.
Quelque dieu le retient (c'est notre souverain),
Lui qu'un mois a rendu maître et vainqueur du Rhin;
Cette rapidité fut alors nécessaire;
Peut-être elle seroit aujourd'hui téméraire.
Je m'en tais : aussi bien les Ris et les Amours
Ne sont pas soupçonnés d'aimer les longs discours.
De ces sortes de dieux votre cour se compose :
Ils ne vous quittent point. Ce n'est pas qu'après tout
D'autres divinités n'y tiennent le haut bout :
Le Sens et la Raison y règlent toute chose.

Consultez ces derniers sur un fait où les Grecs,
     Imprudents et peu circonspects,
     S'abandonnèrent à des charmes
Qui métamorphosoient en bêtes les humains.
Les compagnons d'Ulysse, après dix ans d'alarmes,
Erroient au gré du vent, de leur sort incertains.
     Ils abordèrent un rivage
     Où la fille du dieu du jour,
     Circé, tenoit alors sa cour.
     Elle leur fit prendre un breuvage
Délicieux, mais plein d'un funeste poison.
     D'abord ils perdent la raison;
Quelques moments après, leur corps et leur visage
Prennent l'air et les traits d'animaux différents :
Les voilà devenus ours, lions, éléphants;
     Les uns sous une masse énorme,
     Les autres sous une autre forme;
Il s'en vit de petits : EXEMPLUM, UT TALPA.
     Le seul Ulysse en échappa;
Il sut se défier de la liqueur traîtresse.
     Comme il joignoit à la sagesse
La mine d'un héros et le doux entretien,
     Il fit tant que l'enchanteresse
Prit un autre poison peu différent du sien.
Une déesse dit tout ce qu'elle a dans l'âme :
     Celle-ci déclara sa flamme.
Ulysse étoit trop fin pour ne pas profiter
     D'une pareille conjoncture :
Il obtint qu'on rendroit à ces Grecs leur figure.
« Mais la voudront-ils bien, dit la Nymphe, accepter?
Allez le proposer de ce pas à la troupe. »
Ulysse y court, et dit : « L'empoisonneuse coupe
A son remède encore; et je viens vous l'offrir :
Chers amis, voulez-vous hommes redevenir?
     On vous rend déjà la parole. »
     Le Lion dit, pensant rugir :

« Je n'ai pas la tête si folle;
Moi renoncer aux dons que je viens d'acquérir!
J'ai griffe et dent, et mets en pièces qui m'attaque.
Je suis roi : deviendrai-je un citadin d'Ithaque!
Tu me rendras peut-être encor simple soldat :
            Je ne veux point changer d'état. »
Ulysse du Lion court à l'Ours : « Eh! mon frère,
Comme te voilà fait! je t'ai vu si joli!
            — Ah! vraiment nous y voici,
            Reprit l'Ours à sa manière :
Comme me voilà fait? comme doit être un ours.
Qui t'a dit qu'une forme est plus belle qu'une autre?
            Est-ce à la tienne à juger de la nôtre?
Je me rapporte aux yeux d'une Ourse mes amours.
Te déplais-je? va-t'en; suis ta route et me laisse.
Je vis libre, content, sans nul soin qui me presse;
            Et te dis tout net et tout plat :
            Je ne veux point changer d'état. »
Le prince grec au Loup va proposer l'affaire;
Il lui dit, au hasard d'un semblable refus :
            « Camarade, je suis confus
            Qu'une jeune et belle bergère
        Conte aux échos les appétits gloutons
        Qui t'ont fait manger ses moutons.
Autrefois on t'eût vu sauver sa bergerie :
            Tu menois une honnête vie.
            Quitte ces bois, et redevien,
            Au lieu de loup, homme de bien.
— En est-il? dit le Loup : pour moi, je n'en vois guère.
Tu t'en viens me traiter de bête carnassière;
Toi qui parles, qu'es-tu? N'auriez-vous pas, sans moi,
Mangé ces animaux que plaint tout le village?
            Si j'étois homme, par ta foi,
            Aimerois-je moins le carnage?
Pour un mot quelquefois vous vous étranglez tous :
Ne vous êtes-vous pas l'un à l'autre des loups?

Tout bien considéré, je te soutiens en somme
    Que, scélérat pour scélérat,
      Il vaut mieux être un loup qu'un homme :
    Je ne veux point changer d'état »
Ulysse fit à tous une même semonce.
    Chacun d'eux fit même réponse,
    Autant le grand que le petit.
La liberté, les bois, suivre leur appétit,
    C'étoit leurs délices suprêmes;
Tous renonçoient au lôs des belles actions.
Ils croyoient s'affranchir suivants leurs passions,
    Ils étoient esclaves d'eux-mêmes.

Prince, j'aurois voulu vous choisir un sujet
Où je pusse mêler le plaisant à l'utile :
    C'étoit sans doute un beau projet
    Si ce choix eût été facile.
Les compagnons d'Ulysse enfin se sont offerts :
Ils ont force pareils en ce bas univers,
    Gens à qui j'impose pour peine
    Votre censure et votre haine.

II

LE CHAT ET LES DEUX MOINEAUX

A MONSEIGNEUR LE DUC DE BOURGOGNE

Un Chat, contemporain d'un fort jeune Moineau,
Fut logé près de lui dès l'âge du berceau :
La cage et le panier avoient mêmes pénates;
Le Chat étoit souvent agacé par l'oiseau :
L'un s'escrimoit du bec, l'autre jouoit des pattes.
Ce dernier toutefois épargnoit son ami.
    Ne le corrigeant qu'à demi,

Il se fût fait un grand scrupule
D'armer de pointes sa férule.
Le Passereau, moins circonspec,
Lui donnoit force coups de bec.
En sage et discrète personne,
Maître Chat excusoit ces jeux :
Entre amis, il ne faut jamais qu'on s'abandonne
Aux traits d'un courroux sérieux.
Comme ils se connoissoient tous deux dès leur bas âge,
Une longue habitude en paix les maintenoit;
Jamais en vrai combat le jeu ne se tournoit :
Quand un Moineau du voisinage
S'en vint les visiter, et se fit compagnon
Du pétulant Pierrot et du sage Raton;
Entre les deux oiseaux il arriva querelle;
Et Raton de prendre parti :
« Cet inconnu, dit-il, nous la vient donner belle,
D'insulter ainsi notre ami!
Le Moineau du voisin viendra manger le nôtre!
Non, de par tous les chats! » Entrant lors au combat,
Il croque l'étranger. « Vraiment, dit maître Chat,
Les moineaux ont un goût exquis et délicat! »
Cette réflexion fit aussi croquer l'autre.
Quelle morale puis-je inférer de ce fait?
Sans cela, toute fable est un œuvre imparfait.
J'en crois voir quelques traits; mais leur ombre m'abuse.
Prince, vous les aurez incontinent trouvés :
Ce sont des jeux pour vous, et non point pour ma Muse :
Elle et ses sœurs n'ont pas l'esprit que vous avez.

III

DU THÉSAURISEUR ET DU SINGE

Un homme accumuloit. On sait que cette erreur
    Va souvent jusqu'à la fureur.
Celui-ci ne songeoit que ducats et pistoles.
Quand ces biens sont oisifs, je tiens qu'ils sont frivoles.
    Pour sûreté de son trésor,
Notre Avare habitoit un lieu dont Amphitrite
Défendoit aux voleurs de toutes parts l'abord.
Là, d'une volupté selon moi fort petite,
Et selon lui fort grande, il entassoit toujours :
    Il passoit les nuits et les jours
A compter, calculer, supputer sans relâche,
Calculant, supputant, comptant comme à la tâche :
Car il trouvoit toujours du mécompte à son fait.
Un gros Singe, plus sage, à mon sens, que son maître,
Jetoit quelque doublon toujours par la fenêtre,
    Et rendoit le compte imparfait :
    La chambre, bien cadenassée,
Permettoit de laisser l'argent sur le comptoir.
Un beau jour dom Bertrand se mit dans la pensée
D'en faire un sacrifice au liquide manoir.
    Quant à moi, lorsque je compare
Les plaisirs de ce Singe à ceux de cet Avare,
Je ne sais bonnement auxquels donner le prix :
Dom Bertrand gagneroit près de certains esprits;
Les raisons en seroient trop longues à déduire.
Un jour donc l'Animal, qui ne songeoit qu'à nuire,
Détachoit du monceau, tantôt quelque doublon,
    Un jacobus, un ducaton,
    Et puis quelque noble à la rose;
Éprouvoit son adresse et sa force à jeter

Ces morceaux de métal, qui se font souhaiter
     Par les humains sur toute chose.
S'il n'avoit entendu son compteur à la fin
     Mettre la clef dans la serrure,
Les ducats auroient tous pris le même chemin,
     Et couru la même aventure;
Il les auroit fait tous voler jusqu'au dernier
Dans le gouffre enrichi par maint et maint naufrage.
Dieu veuille préserver maint et maint financier
     Qui n'en fait pas meilleur usage!

IV

LES DEUX CHÈVRES

     Dès que les Chèvres ont brouté,
     Certain esprit de liberté
Leur fait chercher fortune : elles vont en voyage
     Vers les endroits du pâturage
     Les moins fréquentés des humains :
Là, s'il est quelque lieu sans route et sans chemins,
Un rocher, quelque mont pendant en précipices,
C'est où ces dames vont promener leurs caprices.
Rien ne peut arrêter cet animal grimpant.
     Deux Chèvres donc s'émancipant,
     Toutes deux ayant patte blanche,
Quittèrent les bas prés, chacune de sa part :
L'une vers l'autre alloit pour quelque bon hasard.
Un ruisseau se rencontre, et pour pont une planche.
Deux belettes à peine auroient passé de front
        Sur ce pont.
D'ailleurs, l'onde rapide et le ruisseau profond
Devoient faire trembler de peur ces amazones.
Malgré tant de dangers, l'une de ces personnes

Pose un pied sur la planche, et l'autre en fait autant.
Je m'imagine voir, avec Louis le Grand,
    Philippe Quatre qui s'avance
    Dans l'île de la Conférence.
    Ainsi s'avançoient pas à pas,
    Nez à nez, nos aventurières,
    Qui, toutes deux étant fort fières,
Vers le milieu du pont ne se voulurent pas
L'une à l'autre céder. Elles avoient la gloire
De compter dans leur race, à ce que dit l'histoire,
L'une, certaine Chèvre, au mérite sans pair,
Dont Polyphème fit présent à Galatée;
    Et l'autre la Chèvre Amalthée,
    Par qui fut nourri Jupiter.
Faute de reculer, leur chute fut commune :
    Toutes deux tombèrent dans l'eau.

    Cet accident n'est pas nouveau
    Dans le chemin de la Fortune.

A
MONSEIGNEUR LE DUC DE BOURGOGNE,

QUI AVOIT DEMANDÉ A M. DE LA FONTAINE UNE FABLE
QUI FUT NOMMÉE

le Chat et la Souris.

Pour plaire au jeune Prince à qui la Renommée
    Destine un temple en mes écrits,
Comment composerai-je une fable nommée
    Le Chat et la Souris?

Dois-je représenter dans ces vers une belle
Qui, douce en apparence, et toutefois cruelle,

Va se jouant des cœurs que ses charmes ont pris
        Comme le Chat de la Souris?

Prendrai-je pour sujet les jeux de la Fortune?
Rien ne lui convient mieux : et c'est chose commune
Que de lui voir traiter ceux qu'on croit ses amis
        Comme le Chat fait la Souris.

Introduirai-je un Roi qu'entre ses favoris
Elle respecte seul, Roi qui fixe sa roue,
Qui n'est point empêché d'un monde d'ennemis,
Et qui des plus puissants, quand il lui plaît, se joue
        Comme le Chat de la Souris?

Mais insensiblement, dans le tour que j'ai pris,
Mon dessein se rencontre; et, si je ne m'abuse,
Je pourrois tout gâter par de plus longs récits :
Le jeune Prince alors se joueroit de ma Muse
        Comme le Chat de la Souris.

V

LE VIEUX CHAT ET LA JEUNE SOURIS

Une jeune Souris, de peu d'expérience,
Crut fléchir un vieux Chat, implorant sa clémence,
Et payant de raisons le Raminagrobis.
        « Laissez-moi vivre : une souris
        De ma taille et de ma dépense
        Est-elle à charge en ce logis?
        Affamerois-je, à votre avis,
        L'hôte et l'hôtesse, et tout leur monde?
        D'un grain de blé je me nourris :
        Une noix me rend toute ronde.

A présent je suis maigre; attendez quelque temps.
Réservez ce repas à Messieurs vos enfants. »
Ainsi parloit au Chat la Souris attrapée.
        L'autre lui dit : « Tu t'es trompée :
Est-ce à moi que l'on tient de semblables discours
Tu gagnerois autant de parler à des sourds.
Chat, et vieux, pardonner! cela n'arrive guères.
        Selon ces lois, descends là-bas,
        Meurs, et va-t'en, tout de ce pas,
        Haranguer les Sœurs filandières :
Mes enfants trouveront assez d'autres repas. »
        Il tint parole.
                        Et pour ma fable
Voici le sens moral qui peut y convenir :
La jeunesse se flatte, et croit tout obtenir;
        La vieillesse est impitoyable.

                        VI

                LE CERF MALADE

En pays pleins de cerfs, un Cerf tomba malade.
        Incontinent maint camarade
Accourt à son grabat le voir, le secourir,
Le consoler du moins : multitude importune.
        « Eh! Messieurs, laissez-moi mourir :
        Permettez qu'en forme commune
La Parque m'expédie; et finissez vos pleurs. »
        Point du tout : les consolateurs
De ce triste devoir tout au long s'acquittèrent,
        Quand il plut à Dieu s'en allèrent :
        Ce ne fut pas sans boire un coup,
C'est-à-dire sans prendre un droit de pâturage.
Tout se mit à brouter les bois du voisinage.

La pitance du Cerf en déchut de beaucoup.
    Il ne trouva plus rien à frire :
    D'un mal il tomba dans un pire,
    Et se vit réduit à la fin
    A jeûner et mourir de faim.

    Il en coûte à qui vous réclame,
    Médecins du corps et de l'âme!
    O temps! ô mœurs! j'ai beau crier,
    Tout le monde se fait payer.

VII

LA CHAUVE-SOURIS, LE BUISSON
ET LE CANARD

Le Buisson, le Canard, et la Chauve-Souris,
    Voyant tous trois qu'en leur pays
    Ils faisoient petite fortune,
Vont trafiquer au loin, et font bourse commune.
Ils avoient des comptoirs, des facteurs, des agents
    Non moins soigneux qu'intelligents,
Des registres exacts de mise et de recette.
    Tout alloit bien; quand leur emplette,
    En passant par certains endroits
    Remplis d'écueils et fort étroits,
    Et de trajet très-difficile,
Alla tout emballée au fond des magasins
    Qui du Tartare sont voisins.
Notre trio poussa maint regret inutile;
    Ou plutôt il n'en poussa point,
Le plus petit marchand est savant sur ce point :
Pour sauver son crédit, il faut cacher sa perte.
Celle que, par malheur, nos gens avoient soufferte
Ne put se réparer : le cas fut découvert.

Les voilà sans crédit, sans argent, sans ressource,
        Prêts à porter le bonnet vert.
        Aucun ne leur ouvrit sa bourse.
Et le sort principal, et les gros intérêts,
        Et les sergents, et les procès,
        Et le créancier à la porte
        Dès devant la pointe du jour,
N'occupoient le trio qu'à chercher maint détour
        Pour contenter cette cohorte.
Le Buisson accrochoit les passants à tous coups.
« Messieurs, leur disoit-il, de grâce, apprenez-nous
        En quel lieu sont les marchandises
        Que certains gouffres nous ont prises. »
Le Plongeon sous les eaux s'en alloit les chercher.
L'Oiseau Chauve-Souris n'osoit plus approcher
        Pendant le jour nulle demeure :
        Suivi de sergents à toute heure.
        En des trous il s'alloit cacher.

Je connois maint detteur qui n'est ni souris-chauve,
Ni buisson, ni canard, ni dans tel cas tombé,
Mais simple grand seigneur, qui tous les jours se sauve
        Par un escalier dérobé.

VIII

LA QUERELLE DES CHIENS ET DES CHATS, ET CELLE DES CHATS ET DES SOURIS

La Discorde a toujours régné dans l'univers;
Notre monde en fournit mille exemples divers :
Chez nous cette déesse a plus d'un tributaire.
        Commençons par les Éléments :
Vous serez étonnés de voir qu'à tous moments

                Ils seront appointés contraire.
                Outre ces quatre potentats,
                Combien d'êtres de tous états
                Se font une guerre éternelle!

Autrefois un logis plein de Chiens et de Chats,
Par cent arrêts rendus en forme solennelle,
                Vit terminer tous leurs débats.
Le maître ayant réglé leurs emplois, leurs repas,
Et menacé du fouet quiconque auroit querelle,
Ces animaux vivoient entre eux comme cousins
Cette union si douce, et presque fraternelle,
                Édifioit tous les voisins.
Enfin elle cessa. Quelque plat de potage,
Quelque os, par préférence, à quelqu'un d'eux donné,
Fit que l'autre parti s'en vint tout forcené
                Représenter un tel outrage.
J'ai vu des chroniqueurs attribuer le cas
Aux passe-droits qu'avoit une Chienne en gésine.
                Quoi qu'il en soit, cet altercas
Mit en combustion la salle et la cuisine :
Chacun se déclara pour son Chat, pour son Chien.
On fit un règlement dont les Chats se plaignirent,
                Et tout le quartier étourdirent.
Leur avocat disoit qu'il falloit bel et bien
Recourir aux arrêts. En vain ils les cherchèrent.
Dans un coin où d'abord leurs agents les cachèrent,
                Les Souris enfin les mangèrent.
Autre procès nouveau. Le peuple souriquois
En pâtit : maint vieux Chat, fin, subtil, et narquois,
Et d'ailleurs en voulant à toute cette race,
                Les guetta, les prit, fit main basse.
Le maître du logis ne s'en trouva que mieux.

J'en reviens à mon dire. On ne voit sous les cieux
Nul animal, nul être, aucune créature,

Qui n'ait son opposé : c'est la loi de nature.
D'en chercher la raison, ce sont soins superflus.
Dieu fit bien ce qu'il fit, et je n'en sais pas plus.
     Ce que je sais, c'est qu'aux grosses paroles
On en vient sur un rien, plus des trois quarts du temps.
Humains, il vous faudroit encore à soixante ans
     Renvoyer chez les barbacoles.

IX

LE LOUP ET LE RENARD

    D'où vient que personne en la vie
    N'est satisfait de son état?
    Tel voudroit bien être soldat
    A qui le soldat porte envie.

    Certain Renard voulut, dit-on,
    Se faire loup. Hé! qui peut dire
    Que pour le métier de mouton
    Jamais aucun loup ne soupire?

    Ce qui m'étonne est qu'à huit ans
    Un Prince en fable ait mis la chose,
    Pendant que sous mes cheveux blancs
    Je fabrique à force de temps
    Des vers moins sensés que sa prose.

    Les traits dans sa fable semés
    Ne sont en l'ouvrage du poëte
    Ni tous ni si bien exprimés :
    Sa louange en est plus complète.

De la chanter sur la musette,
C'est mon talent; mais je m'attends
Que mon héros, dans peu de temps,
Me fera prendre la trompette.

Je ne suis pas un grand prophète :
Cependant je lis dans les cieux
Que bientôt ses faits glorieux
Demanderont plusieurs Homères;
Et ce temps-ci n'en produit guères.
Laissant à part tous ces mystères,
Essayons de conter la fable avec succès.

Le Renard dit au Loup : « Notre cher, pour tous mets
J'ai souvent un vieux coq, ou de maigres poulets :
     C'est une viande qui me lasse.
Tu fais meilleure chère avec moins de hasard :
J'approche des maisons; tu te tiens à l'écart.
Apprends-moi ton métier, camarade, de grâce;
     Rends-moi le premier de ma race
Qui fournisse son croc de quelque mouton gras :
Tu ne me mettras point au nombre des ingrats.
— Je le veux, dit le Loup; il m'est mort un mien frère :
Allons prendre sa peau, tu t'en revêtiras. »
Il vint, et le Loup dit : « Voici comme il faut faire,
Si tu veux écarter les mâtins du troupeau. »
     Le Renard, ayant mis la peau,
Répétoit les leçons que lui donnoit son maître.
D'abord il s'y prit mal, puis un peu mieux, puis bien;
     Puis enfin il n'y manqua rien.
A peine il fut instruit autant qu'il pouvoit l'être,
Qu'un troupeau s'approcha. Le nouveau Loup y court,
Et répand la terreur dans les lieux d'alentour.
     Tel, vêtu des armes d'Achille,
Patrocle mit l'alarme au camp et dans la ville :
Mères, brus et vieillards, au temple couroient tous.

L'ost au peuple bêlant crut voir cinquante loups :
Chien, berger, et troupeau, tout fuit vers le village,
Et laisse seulement une brebis pour gage.
Le larron s'en saisit. A quelque pas de là
Il entendit chanter un Coq du voisinage.
Le disciple aussitôt droit au Coq s'en alla,
        Jetant bas sa robe de classe,
Oubliant les brebis, les leçons, le régent,
        Et courant d'un pas diligent.
        Que sert-il qu'on se contrefasse?
Prétendre ainsi changer est une illusion :
        L'on reprend sa première trace
        A la première occasion.

        De votre esprit, que nul autre n'égale,
Prince, ma Muse tient tout entier ce projet :
        Vous m'avez donné le sujet,
        Le dialogue, et la morale.

                        X

            L'ÉCREVISSE ET SA FILLE

Les sages quelquefois, ainsi que l'Écrevisse,
Marchent à reculons, tournent le dos au port.
C'est l'art des matelots : c'est aussi l'artifice
De ceux qui, pour couvrir quelque puissant effort,
Envisagent un point directement contraire,
Et font vers ce lieu-là courir leur adversaire.
Mon sujet est petit, cet accessoire est grand :
Je pourrois l'appliquer à certain conquérant
Qui tout seul déconcerte une ligue à cent têtes.
Ce qu'il n'entreprend pas, et ce qu'il entreprend,
N'est d'abord qu'un secret, puis devient des conquêtes.

En vain l'on a les yeux sur ce qu'il veut cacher,
Ce sont arrêts du Sort qu'on ne peut empêcher :
Le torrent à la fin devient insurmontable.
Cent dieux sont impuissants contre un seul Jupiter.
Louis et le Destin me semblent de concert
Entraîner l'univers. Venons à notre fable.

Mère Écrevisse un jour à sa fille disoit :
« Comme tu vas, bon Dieu! ne peux-tu marcher droit?
— Et comme vous allez vous-même! dit la fille :
Puis-je autrement marcher que ne fait ma famille?
Veut-on que j'aille droit quand on y va tortu? »

    Elle avoit raison : la vertu
    De tout exemple domestique
    Est universelle, et s'applique
En bien, en mal, en tout; fait des sages, des sots;
Beaucoup plus de ceux-ci. Quant à tourner le dos
A son but, j'y reviens; la méthode en est bonne,
    Surtout au métier de Bellone :
    Mais il faut le faire à propos.

XI

L'AIGLE ET LA PIE

L'Aigle, reine des airs, avec Margot la Pie,
Différentes d'humeur, de langage, et d'esprit,
    Et d'habit,
    Traversoient un bout de prairie.
Le hasard les assemble en un coin détourné.
L'Agasse eut peur; mais l'Aigle, ayant fort bien dîné,
La rassure, et lui dit : « Allons de compagnie;
Si le maître des Dieux assez souvent s'ennuie,

Lui qui gouverne l'univers,
J'en puis bien faire autant, moi qu'on sait qui le sers.
Entretenez-moi donc, et sans cérémonie. »
Caquet-bon bec alors de jaser au plus dru,
Sur ceci, sur cela, sur tout. L'homme d'Horace,
Disant le bien, le mal, à travers champs, n'eût su
Ce qu'en fait de babil y savoit notre Agàsse.
Elle offre d'avertir de tout ce qui se passe,
        Sautant, allant de place en place,
Bon espion, Dieu sait. Son offre ayant déplu,
        L'Aigle lui dit tout en colère :
        « Ne quittez point votre séjour,
Caquet-bon bec, ma mie : adieu; je n'ai que faire
        D'une babillarde à ma cour :
        C'est un fort méchant caractère. »
        Margot ne demandoit pas mieux.

Ce n'est pas ce qu'on croit que d'entrer chez les Dieux :
Cet honneur a souvent de mortelles angoisses.
Rediseurs, espions, gens à l'air gracieux,
Au cœur tout différent, s'y rendent odieux :
Quoiqu'ainsi que la Pie il faille dans ces lieux
        Porter habit de deux paroisses.

                        XII

        LE MILAN, LE ROI ET LE CHASSEUR

            A SON ALTESSE SÉRÉNISSIME
        MONSEIGNEUR LE PRINCE DE CONTI

Comme les Dieux sont bons, ils veulent que les Rois
        Le soient aussi : c'est l'indulgence
        Qui fait le plus beau de leurs droits,
        Non les douceurs de la vengeance :

Prince, c'est votre avis. On sait que le courroux
S'éteint en votre cœur sitôt qu'on l'y voit naître.
Achille, qui du sien ne put se rendre maître,
      Fut par là moins héros que vous.
Ce titre n'appartient qu'à ceux d'entre les hommes
Qui, comme en l'âge d'or, font cent biens ici-bas.
Peu de grands sont nés tels en cet âge où nous sommes :
L'univers leur sait gré du mal qu'ils ne font pas.
      Loin que vous suiviez ces exemples,
Mille actes généreux vous promettent des temples.
Apollon, citoyen de ces augustes lieux,
Prétend y célébrer votre nom sur sa lyre.
Je sais qu'on vous attend dans le palais des Dieux :
Un siècle de séjour doit ici vous suffire.
Hymen veut séjourner tout un siècle chez vous.
      Puissent ses plaisirs les plus doux
      Vous composer des destinées
      Par ce temps à peine bornées!
Et la Princesse et vous n'en méritez pas moins.
      J'en prends ses charmes pour témoins;
      Pour témoins j'en prends les merveilles
Par qui le Ciel, pour vous prodigue en ses présents,
De qualités qui n'ont qu'en vous seuls leurs pareilles
      Voulut orner vos jeunes ans.
Bourbon de son esprit ces grâces assaisonné :
      Le Ciel joignit en sa personne
      Ce qui sait se faire estimer
      A ce qui sait se faire aimer :
Il ne m'appartient pas d'étaler votre joie;
      Je me tais donc, et vais rimer
      Ce que fit un oiseau de proie.

Un Milan, de son nid antique possesseur,
      Étant pris vif par un Chasseur,
D'en faire au Prince un don cet homme se propose.
La rareté du fait donnoit prix à la chose.

L'Oiseau, par le Chasseur humblement présenté,
    Si ce conte n'est apocryphe,
    Va tout droit imprimer sa griffe
    Sur le nez de Sa Majesté.
— Quoi! sur le nez du Roi! — Du Roi même en personne.
— Il n'avoit donc alors ni sceptre ni couronne?
— Quand il en auroit eu, ç'auroit été tout un :
Le nez royal fut pris comme un nez du commun.
Dire des courtisans les clameurs et la peine
Seroit se consumer en efforts impuissants.
Le Roi n'éclata point : les cris sont indécents
    A la majesté souveraine.
L'Oiseau garda son poste : on ne put seulement
    Hâter son départ d'un moment.
Son maître le rappelle, et crie, et se tourmente,
Lui présente le leurre, et le poing; mais en vain.
    On crut que jusqu'au lendemain
Le maudit animal à la serre insolente
    Nicheroit là malgré le bruit,
Et sur le nez sacré voudroit passer la nuit.
Tâcher de l'en tirer irritoit son caprice.
Il quitte enfin le Roi, qui dit : « Laissez aller
Ce Milan, et celui qui m'a cru régaler.
Ils se sont acquittés tous deux de leur office,
L'un en milan, et l'autre en citoyen des bois :
Pour moi, qui sais comment doivent agir les rois,
    Je les affranchis du supplice. »
Et la cour d'admirer. Les courtisans ravis
Élèvent de tels faits, par eux si mal suivis :
Bien peu, même des rois, prendroient un tel modèle;
    Et le Veneur l'échappa belle,
Coupable seulement, tant lui que l'animal,
D'ignorer le danger d'approcher trop du maître.
    Ils n'avoient appris à connoître
Que les hôtes des bois : étoit-ce un si grand mal?

Pilpay fait près du Gange arriver l'aventure.
     Là, nulle humaine créature
Ne touche aux animaux pour leur sang épancher.
Le Roi même feroit scrupule d'y toucher.
« Savons-nous, disent-ils, si cet oiseau de proie
     N'étoit point au siége de Troie?
Peut-être y tint-il lieu d'un prince ou d'un héros
     Des plus huppés et des plus hauts :
Ce qu'il fut autrefois il pourra l'être encore.
     Nous croyons, après Pythagore,
Qu'avec les animaux de forme nous changeons,
     Tantôt milans, tantôt pigeons,
     Tantôt humains, puis volatilles
     Ayant dans les airs leurs familles. »

     Comme l'on conte en deux façons
L'accident du Chasseur, voici l'autre manière :
Un certain Fauconnier ayant pris, ce dit-on,
A la chasse un Milan (ce qui n'arrive guère),
     En voulut au Roi faire un don,
     Comme de chose singulière :
Ce cas n'arrive pas quelquefois en cent ans;
C'est le *non plus ultra* de la fauconnerie.
Ce Chasseur perce donc un gros de courtisans,
Plein de zèle, échauffé, s'il le fut de sa vie.
     Par ce parangon des présents
     Il croyoit sa fortune faite :
     Quand l'animal porte-sonnette,
     Sauvage encore et tout grossier,
     Avec ses ongles tout d'acier,
Prend le nez du Chasseur, happe le pauvre sire :
     Lui de crier; chacun de rire,
Monarque et courtisans. Qui n'eût ri? Quant à moi,
Je n'en eusse quitté ma part pour un empire.
     Qu'un pape rie, en bonne foi
Je ne l'ose assurer; mais je tiendrois un roi

Bien malheureux, s'il n'osoit rire :
C'est le plaisir des Dieux. Malgré son noir sourci,
Jupiter et le peuple immortel rit aussi.
Il en fit des éclats, à ce que dit l'histoire,
Quand Vulcain, clopinant, lui vint donner à boire.
Que le peuple immortel se montrât sage ou non,
J'ai changé mon sujet avec juste raison;
      Car, puisqu'il s'agit de morale,
Que nous eût du Chasseur l'aventure fatale
Enseigné de nouveau? L'on a vu de tout temps
Plus de sots fauconniers que de rois indulgents.

XIII

LE RENARD, LES MOUCHES ET LE HÉRISSON

Aux traces de son sang, un vieux hôte des bois,
      Renard fin, subtil et matois,
Blessé par des chasseurs, et tombé dans la fange,
Autrefois attira ce parasite ailé
      Que nous avons mouche appelé.
Il accusoit les Dieux, et trouvoit fort étrange
Que le Sort à tel point le voulût affliger,
      Et le fit aux Mouches manger.
« Quoi! se jeter sur moi, sur moi le plus habile
      De tous les hôtes des forêts!
Depuis quand les renards sont-ils un si bon mets?
Et que me sert ma queue? est-ce un poids inutile?
Va, le Ciel te confonde, animal importun!
      Que ne vis-tu sur le commun? »
      Un Hérisson du voisinage,
      Dans mes vers nouveau personnage,
Voulut le délivrer de l'importunité
      Du peuple plein d'avidité.

« Je les vais de mes dards enfiler par centaines,
Voisin Renard, dit-il, et terminer tes peines.
— Garde-t'en bien, dit l'autre; ami, ne le fais pas :
Laisse-les, je te prie, achever leur repas.
Ces animaux sont soûls; une troupe nouvelle
Viendroit fondre sur moi, plus âpre et plus cruelle. »

Nous ne trouvons que trop de mangeurs ici-bas :
Ceux-ci sont courtisans, ceux-là sont magistrats.
Aristote appliquoit cet apologue aux hommes.
        Les exemples en sont communs,
        Surtout au pays où nous sommes.
Plus telles gens sont pleins, moins ils sont importuns.

                    XIV

            L'AMOUR ET LA FOLIE

        Tout est mystère dans l'Amour,
Ses flèches, son carquois, son flambeau, son enfance :
        Ce n'est pas l'ouvrage d'un jour
        Que d'épuiser cette science.
Je ne prétends donc point tout expliquer ici :
Mon but est seulement de dire, à ma manière,
        Comment l'aveugle que voici
(C'est un dieu), comment, dis-je, il perdit la lumière,
Quelle suite eut ce mal, qui peut-être est un bien;
J'en fais juge un amant, et ne décide rien.

La Folie et l'Amour jouoient un jour ensemble :
Celui-ci n'étoit pas encor privé des yeux.
Une dispute vint : l'Amour veut qu'on assemble
        Là-dessus le conseil des Dieux;
        L'autre n'eut pas la patience;

Elle lui donne un coup si furieux,
  Qu'il en perd la clarté des cieux.
  Vénus en demande vengeance.
Femme et mère, il suffit pour juger de ses cris :
    Les Dieux en furent étourdis,
      Et Jupiter, et Némésis,
Et les Juges d'Enfer, enfin toute la bande.
Elle représenta l'énormité du cas :
« Son fils, sans un bâton, ne pouvoit faire un pas :
Nulle peine n'étoit pour ce crime assez grande :
Le dommage devoit être aussi réparé. »
      Quand on eut bien considéré
L'intérêt du public, celui de la partie,
Le résultat enfin de la suprême cour
    Fut de condamner la Folie
    A servir de guide à l'Amour.

                        XV

    LE CORBEAU, LA GAZELLE, LA TORTUE
              ET LE RAT

            A MADAME DE LA SABLIÈRE

Je vous gardois un temple dans mes vers :
Il n'eût fini qu'avecque l'univers.
Déjà ma main en fondoit la durée
Sur ce bel art qu'ont les Dieux inventé,
Et sur le nom de la divinité
Que dans ce temple on auroit adorée.
Sur le portail j'aurois ces mots écrits :
PALAIS SACRÉ DE LA DÉESSE IRIS;
Non celle-là qu'a Junon à ses gages;
Car Junon même et le maître des Dieux
Serviroient l'autre, et seroient glorieux

Du seul honneur de porter ses messages.
L'apothéose à la voûte eût paru;
Là, tout l'Olympe en pompe eût été vu
Plaçant Iris sous un dais de lumière.
Les murs auroient amplement contenu
Toute sa vie, agréable matière,
Mais peu féconde en ces événements
Qui des États font les renversements.
Au fond du temple eût été son image,
Avec ses traits, son souris, ses appas,
Son art de plaire et de n'y penser pas,
Ses agréments à qui tout rend hommage.
J'aurois fait voir à ses pieds des mortels
Et des héros, des demi-dieux encore,
Même des dieux : ce que le monde adore
Vient quelquefois parfumer ses autels.
J'eusse en ses yeux fait briller de son âme
Tous les trésors, quoique imparfaitement :
Car ce cœur vif et tendre infiniment
Pour ses amis, et non point autrement,
Car cet esprit, qui, né du firmament,
A beauté d'homme avec grâces de femme,
Ne se peut pas, comme on veut, exprimer.
O vous, Iris, qui savez tout charmer,
Qui savez plaire en un degré suprême,
Vous que l'on aime à l'égal de soi-même
(Ceci soit dit sans nul soupçon d'amour,
Car c'est un mot banni de votre cour,
Laissons-le donc), agréez que ma Muse
Achève un jour cette ébauche confuse.
J'en ai placé l'idée et le projet,
Pour plus de grâce, au devant d'un sujet
Où l'amitié donne de telles marques,
Et d'un tel prix, que leur simple récit,
Peut quelque temps amuser votre esprit.
Non que ceci se passe entre monarques :

Ce que chez vous nous voyons estimer
N'est pas un roi qui ne sait point aimer :
C'est un mortel qui sait mettre sa vie
Pour son ami. J'en vois peu de si bons.
Quatre animaux, vivants de compagnie,
Vont aux humains en donner des leçons.
La Gazelle, le Rat, le Corbeau, la Tortue,
Vivoient ensemble unis : douce société.
Le choix d'une demeure aux humains inconnue
       Assuroit leur félicité.
Mais quoi! l'homme découvre enfin toutes retraites.
       Soyez au milieu des déserts,
       Au fond des eaux, au haut des airs,
Vous n'éviterez point ses embûches secrètes.
La Gazelle s'alloit ébattre innocemment,
       Quand un Chien, maudit instrument
       Du plaisir barbare des hommes,
Vint sur l'herbe éventer les traces de ses pas.
Elle fuit, et le Rat, à l'heure du repas,
Dit aux amis restants : « D'où vient que nous ne sommes
       Aujourd'hui que trois conviés?
La Gazelle déjà nous a-t-elle oubliés? »
       A ces paroles, la Tortue
       S'écrie, et dit : « Ah! si j'étois
       Comme un Corbeau d'ailes pourvue,
       Tout de ce pas je m'en irois
       Apprendre au moins quelle contrée,
       Quel accident tient arrêtée
       Notre compagne au pied léger;
Car, à l'égard du cœur, il en faut mieux juger. »
       Le Corbeau part à tire-d'aile :
Il aperçoit de loin l'imprudente Gazelle
       Prise au piége, et se tourmentant.
Il retourne avertir les autres à l'instant;
Car, de lui demander quand, pourquoi, ni comment
       Ce malheur est tombé sur elle,

Et perdre en vains discours cet utile moment,
        Comme eût fait un maître d'école,
        Il avoit trop de jugement.
        Le Corbeau donc vole et revole.
        Sur son rapport les trois amis
        Tiennent conseil. Deux sont d'avis
        De se transporter sans remise
        Aux lieux où la Gazelle est prise.
« L'autre, dit le Corbeau, gardera le logis :
Avec son marcher lent, quand arriveroit-elle ?
        Après la mort de la Gazelle. »
Ces mots à peine dits, ils s'en vont secourir
        Leur chère et fidèle compagne,
        Pauvre Chevrette de montagne.
        La Tortue y voulut courir :
        La voilà comme eux en campagne,
Maudissant ses pieds courts avec juste raison,
Et la nécessité de porter sa maison.
Rongemaille (le Rat eut à bon droit ce nom)
Coupe les nœuds du lacs : on peut penser la joie.
Le Chasseur vient et dit : « Qui m'a ravi ma proie ? »
Rongemaille, à ces mots, se retire en un trou,
Le Corbeau sur un arbre, en un bois la Gazelle ;
        Et le chasseur, à demi fou
        De n'en avoir nulle nouvelle,
Aperçoit la Tortue, et retient son courroux.
        « D'où vient, dit-il, que je m'effraie ?
Je veux qu'à mon souper celle-ci me défraie. »
Il la mit dans son sac. Elle eût payé pour tous,
Si le Corbeau n'en eût averti la Chevrette.
        Celle-ci, quittant sa retraite,
Contrefait la boiteuse, et vient se présenter.
        L'Homme de suivre, et de jeter
Tout ce qui lui pesoit : si bien que Rongemaille
Autour des nœuds du sac tant opère et travaille,
        Qu'il délivre encor l'autre sœur,

Sur qui s'étoit fondé le souper du Chasseur.

Pilpay conte qu'ainsi la chose s'est passée.
Pour·peu que je voulusse invoquer Apollon,
J'en ferois, pour vous plaire, un ouvrage aussi long
            Que l'Iliade ou l'Odyssée.
Rongemaille feroit le principal héros,
Quoique à vrai dire ici chacun soit nécessaire.
Porte-maison l'Infante y tient de tels propos,
            Que Monsieur du Corbeau va faire
Office d'espion, et puis de messager.
La Gazelle a d'ailleurs l'adresse d'engager
Le Chasseur à donner du temps à Rongemaille.
            Ainsi chacun en son endroit
            S'entremet, agit, et travaille.
A qui donner le prix? Au cœur, si l'on m'en croit.

                        XVI

            LA FORÊT ET LE BÛCHERON

Un Bûcheron venoit de rompre ou d'égarer
Le bois dont il avoit emmanché sa cognée.
Cette perte ne put sitôt se réparer
Que la Forêt n'en fût quelque temps épargnée.
            L'Homme enfin la prie humblement
            De lui laisser tout doucement
            Emporter une unique branche,
            Afin de faire un autre manche :
« Il iroit employer ailleurs son gagne-pain;
Il laisseroit debout maint chêne et maint sapin
Dont chacun respectoit la vieillesse et les charmes. »
L'innocente Forêt lui fournit d'autres armes.
Elle en eut du regret. Il emmanche son fer :
            Le misérable ne s'en sert

Qu'à dépouiller sa bienfaitrice
De ses principaux ornements.
Elle gémit à tous moments :
Son propre don fait son supplice.
Voilà le train du monde et de ses sectateurs :
On s'y sert du bienfait contre les bienfaiteurs.
Je suis las d'en parler. Mais que de doux ombrages
    Soient exposés à ces outrages,
    Qui ne se plaindroit là-dessus!
Hélas! j'ai beau crier et me rendre incommode,
    L'ingratitude et les abus
    N'en seront pas moins à la mode.

XVII

LE RENARD, LE LOUP ET LE CHEVAL

Un Renard, jeune encor, quoique des plus madrés,
Vit le premier Cheval qu'il eût vu de sa vie.
Il dit à certain Loup, franc novice : « Accourez,
    Un animal paît dans nos prés,
Beau, grand; j'en ai la vue encor toute ravie.
— Est-il plus fort que nous? dit le Loup en riant.
    Fais-moi son portrait, je te prie.
— Si j'étois quelque peintre ou quelque étudiant,
Repartit le Renard, j'avancerois la joie
    Que vous aurez en le voyant.
Mais venez. Que sait-on? peut-être est-ce une proie
    Que la Fortune nous envoie. »
Ils vont; et le Cheval, qu'à l'herbe on avoit mis,
Assez peu curieux de semblables amis,
Fut presque sur le point d'enfiler la venelle.
« Seigneur, dit le Renard, vos humbles serviteurs
Apprendroient volontiers comment on vous appelle. »
Le Cheval, qui n'étoit dépourvu de cervelle,

Leur dit : « Lisez mon nom, vous le pouvez, Messieurs :
Mon cordonnier l'a mis autour de ma semelle. »
Le Renard s'excusa sur son peu de savoir.
« Mes parents, reprit-il, ne m'ont point fait instruire;
Ils sont pauvres et n'ont qu'un trou pour tout avoir;
Ceux du Loup, gros Messieurs, l'ont fait apprendre à
       Le Loup, par ce discours flatté,   [lire. »
       S'approcha. Mais sa vanité
Lui coûta quatre dents : le Cheval lui desserre
Un coup; et haut le pied. Voilà mon Loup par terre,
       Mal en point, sanglant et gâté.
« Frère, dit le Renard, ceci nous justifie
       Ce que m'ont dit des gens d'esprit :
Cet animal vous a sur la mâchoire écrit
Que de tout inconnu le sage se méfie. »

XVIII

LE RENARD ET LES POULETS D'INDE

       Contre les assauts d'un Renard
Un arbre à des Dindons servoit de citadelle.
Le perfide ayant fait tout le tour du rempart,
       Et vu chacun en sentinelle,
S'écria : « Quoi! ces gens se moqueront de moi!
Eux seuls seront exempts de la commune loi!
Non, par tous les Dieux! non. » Il accomplit son dire.
La lune, alors luisant, sembloit, contre le sire,
Vouloir favoriser la dindonnière gent.
Lui, qui n'étoit novice au métier d'assiégeant,
Eut recours à son sac de ruses scélérates,
Feignit vouloir gravir, se guinda sur ses pattes,
Puis contrefit le mort, puis le ressuscité.
       Arlequin n'eût exécuté
       Tant de différents personnages.

Il élevoit sa queue, il la faisoit briller,
    Et cent mille autres badinages,
Pendant quoi nul Dindon n'eût osé sommeiller,
L'ennemi les lassoit en leur tenant la vue
    Sur même objet toujours tendue.
Les pauvres gens étant à la longue éblouis,
Toujours il en tomboit quelqu'un : autant de pris,
Autant de mis à part : près de moitié succombe.
Le compagnon les porte en son garde-manger.

Le trop d'attention qu'on a pour le danger
    Fait le plus souvent qu'on y tombe.

XIX

LE SINGE

    Il est un Singe dans Paris
    A qui l'on avoit donné femme.
    Singe en effet d'aucuns maris,
    Il la battoit : la pauvre dame
En a tant soupiré qu'enfin elle n'est plus.
    Leur fils se plaint d'étrange sorte,
    Il éclate en cris superflus :
    Le père en rit, sa femme est morte;
    Il a déjà d'autres amours
    Que l'on croit qu'il battra toujours;
Il hante la taverne et souvent il s'enivre.

N'attendez rien de bon du peuple imitateur,
    Qu'il soit singe ou qu'il fasse un livre
    La pire espèce, c'est l'auteur.

XX

LE PHILOSOPHE SCYTHE

Un Philosophe austère, et né dans la Scythie,
Se proposant de suivre une plus douce vie,
Voyagea chez les Grecs, et vit en certains lieux
Un Sage assez semblable au vieillard de Virgile,
Homme égalant les rois, homme approchant des Dieux,
Et, comme ces derniers, satisfait et tranquille.
Son bonheur consistoit aux beautés d'un jardin.
Le Scythe l'y trouva qui, la serpe à la main,
De ses arbres à fruit retranchoit l'inutile,
Ébranchoit, émondoit, ôtoit ceci, cela,
          Corrigeant partout la nature,
Excessive à payer ses soins avec usure.
          Le Scythe alors lui demanda :
« Pourquoi cette ruine? Étoit-il d'homme sage
De mutiler ainsi ces pauvres habitants?
Quittez-moi votre serpe, instrument de dommage;
          Laissez agir la faux du Temps :
Ils iront assez tôt border le noir rivage.
— J'ôte le superflu, dit l'autre, et l'abattant,
          Le reste en profite d'autant. »
Le Scythe, retourné dans sa triste demeure,
Prend la serpe à son tour, coupe et taille à toute heure;
Conseille à ses voisins, prescrit à ses amis
          Un universel abatis.
Il ôte de chez lui les branches les plus belles,
Il tronque son verger contre toute raison,
          Sans observer temps ni saison,
          Lunes ni vieilles ni nouvelles.
Tout languit et tout meurt.
                         Ce Scythe exprime bien

Un indiscret stoïcien :
        Celui-ci retranche de l'âme
Desirs et passions, le bon et le mauvais,
        Jusqu'aux plus innocents souhaits.
Contre de telles gens, quant à moi, je réclame.
Ils ôtent à nos cœurs le principal ressort;
Ils font cesser de vivre avant que l'on soit mort.

XXI

L'ÉLÉPHANT ET LE SINGE DE JUPITER

Autrefois l'Éléphant et le Rhinocéros,
En dispute du pas et des droits de l'empire,
Voulurent terminer la querelle en champ clos.
Le jour en étoit pris, quand quelqu'un vint leur dire
        Que le Singe de Jupiter,
Portant un caducée, avoit paru dans l'air.
Ce Singe avoit nom Gille, à ce que dit l'histoire.
        Aussitôt l'Éléphant de croire
        Qu'en qualité d'ambassadeur
        Il venoit trouver Sa Grandeur.
        Tout fier de ce sujet de gloire
Il attend maître Gille, et le trouve un peu lent
        A lui présenter sa créance.
        Maître Gille enfin, en passant,
        Va saluer Son Excellence.
L'autre étoit préparé sur la légation :
        Mais pas un mot. L'attention
Qu'il croyoit que les Dieux eussent à sa querelle
N'agitoit pas encor chez eux cette nouvelle.
        Qu'importe à ceux du firmament
        Qu'on soit mouche ou bien éléphant?
Il se vit donc réduit à commencer lui-même :

« Mon cousin Jupiter, dit-il, verra dans peu
Un assez beau combat, de son trône suprême ;
     Toute sa cour verra beau jeu.
— Quel combat ? » dit le Singe avec un front sévère.
L'Éléphant repartit : « Quoi ! vous ne savez pas
Que le Rhinocéros me dispute le pas ;
Qu'Éléphantide a guerre avecque Rhinocère ?
Vous connoissez ces lieux, ils ont quelque renom.
— Vraiment je suis ravi d'en apprendre le nom,
Repartit maître Gille : on ne s'entretient guère
De semblables sujets dans nos vastes lambris. »
     L'Éléphant, honteux et surpris,
Lui dit : « Et parmi nous que venez-vous donc faire ?
— Partager un brin d'herbe entre quelques fourmis :
Nous avons soin de tout. Et quant à votre affaire,
On n'en dit rien encor dans le conseil des Dieux :
Les petits et les grands sont égaux à leurs yeux. »

XXII

UN FOU ET UN SAGE

Certain Fou poursuivoit à coups de pierre un Sage.
Le Sage se retourne et lui dit : « Mon ami,
C'est fort bien fait à toi, reçois cet écu-ci :
Tu fatigues assez pour gagner davantage.
Toute peine, dit-on, est digne de loyer.
Vois cet homme qui passe, il a de quoi payer ;
Adresse-lui tes dons, ils auront leur salaire. »
Amorcé par le gain, notre Fou s'en va faire
     Même insulte à l'autre bourgeois.
On ne le paya pas en argent cette fois.
Maint estafier accourt : on vous happe notre homme,
     On vous l'échine, on vous l'assomme.

Auprès des rois il est de pareils fous :
A vos dépens ils font rire le maître.
Pour réprimer leur babil, irez-vous
Les maltraiter? Vous n'êtes pas peut-être
Assez puissant. Il faut les engager
A s'adresser à qui peut se venger.

XXIII

LE RENARD ANGLOIS

A MADAME HARVEY

Le bon cœur est chez vous compagnon du bon sens,
Avec cent qualités trop longues à déduire,
Une noblesse d'âme, un talent pour conduire
    Et les affaires et les gens,
Une humeur franche et libre, et le don d'être amie
Malgré Jupiter même et les temps orageux.
Tout cela méritoit un éloge pompeux;
Il en eût été moins selon votre génie :
La pompe vous déplaît, l'éloge vous ennuie.
J'ai donc fait celui-ci court et simple. Je veux
    Y coudre encore un mot ou deux
    En faveur de votre patrie :
Vous l'aimez. Les Anglois pensent profondément;
Leur esprit, en cela, suit leur tempérament :
Creusant dans les sujets, et forts d'expériences,
Ils étendent partout l'empire des sciences.
Je ne dis point ceci pour vous faire ma cour :
Vos gens à pénétrer l'emportent sur les autres;
    Même les chiens de leur séjour
    Ont meilleur nez que n'ont les nôtres.
Vos renards sont plus fins; je m'en vais le prouver
    Par un d'eux, qui, pour se sauver,

      Mit en usage un stratagème
Non encor pratiqué, des mieux imaginés.
Le scélérat, réduit en un péril extrême,
Et presque mis à bout par ces chiens au bon nez,
        Passa près d'un patibulaire.
        Là, des animaux ravissants,
Blaireaux, renards, hiboux, race encline à mal faire,
Pour l'exemple pendus, instruisoient les passants.
Leur confrère, aux abois, entre ces morts s'arrange.
Je crois voir Annibal, qui, pressé des Romains,
Met leurs chefs en défaut, ou leur donne le change,
Et sait, en vieux renard, s'échapper de leurs mains.
      Les clefs de meute parvenues
A l'endroit où pour mort le traître se pendit,
Remplirent l'air de cris : leur maître les rompit,
Bien que de leurs abois ils perçassent les nues.
Il ne put soupçonner ce tour assez plaisant.
« Quelque terrier, dit-il, a sauvé mon galant.
Mes chiens n'appellent point au delà des colonnes
        Où sont tant d'honnêtes personnes.
Il y viendra, le drôle! » Il y vint, à son dam.
        Voilà maint basset clabaudant;
Voilà notre Renard au charnier se guindant.
Maître pendu croyoit qu'il en iroit de même
Que le jour qu'il tendit de semblables panneaux;
Mais le pauvret, ce coup, y laissa ses houseaux,
Tant il est vrai qu'il faut changer de stratagème!
Le Chasseur, pour trouver sa propre sûreté,
N'auroit pas cependant un tel tour inventé;
Non point par peu d'esprit : est-il quelqu'un qui nie
Que tout Anglois n'en ait bonne provision?
        Mais le peu d'amour pour la vie
        Leur nuit en mainte occasion.

        Je reviens à vous, non pour dire
        D'autres traits sur votre sujet;

Tout long éloge est un projet
Peu favorable pour ma lyre.
Peu de nos chants, peu de nos vers,
Par un encens flatteur amusent l'univers,
Et se font écouter des nations étranges.
Votre prince vous dit un jour
Qu'il aimoit mieux un trait d'amour
Que quatre pages de louanges.
Agréez seulement le don que je vous fais
Des derniers efforts de ma Muse.
C'est peu de chose; elle est confuse
De ces ouvrages imparfaits.
Cependant ne pourriez-vous faire
Que le même hommage pût plaire
A celle qui remplit vos climats d'habitants
Tirés de l'île de Cythère?
Vous voyez par là que j'entends
Mazarin, des Amours déesse tutélaire.

XXIV

DAPHNIS ET ALCIMADURE

IMITATION DE THÉOCRITE

A MADAME DE LA MÉSANGÈRE

Aimable fille d'une mère
A qui seule aujourd'hui mille cœurs font la cour,
Sans ceux que l'amitié rend soigneux de vous plaire,
Et quelques-uns encor que vous garde l'Amour,
Je ne puis qu'en cette préface
Je ne partage entre elle et vous
Un peu de cet encens qu'on recueille au Parnasse,

Et que j'ai le secret de rendre exquis et doux.
      Je vous dirai donc... Mais tout dire,
        Ce seroit trop; il faut choisir,
        Ménageant ma voix et ma lyre,
Qui bientôt vont manquer de force et de loisir.
Je louerai seulement un cœur plein de tendresse,
Ces nobles sentiments, ces grâces, cet esprit :
Vous n'auriez en cela ni maître ni maîtresse,
Sans celle dont sur vous l'éloge rejaillit.
        Gardez d'environner ces roses
        De trop d'épines, si jamais
        L'Amour vous dit les mêmes choses :
        Il les dit mieux que je ne fais;
Aussi sait-il punir ceux qui ferment l'oreille
        A ses conseils. Vous l'allez voir.

        Jadis une jeune merveille
Méprisoit de ce dieu le souverain pouvoir :
        On l'appeloit Alcimadure :
Fier et farouche objet, toujours courant aux bois,
Toujours sautant aux prés, dansant sur la verdure,
        Et ne connoissant autres lois
Que son caprice; au reste, égalant les plus belles,
        Et surpassant les plus cruelles;
N'ayant trait qui ne plût, pas même en ses rigueurs :
Quelle l'eût-on trouvée au fort de ses faveurs!
Le jeune et beau Daphnis, berger de noble race,
L'aima pour son malheur : jamais la moindre grâce
Ni le moindre regard, le moindre mot enfin,
Ne lui fut accordé par ce cœur inhumain.
Las de continuer une poursuite vaine,
        Il ne songea plus qu'à mourir.
        Le désespoir le fit courir
        A la porte de l'inhumaine.
Hélas! ce fut aux vents qu'il raconta sa peine;
        On ne daigna lui faire ouvrir

Cette maison fatale, où, parmi ses compagnes,
L'ingrate, pour le jour de sa nativité,
    Joignoit aux fleurs de sa beauté
Les trésors des jardins et des vertes campagnes.
« J'espérois, cria-t-il, expirer à vos yeux;
    Mais je vous suis trop odieux,
Et ne m'étonne pas qu'ainsi que tout le reste
Vous me refusiez même un plaisir si funeste.
Mon père, après ma mort, et je l'en ai chargé,
    Doit mettre à vos pieds l'héritage
    Que votre cœur a négligé.
Je veux que l'on y joigne aussi le pâturage,
    Tous mes troupeaux, avec mon chien;
    Et que du reste de mon bien
    Mes compagnons fondent un temple
    Où votre image se contemple,
Renouvelants de fleurs l'autel à tout moment.
J'aurai près de ce temple un simple monument;
    On gravera sur la bordure :
DAPHNIS MOURUT D'AMOUR. PASSANT, ARRÊTE-TOI,
PLEURE, ET DIS : « CELUI-CI SUCCOMBA SOUS LA LOI
    DE LA CRUELLE ALCIMADURE. »
A ces mots, par la Parque il se sentit atteint :
Il auroit poursuivi; la douleur le prévint.
Son ingrate sortit triomphante et parée.
On voulut, mais en vain, l'arrêter un moment
Pour donner quelques pleurs au sort de son amant :
Elle insulta toujours au fils de Cythérée,
Menant dès ce soir même, au mépris de ses lois,
Ses compagnes danser autour de sa statue.
Le dieu tomba sur elle et l'accabla du poids;
    Une voix sortit de la nue,
Écho redit ces mots dans les airs épandus :
« Que tout aime à présent : l'insensible n'est plus. »
Cependant de Daphnis l'ombre au Styx descendue
Frémit et s'étonna la voyant accourir.

Tout l'Érèbe entendit cette belle homicide
S'excuser au berger, qui ne daigna l'ouïr
Non plus qu'Ajax Ulysse, et Didon son perfide.

XXV

LE JUGE ARBITRE, L'HOSPITALIER
ET LE SOLITAIRE

Trois Saints, également jaloux de leur salut,
Portés d'un même esprit, tendoient à même but.
Ils s'y prirent tous trois par des routes diverses :
Tous chemins vont à Rome; ainsi nos concurrents
Crurent pouvoir choisir des sentiers différents.
L'un, touché des soucis, des longueurs, des traverses
Qu'en apanage on voit aux procès attachés,
S'offrit de les juger sans récompense aucune,
Peu soigneux d'établir ici-bas sa fortune.
Depuis qu'il est des lois, l'homme, pour ses péchés,
Se condamne à plaider la moitié de sa vie :
La moitié? les trois quarts, et bien souvent le tout.
Le conciliateur crut qu'il viendroit à bout
De guérir cette folle et détestable envie.
Le second de nos Saints choisit les hôpitaux.
Je le loue; et le soin de soulager ces maux
Est une charité que je préfère aux autres.
Les malades d'alors, étant tels que les nôtres,
Donnoient de l'exercice au pauvre Hospitalier;
Chagrins, impatients, et se plaignant sans cesse :
« Il a pour tels et tels un soin particulier,
        Ce sont ses amis; il nous laisse. »
Ces plaintes n'étoient rien au prix de l'embarras
Où se trouva réduit l'appointeur de débats :
Aucun n'étoit content; la sentence arbitrale

> A nul des deux ne convenoit :
> Jamais le Juge ne tenoit
> A leur gré la balance égale.
De semblables discours rebutoient l'appointeur :
Il court aux hôpitaux, va voir leur directeur :
Tous deux ne recueillant que plainte et que murmure,
Affligés, et contraints de quitter ces emplois,
Vont confier leur peine au silence des bois.
Là, sous d'âpres rochers, près d'une source pure,
Lieu respecté des vents, ignoré du soleil,
Ils trouvent l'autre Saint, lui demandent conseil.
« Il faut, dit leur ami, le prendre de soi-même.
> Qui mieux que vous sait vos besoins ?
Apprendre à se connoître est le premier des soins
Qu'impose à tous mortels la Majesté suprême.
Vous êtes-vous connus dans le monde habité ?
L'on ne le peut qu'aux lieux pleins de tranquillité :
Chercher ailleurs ce bien est une erreur extrême.
> Troublez l'eau : vous y voyez-vous ?
Agitez celle-ci. — Comment nous verrions-nous ?
> La vase est un épais nuage
Qu'aux effets du cristal nous venons d'opposer.
— Mes frères, dit le Saint, laissez-la reposer,
> Vous verrez alors votre image.
Pour vous mieux contempler demeurez au désert. »
> Ainsi parla le Solitaire.
Il fut cru; l'on suivit ce conseil salutaire.

Ce n'est pas qu'un emploi ne doive être souffert.
Puisqu'on plaide, et qu'on meurt, et qu'on devient ma-
Il faut des médecins, il faut des avocats.   [lade,
Ces secours, grâce à Dieu, ne nous manqueront pas :
Les honneurs et le gain, tout me le persuade.
Cependant on s'oublie en ces communs besoins.
O vous dont le public emporte tous les soins,
> Magistrats, princes et ministres,

Vous que doivent troubler mille accidents sinistres,
Que le malheur abat, que le bonheur corrompt,
Vous ne vous voyez point, vous ne voyez personne.
Si quelque bon moment à ces pensers vous donne,
　　　Quelque flatteur vous interrompt.

Cette leçon sera la fin de ces ouvrages :
Puisse-t-elle être utile aux siècles à venir!
Je la présente aux rois, je la propose aux sages :
　　　Par où saurois-je mieux finir?

LE SOLEIL ET LES GRENOUILLES

IMITATION D'UNE FABLE LATINE

Les filles du limon tiroient du roi des astres
　　　Assistance et protection :
Guerre ni pauvreté, ni semblables désastres
Ne pouvoient approcher de cette nation;
Elle faisoit valoir en cent lieux son empire.
Les reines des étangs, Grenouilles veux-je dire
　　　(Car que coûte-t-il d'appeler
　　　Les choses par noms honorables?),
Contre leur bienfaiteur osèrent cabaler,
　　　Et devinrent insupportables.
L'imprudence, l'orgueil, et l'oubli des bienfaits,
　　　Enfants de la bonne fortune,
Firent bientôt crier cette troupe importune :
　　　On ne pouvoit dormir en paix.
　　　　Si l'on eût cru leur murmure,
　　　　Elles auroient, par leurs cris,
　　　　Soulevé grands et petits
　　　　Contre l'œil de la Nature.
« Le Soleil, à leur dire, alloit tout consumer;

Il falloit promptement s'armer,
Et lever des troupes puissantes. »
Aussitôt qu'il faisoit un pas,
　Ambassades croassantes.
　Alloient dans tous les États :
　A les ouïr, tout le monde,
　Toute la machine ronde
　Rouloit sur les intérêts
　De quatre méchants marais.
　Cette plainte téméraire
　Dure toujours; et pourtant
　Grenouilles devroient se taire,
　Et ne murmurer pas tant :
　Car si le Soleil se pique,
　Il le leur fera sentir;
　La République aquatique
　Pourroit bien s'en repentir.

LA LIGUE DES RATS

　Une Souris craignoit un Chat
　Qui dès longtemps la guettoit au passage.
Que faire en cet état? Elle, prudente et sage,
Consulte son voisin : c'étoit un maître Rat,
　Dont la rateuse seigneurie
　S'étoit logée en bonne hôtellerie,
Et qui cent fois s'étoit vanté, dit-on,
　De ne craindre de chat ou chatte
　Ni coup de dent, ni coup de patte.
　« Dame Souris, lui dit ce fanfaron,
　　Ma foi, quoi que je fasse,
Seul, je ne puis chasser le Chat qui vous menace :
　Mais assemblant tous les Rats d'alentour,
　Je lui pourrai jouer d'un mauvais tour. »

La Souris fait une humble révérence;
    Et le Rat court en diligence
A l'office, qu'on nomme autrement la dépense,
        Où maints Rats assemblés
Faisoient, aux frais de l'hôte, une entière bombance.
        Il arrive, les sens troublés,
        Et les poumons tout essoufflés.
« Qu'avez-vous donc? lui dit un de ces Rats; parlez.
— En deux mots, répond-il, ce qui fait mon voyage,
C'est qu'il faut promptement secourir la Souris;
            Car Raminagrobis
        Fait en tous lieux un étrange ravage.
        Ce Chat, le plus diable des Chats,
S'il manque de souris, voudra manger des rats. »
Chacun dit : « Il est vrai. Sus! sus! courons aux armes! »
Quelques Rates, dit-on, répandirent des larmes.
N'importe, rien n'arrête un si noble projet :
        Chacun se met en équipage;
Chacun met dans son sac un morceau de fromage;
Chacun promet enfin de risquer le paquet.
        Ils alloient tous comme à la fête,
        L'esprit content, le cœur joyeux.
        Cependant le Chat, plus fin qu'eux,
    Tenoit déjà la Souris par la tête.
        Ils s'avancèrent à grands pas
        Pour secourir leur bonne amie :
        Mais le Chat, qui n'en démord pas,
Gronde et marche au-devant de la troupe ennemie.
        A ce bruit, nos très-prudents Rats,
        Craignant mauvaise destinée,
Font, sans pousser plus loin leur prétendu fracas,
        Une retraite fortunée.
        Chaque Rat rentre dans son trou;
Et si quelqu'un en sort, gare encor le Matou!

NOTICE BIOGRAPHIQUE

1621 *8 juillet.* Baptême de Jean de La Fontaine à
Château-Thierry dans l'église de Saint-Crépin-hors-
les-murs (le baptême était célébré alors le lendemain, parfois le jour même de la naissance). Son
père, Charles, maître des Eaux et Forêts et capitaine
des chasses, avait épousé en 1617 une veuve de
bonne maison poitevine, Françoise Pidoux. Jean
est leur premier enfant; ils auront un second fils,
Claude, en 1623.

Vers 1635 — Jean, qui a été jusqu'en 3e écolier au col-
lège de Château-Thierry, va sans doute faire ses
classes supérieures à Paris. Il y a Furetière pour
condisciple.

1641 *27 avril.* La Fontaine est admis dans la maison
mère de l'Oratoire, à Paris, rue Saint-Honoré. Son
frère l'y rejoint.

1642 — *Octobre* (?). La Fontaine quitte l'Oratoire, de
plein gré ou exclu. Retour à Château-Thierry.

1646 — Études de droit à Paris (en 1649 il portera, dans
un acte notarié, le titre d'« avocat en la cour du
Parlement »). Fréquentation d'un cercle de jeunes
poètes palatins (Maucroix, Pellisson, Furetière,
Charpentier, Cassandre...).

1647 *10 novembre.* Signature du contrat de mariage entre
Jean de La Fontaine et Marie Héricart, de La Ferté-
Milon, âgée de moins de quinze ans.

1652 — La Fontaine achète une charge de maître particulier triennal des Eaux et Forêts.

1653 *30 octobre.* Baptême à Château-Thierry de Charles
de La Fontaine, fils du poète. Il semble qu'il ait
surtout été élevé par Maucroix, son parrain. Il
exercera un modeste emploi de finances et n'a sans
doute tenu que peu de place dans la vie de son
père.

1654 — Première publication de La Fontaine : *L'Eunuque,*
comédie en cinq actes en vers, imitée de Térence
(elle ne fut jamais représentée). L'ouvrage n'est pas
signé; le nom de La Fontaine ne figure que dans
le privilège.

1658 — Mort du père de La Fontaine. Jean hérite
de ses charges. Succession très embrouillée. — La
Fontaine offre à Fouquet son *Adonis,* poème imité
d'Ovide.

1659 — En raison de leurs difficultés financières Jean et
Marie, d'un commun accord, se séparent de biens.
— La Fontaine s'engage à « pensionner » Fouquet
en vers, et met le *Songe de Vaux* sur le chantier.

1660 — Au Carnaval, La Fontaine fait jouer à Château-
Thierry par quelques-uns de ses amis un « ballet »,
Les Rieurs du Beau-Richard.

1661 — Pendant l'été une camaraderie assez étroite se
noue au quartier Sainte-Geneviève entre La Fontaine et Racine, de dix-huit ans son cadet.
17 août. Dans les jardins de Vaux, Fouquet offre au
roi une fête magnifique. La Fontaine y assiste.
Molière y donne avec sa troupe la première représentation des *Fâcheux.*
5 septembre. Fouquet est arrêté à Nantes.

1662 — *Mars* (?). Publication sans nom d'auteur de
L'Élégie aux Nymphes de Vaux. — Marie-Anne Mancini,
qui vient d'épouser le duc de Bouillon, seigneur de
Château-Thierry, protégera La Fontaine.

1663 — Jannart, oncle de Marie Héricart, est envoyé en
  exil à Limoges. La Fontaine l'accompagne, de
  force ou de gré. En tout cas, il revient à Paris au
  bout de moins d'un an.

1664 — La Fontaine est attaché comme gentilhomme
  servant à la maison de Marguerite de Lorraine,
  veuve de Gaston d'Orléans.

1664-1666. — Publication des deux premières parties des
  Contes et Nouvelles en vers. Simultanément paraît, en
  deux volumes, une traduction janséniste de *La Cité
  de Dieu* de saint Augustin; les citations poétiques
  en ont été rendues en vers français par La Fontaine.

1668 — *Mars.* Publication des *Fables choisies mises en vers,*
  dédiées au Dauphin (124 fables groupées en deux
  « parties » comprenant chacune trois « livres » :
  ce sont les six premiers livres des éditions modernes). Le succès est aussitôt des plus vifs.

1669 — Publication du roman *Les Amours de Psyché et de
  Cupidon.* Succès médiocre.

1670 — *Décembre. Recueil de poésies chrétiennes et diverses*
  en trois volumes, publié (avec la date de 1671) par
  Port-Royal. La Fontaine a eu grande part à sa
  composition.

1671 — Troisième partie des *Contes.* — *Fables nouvelles
  et autres poésies* (ce recueil contient huit fables inédi-
  tes qui reparaîtront dans le recueil de 1678-79).

1672 — *Février.* Mort de la duchesse douairière d'Orléans. La Fontaine devient l'hôte de Mme de La
  Sablière : séparée de son mari et de ses enfants,
  elle recevait dans son hôtel de la rue Neuve-des-
  Petits-Champs une société très cultivée et assez
  libre.

1673 — *Poème de la captivité de saint Malc,* dédié au car-
  dinal de Bouillon.

1674 — Protégé, comme Boileau et Racine, par Mme de
  Montespan et sa sœur Mme de Thiange, La Fontaine

rime pour Lulli le livret de *Daphné*. Brouille avec
Lulli. La même année paraît, sans privilège, sous
le titre de *Nouveaux Contes,* le recueil le plus
licencieux de La Fontaine; la vente en est inter-
dite par ordonnance de police.

1678-1679 — Deuxième recueil des *Fables choisies mises en
vers,* dédié à Mme de Montespan (livres VII à XI
des éditions modernes).

1678-1680 — La Fontaine célèbre en divers poèmes la
paix de Nimègue et la beauté de la nouvelle favo-
rite, Mlle de Fontange.

Vers 1680 — Conversion de Mme de La Sablière; elle se
consacre au soin des malades et abandonne son
hôtel pour une maison de la rue Saint-Honoré :
elle loge La Fontaine près de chez elle.

1681 — Publication d'une traduction des *Épîtres* de
Sénèque à Lucilius, œuvre de Pierre Pintrel, cousin
du poète. La Fontaine en a rendu en français les
citations poétiques.

1682 — Publication du *Poème du Quinquina,* dédié à la
duchesse de Bouillon.

1683 *6 mai.* Première représentation à la Comédie-Fran-
çaise (sans aucun succès) d'une comédie de La Fontaine dont le texte est perdu, *Le Rendez-Vous.* Les
cinq comédies *(Ragotin, Le Florentin, La Coupe
enchantée, Le Veau perdu* et *Je vous prends sans vert)*
que, dès le XVIIIᵉ siècle, certains éditeurs introdui-
sent frauduleusement dans les œuvres de notre
poète, sont de Champmeslé; La Fontaine n'y a eu
aucune part.

15 novembre. Élection de La Fontaine à l'Académie
française (il succédait à Colbert). Mais Louis XIV,
qui veut voir élire son historiographe Boileau,
n'autorise pas la Compagnie à « consommer »
l'élection.

1684 *17 avril.* Boileau est élu « tout d'une voix ». Aussitôt l'élection de La Fontaine est « consommée ». La réception a lieu le 2 mai.

1685 — *Ouvrages de prose et de poésie des sieurs de Maucroix et de La Fontaine,* 2 volumes : celui qui est de notre poète contient des pièces diverses, des poèmes, cinq contes nouveaux et onze fables qui prendront place dans le recueil de 1694.

1687 — Le poème de Charles Perrault *Le Siècle de Louis le Grand,* lu le 27 janvier à l'Académie, fait éclater la Querelle des anciens et des modernes. Le 5 février, La Fontaine fait tirer à un petit nombre d'exemplaires son *Épître à Huet.* Il y plaide la cause des anciens, mais évite de se ranger dans l'un des deux camps : Huet, savant helléniste, est un ami personnel de Charles Perrault et un ennemi déclaré de Boileau.

1691 — *Astrée,* tragédie lyrique. Le livret est de La Fontaine, la musique de Colasse, élève de Lulli. Échec.

1693 — Le 6 janvier, mort de Mme de La Sablière. La Fontaine, malade, se convertit : le 12 février, il promet devant une délégation de l'Académie de ne plus composer que « des ouvrages de piété ». Rétabli au printemps, il va loger rue Plâtrière chez son ami Anne d'Hervart, conseiller au Parlement. En septembre paraît, daté de 1694, le dernier livre des *Fables* (livre XII des éditions modernes) : quatorze fables nouvelles s'ajoutent à celles de 1685.

1695 *13 avril.* Mort de La Fontaine chez les d'Hervart. Il est inhumé le 14 au cimetière des Saints-Innocents.

COMMENT LA FONTAINE TRAVAILLAIT

Le seul manuscrit autographe un peu étendu que nous ayons d'une œuvre poétique de La Fontaine est celui des deux premiers actes de sa tragédie *Achille*. Il est couvert de ratures; presque tous les vers y sont biffés, mais ceux qui les remplacent ne valent pas mieux. Sans doute parce qu'il doutait de lui-même, La Fontaine, avant d'aborder le troisième acte, a soumis son manuscrit à Maucroix. Celui-ci, ami véritable, ne le lui a pas renvoyé : il voulait lui ôter la tentation d'aller plus loin. Le manuscrit est aujourd'hui à la Bibliothèque nationale. Il est toujours instructif et émouvant de suivre les tâtonnements d'un grand écrivain. Mais un brouillon de la moindre des fables nous en apprendrait plus que celui de ces six cents vers. Retenons seulement que, malgré son aisance apparente, La Fontaine n'est pas un improvisateur. Il est vrai que, pour deux longues lettres du *Voyage en Limousin*, nous avons un manuscrit qui semble bien de premier jet et n'a presque pas de ratures; la prose de ces lettres n'en est pas moins des plus agréables.

La seule fable dont nous soit parvenu un manuscrit d'une authenticité certaine, est *Le Renard, les Mouches, et le Hérisson*. Il s'agit d'une copie qui ne porte qu'une rature, mais son texte est très différent du texte de l'édition. La fable telle qu'elle a paru en 1694 n'est pas des meilleures; elle a pourtant de la variété et de l'humour.

Voici la version du manuscrit, un peu sèche au contraire. La comparaison n'est pas sans intérêt.

Le Renard et les Mouches

Un renard tombé dans la fange
Et de mouches presque mangé,
Trouvoit Jupiter fort étrange
De souffrir qu'à ce point le sort l'eût outragé.
Un hérisson du voisinage,
Dans mes vers nouveau personnage,
Voulut le délivrer de l'importun essaim.
Le renard aima mieux les garder, et fut sage.
« Vois-tu pas, dit-il, que la faim
Va rendre une autre troupe encor plus importune?
Celle-ci, déjà soûle, aura moins d'âpreté. »

Trouver à cette fable une moralité
Me semble chose assez commune.
On peut sans grand effort d'esprit
En appliquer l'exemple aux hommes.
Que de mouches voit-on dans le siècle où nous sommes!
Cette fable est d'Esope, Aristote le dit.

Pour neuf fables des livres I et III les manuscrits Conrart nous ont conservé la copie d'une première version, plus pauvre et plus timide en général que la version définitive. Par exemple, les admirables vers 19 à 25 n'ont été ajoutés qu'après coup au dialogue du loup et de l'agneau. Dans le premier texte le renard disait au corbeau : « Vous êtes le *premier* des hôtes de ces bois. » On voit combien le mot « le phénix » rend la flatterie plus ingénieuse et le vers plus éclatant.

Une plaquette pré-originale de la fable *Le Curé et le Mort* a paru, sans doute, vers 1672. Au vers 37 on lit : « le curé Chouart qui *sans* son mort comptait. » Le texte définitif (« sur son mort ») a un tout autre sens et se rapporte mieux à l'idée maîtresse de l'apologue.

On sait enfin avec quelle verve alerte et proprement

« capricieuse » commence dans l'édition de 1694 la fable
Les Deux Chèvres. Or, la même fable avait d'abord paru,
un peu différente, en 1691 dans *Le Mercure galant*. Le
début de cette première version est traînant et gauche :

> Les chèvres ont une propriété,
> C'est qu'ayant fort longtemps brouté
> Elles prennent l'essor, et s'en vont en voyage
> Vers les endroits du pâturage
> Inaccessibles aux humains.
> Est-il quelque lieu sans chemins...

Ces rapprochements, les seuls que nous puissions
faire, ne nous donnent que des indices incertains sur la
genèse des *Fables*. Il semble bien cependant que chacune
d'elles a été le fruit d'un long travail amoureux et lucide.

LES FABLES ET LA CRITIQUE

Les *Fables* de La Fontaine ont eu, en leur temps, le
succès le plus vif. Voilà qui peut surprendre. Le XVIIᵉ siècle
est, en tous domaines, le siècle de l'unité, et elles sont le
chef-d'œuvre de la diversité. Elles ne se plient à aucune
des règles de la poétique classique. Aussi, lorsque les
contemporains les jugent au nom de la doctrine, peu
s'en faut qu'ils ne les condamnent. D'instinct Mme de Sévigné trouve les *Fables* « divines »; mais, lorsqu'elle s'applique à raisonner, elle croit leur faire honneur en les
mettant au niveau des ballets de Benserade. En fait, les
honnêtes gens, au fond d'eux-mêmes, se soucient peu
des principes. Comme Molière le leur conseille, ils se

laissent « aller de bonne foi aux choses qui les prennent par les entrailles. » C'est dire qu'ils jugent de la beauté d'une œuvre non selon les règles, mais avec leur goût. Et c'est aux exigences les plus fines de ce goût que répond La Fontaine.

Le siècle suivant prisera aussi les *Fables*, mais comme des productions d'un genre mineur. Elles commencent d'ailleurs à être récitées dans les classes; et les régents, au lieu d'en faire goûter la variété, en faussent le caractère en prétendant y retrouver une docile application des préceptes classiques.

Rousseau ne veut pas les faire lire à Émile : en quoi il est conséquent, puisqu'il entend préserver son élève de toute influence sociale et que les *Fables* enferment en elles l'expérience des siècles. Il n'en reste pas moins que nul en son temps n'a mieux saisi que lui la poésie de la Fontaine. Il commente *Le Corbeau et le Renard* :

Il ouvre un large bec, laisse tomber sa proie.

« Ce vers est admirable, écrit-il. L'harmonie seule en fait image. » Pour la première fois peut-être les *Fables* sont entendues et comprises par une oreille musicienne. Non moins pénétrant est Chamfort dans son *Éloge de La Fontaine* (1774). Il admire dans le style des *Fables* « l'harmonie des couleurs les plus opposées ».

Chateaubriand écrira : « A Château-Thierry j'ai retrouvé mon dieu, La Fontaine. » Il cite de mémoire ses vers les moins connus.

Lamartine, au contraire, dans la préface qu'il ajoute en 1849 à ses premières *Méditations*, charge La Fontaine d'innombrables péchés. Il déclare détester en lui à la fois l'homme et le poète; mais il est manifeste qu'il les ignore tous les deux. La Fontaine et Lamartine incarnent deux idées de la poésie opposées l'une à l'autre.

Hugo admire en connaisseur la versification des *Fables*. Banville met La Fontaine au-dessus de tous les poètes

français. Valéry, Gide et Giraudoux parlent de lui avec
une tendre délicatesse.

De nos jours, la poésie, cruelle, impérieuse, se flatte
de heurter ou d'éblouir. Celle de La Fontaine, discrète,
insinuante, sollicite du lecteur une complicité amicale.
A ceux que lasserait la violence, elle offre un refuge de
sagesse et de beauté.

L'AUTEUR DANS SON ŒUVRE

On répète que l'art classique est impersonnel. On
semble penser qu'au XVIIᵉ siècle la sentence janséniste :
« Le moi est haïssable » s'appliquait non seulement à la
morale mais aux lettres. Or, selon le plus grand des jan-
sénistes, Pascal, un ouvrage n'a chance de plaire et de
convaincre que lorsque, au lieu d'un auteur, on y trouve
un homme. En fait, les classiques parlent souvent d'eux-
mêmes, se plaisent à entrer dans le détail de leur vie, de
leur humeur, de leurs inclinations, La Fontaine tout le
premier. Encore dans le recueil de 1668 se dissimule-t-il
assez souvent derrière ceux de ses devanciers auxquels
il emprunte ses sujets. Mais à partir du livre VII ses
fables sont une perpétuelle confidence :

> Je ne mérite pas une faveur si grande...
>
> *(A Mme de Montespan)*

> Que le bon soit toujours camarade du beau,
> Dès demain je chercherai femme...   (VII, ii).

> Je suppose qu'un moine est toujours charitable...
>
> (VII, iii).
> Vous verrez que chez vous j'ai puisé ces leçons...(VII, iv).

> Ceci soit dit en passant. Je me tais.   (VII, viii).

> Je suis gros Jean comme devant...   (VII, x).

Aussi pouvons-nous y découvrir les traits marquants de son caractère.

L'inconstance et la fidélité.

De ces traits le plus accusé, de son propre aveu, est l'inquiétude, la passion du changement. Il la confesse et en même temps il essaie, mais en vain, de la combattre. L'inquiétude en amour, c'est l'inconstance, et de ce point de vue il semble avoir été dans sa vie le plus « inquiet » des amants. C'est lui pourtant qui, à la fin des *Deux Pigeons* a fait de la fidélité le plus pénétrant des éloges : « Amants, heureux amants... » Il faut lire de très près ces vers, les plus purs que La Fontaine ait jamais écrits. La diversité est dans la fidélité, non dans l'inconstance. Don Juan, si fier de ses conquêtes, n'étreint jamais qu'un même fantôme. Mais celui qui sur un seul être concentre sa puissance d'aimer, celui-là en une seule femme trouve toutes les femmes.

La solitude, l'amitié, la vie de société.

La Fontaine est le poète de la solitude. Il la célèbre lyriquement dans la méditation qui suit *Le Songe d'un habitant du Mogol*. Dans *Psyché*, dans la dernière de ses fables il montre que grâce à elle, et grâce à elle seulement, l'homme peut arriver à se connaître et à devenir maître de soi. Mais cette solitude si précieuse, est-elle longtemps supportable? L'homme a besoin au moins d'amitié. Il a besoin aussi d'éprouver ses idées en les confrontant avec celles d'autrui : la conversation est un jeu sans doute, mais un jeu plein d'agrément et d'utilité.

> Solitude où je trouve une douceur secrète,
> Lieux que j'aimai toujours, ne pourrai-je jamais,
> Loin du monde et du bruit, goûter l'ombre et le frais?
> Oh! qui m'arrêtera sous vos sombres asiles... (XI, iv).

Apprendre à se connoître est le premier des soins
Qu'impose à tous mortels la Majesté suprême.
Vous êtes-vous connus dans le monde habité?
L'on ne le peut qu'aux lieux pleins de tranquillité :
Chercher ailleurs ce bien est une erreur extrême.

> (XII, xxv).

Certain ours montagnard, ours à demi léché,
Confiné par le sort dans un bois solitaire,
Nouveau Bellérophon, vivoit seul et caché.
Il fût devenu fou : la raison d'ordinaire
N'habite pas longtemps chez les gens séquestrés...
      Non loin de là certain vieillard
      S'ennuyoit aussi de sa part.
Il aimoit les jardins, étoit prêtre de Flore,
      Il l'étoit de Pomone encore.
Ces deux emplois sont beaux; mais je voudrois parmi
      Quelques doux et discret ami.   (VII, x).

Qu'un ami véritable est une douce chose!
Il cherche vos besoins au fond de votre cœur;
      Il vous épargne la pudeur
      De les lui découvrir vous-même.
      Un songe, un rien, tout lui fait peur
      Quand il s'agit de ce qu'il aime.   (VIII, xi).

      ... La bagatelle, la science,
Les chimères, le rien, tout est bon; je soutiens
      Qu'il faut de tout aux entretiens :
      C'est un parterre où Flore épand ses biens;
Sur différentes fleurs l'abeille s'y repose
      Et fait du miel de toute chose.

> (Disc. à Mme de la Sablière).

La liberté.

Quels que soient les avantages de la vie sociale, ce
serait les payer trop cher que de leur sacrifier la liberté,

      ... un bien
Sans qui les autres ne sont rien.   (IV, xiii).

— Attaché? dit le loup. Vous ne courez donc pas
    Où vous voulez? — Pas toujours, mais qu'importe?
— Il importe si bien que de tout vos repas
    Je ne veux en aucune sorte,
Et ne voudrois pas même à ce prix un trésor...   (I, v).

      Notre ennemi, c'est notre maître.   (VI, viii).

La révolte devant l'injustice.

On accuse La Fontaine d'égoïsme, d'indifférence aux souffrances d'autrui. Or, il est peut-être le seul de nos grands poètes classiques qui ait constamment pris parti contre l'injustice — non pas seulement contre celle qui soumet le « misérable » au « puissant », mais aussi contre celle qui asservit la bête à l'homme.

Selon que vous serez puissant ou misérable,
Les jugements de cour vous rendront blanc ou noir.
                      (VII, i).

... Craignez, Romains, craignez que le Ciel quelque jour
Ne transporte chez vous les pleurs et la misère,
Et, mettant en nos mains par un juste retour
Les armes dont se sert sa vengeance sévère,
    Il ne vous fasse en sa colère
    Nos esclaves à votre tour.   (XI, vii).

Qu'importe qui vous mange? Homme ou loup, toute
                           [panse
    Me paroît une à cet égard.   (X, iii).

    Bergers, bergers! le loup n'a tort
    Que quand il n'est pas le plus fort.   (X, v).

    Ce chien parloit très à propos.
    Son raisonnement pouvoit être
    Fort bon dans la bouche d'un maître,
    Mais n'étant que d'un simple chien,
    On trouva qu'il ne valoit rien.   (XI, iii).

> ... Le symbole des ingrats,
> Ce n'est point le serpent, c'est l'homme...   (X, ı).

C'est de l'homme qu'il faut se plaindre seulement.

(X, vıı).

LE MONDE VU PAR LA FONTAINE

La nature — L'eau et la lumière.

> Un agneau se désaltéroit
> Dans le courant d'une onde pure.   (I, x).

Le long d'un clair ruisseau buvoit une colombe.

(II, xıı).

L'onde étoit transparente ainsi qu'aux plus beaux jours.

(VII, ıv).

Un vivier vous attend plus clair que fin cristal. (X, x).

Le « train du monde » (XII, xvı, 19). — *L'inconséquence humaine.*

> On se voit d'un autre œil qu'on ne voit son prochain.

(I, vıı).

[Nous] ne croyons le mal que quand il est venu.

(I, vııı)

> Amour, amour, quand tu nous tiens,
> On peut bien dire : « Adieu, prudence! » (IV, ı).

La société.

> Hélas! on voit que de tout temps
> Les petits ont pâti des sottises des grands.   (II, ıv).

> J'en sais beaucoup de par le monde
> A qui ceci conviendrait bien :
> De loin c'est quelque chose, et de près ce n'est rien

(IV, x).

D'un magistrat ignorant
C'est la robe qu'on salue.   (V, xiv).

... Dans sa cave il enserre
L'argent et sa joie à la fois.
Plus de chant : il perdit la voix
Du moment qu'il gagna ce qui cause nos peines
(VII, ii).

Éléments d'une sagesse.

Il étoit expérimenté
Et savoit que la méfiance
Est mère de la sûreté.   (III, xviii).
Ne forçons point notre talent :
Nous ne ferions rien avec grâce.   (IV, v).

Il se faut entr'aider; c'est la loi de nature. (VIII, xvii).

Ce n'est pas sur l'habit
Que la diversité me plaît, c'est dans l'esprit.   (IX, iii).

A qui donner le prix? Au cœur, si l'on m'en croit.
(XII, xv).

... Ce Scythe exprime bien
Un indiscret stoïcien :
Celui-ci retranche de l'âme
Désirs et passions, le bon et le mauvais,
Jusqu'aux plus innocents souhaits.
Contre de telles gens, quant à moi, je réclame.
Ils ôtent à nos cœurs le principal ressort;
Ils font cesser de vivre avant que l'on soit mort. (XII, xx).

La fantaisie et le rêve.

Le monde est vieux, dit-on, je le crois; cependant
Il le faut amuser encor comme un enfant.   (VIII, iv).

Quel esprit ne bat la campagne?
Qui ne fait châteaux en Espagne?

Picrochole, Pyrrhus, la laitière, enfin tous,
          Autant les sages que les fous.
Chacun songe en veillant; il n'est rien de plus doux :
Une flatteuse erreur emporte alors nos âmes...

                                        (VII, x).

La mort.

          Plutôt souffrir que mourir,
          C'est la devise des hommes   (I, xvi).

          La mort ne surprend point le sage;
          Il est toujours prêt à partir,
          S'étant su lui-même avertir
Du temps où l'on se doit résoudre à ce passage...

                                        (VIII, i).

TABLE DES FABLES

PAR ORDRE ALPHABÉTIQUE.

A

B

C

D

E

F

G

H

I

J

L

M

O

P

Q

R

S

T

V

TABLE DES MATIÈRES

IMPRIMÉ EN FRANCE PAR BRODARD ET TAUPIN
7, bd Romain-Rolland - Montrouge.- Usine de La Flèche.
LE LIVRE DE POCHE -

ISBN : 2 - 253 - 01004 - 9   30/1198/8